Im Kontext

Lesebuch zur Landeskunde

Im Kontext

Lesebuch zur Landeskunde

Renate A. Schulz
University of Arizona

Suzanne Shipley Toliver
University of Cincinnati

HOLT, RINEHART AND WINSTON, INC.
Fort Worth   Chicago   San Francisco   Philadelphia
Montreal   Toronto   London   Sydney   Tokyo

Publisher   Ted Buchholz
Senior Acquisitions Editor   Jim Harmon
Developmental Editor   Clifford Browder
Production Manager   Annette Dudley Wiggins
Editorial-Production Services   York Production Services

Credits appear on pages 311–313

Library of Congress Cataloging-in-Publication Data

Schulz, Renate A.
    Im Kontext: Lesebuch zur Landeskunde/Renate A. Schulz, Suzanne
Shipley Toliver.
        p.   cm.
    Includes index.
    ISBN 0-03-021792-X
    1. German language—Readers—Germany.   2. German language-
–Grammar—1950–   .   3. German language—Textbooks for foreign speakers-
–English.   I. Toliver, Suzanne Shipley, 1953–   .   II. Title.
PF3127.G5S39 1990
438.6'421—dc20   89-35525
                                                                                          CIP

ISBN 0-03-021792-X

Address Editorial Correspondence To: 301 Commerce Street,
                                                          Suite 3700, Ft. Warth,
                                                          TX 76102
Address Orders To: 6277 Sea Harbor Drive, Orlando,
                          FL 32887
                          1-800-782-4479, or 1-800-433-0001
                          (in Florida)

Printed in the United States of America
0123   016   987654321
Holt, Rinehart and Winston, Inc.

To the Instructor
Im Kontext: Lesebuch zur Landeskunde

Im Kontext: Lesebuch zur Landeskunde is an intermediate reader intended for the third and fourth semesters at the college level or the second and third years of a senior high school German program. It can be utilized during one or over several terms of study, depending on the extent to which the curriculum emphasizes reading comprehension. The book can also be used for intermediate-level conversation and reading courses.

Current second language acquisition theory emphasizes the importance of the comprehension skills, and the present trend toward proficiency-based instruction calls for extensive language input as well as interaction. This reader provides authentic, high-interest readings about German-speaking Europe at an early level of instruction. We do not expect students to use actively all vocabulary or grammatical structures in the texts. Rather, we hope they will develop efficient comprehension strategies and learn to derive meaning from texts without depending solely on word by word decoding.

Im Kontext offers an approach to reading which is based on recent theory and research in reading education. It highlights key vocabulary in each chapter with the introductory *WÖRTER IM KONTEXT*. Pre-reading exercises, *VOR dEM LESEN*, introduce the texts, activate student background knowledge, encourage predicting skills, and guide hypothesis formation. The post-reading exercises, *ÜBUNGEN*, usually begin with a comprehension check, *Haben Sie verstanden?* and continue with skill-getting and skill-using activities to elicit discussion, facilitate small-group work or debates, partner work, written responses, and cultural comparisons. Global comprehension of the reading texts is favored over traditional discrete question/answer exercises. Many items involve value judgments and can have more than one correct answer.

Learning activities are flexible and can be adapted to various instructional settings—the conventional classroom, small-group instruction, or independent study. Exercises can be omitted or expanded, and the readings assigned in any order, with the exception of the first two chapters, which are clearly aimed at beginners. These initial chapters are intended as review and transition between first and second year. Activities accompanying readings are coded to suggest their suitability for written homework (H), communicative competence-building interaction activities (CC), or partner work (P) with oral or written follow-up exercises. A question mark at the end of a column indicates an open-ended activity and encourages the student to provide an original response. Most exercises can also be used in traditional teacher-directed question-answer activities.

Im Kontext introduces students to a variety of texts taken directly or with slight adaptations from the cultures of the German-speaking world, predominantly the Federal Republic of Germany and the German Democratic Republic. Each of the fifteen chapters focuses on a particular theme and includes authentic text materials such as advertisements, graphs, descriptive passages, essays, songs, or poems.

In each chapter a *LESETIP* in English focuses on raising grammatical awareness and building vocabulary, calling attention to prefixes and suffixes, cognates and word formation, reading strategies and word recognition skills. English is used judiciously to create advance organizers for chapter themes and for presenting sophisticated cultural information necessary to activate reader background knowledge. Editorial simplifications and glossing are also employed to facilitate comprehension. Cultural notes (*LANDESKUNDLICHE INFORMATIONEN*) in German or English appear in chapters containing texts that require extensive cultural background information. For instructors who prefer the exclusive use of the target language in class, these sections in English can be assigned for homework. An end glossary provides readers with English equivalents of all German vocabulary used.

We are grateful to the following reviewers, whose comments and suggestions helped shape this book: Robert Acker, University of Montana; Elizabeth B. Bernhardt, Ohio State University; Barbara A. Bopp, University of California, Los Angeles; Iris Bork-Goldfield, Dartmouth College; Joseph L. Brockington, Kalamazoo College; Gabriela Buchenau, New Mexico State University; Kenneth S. Calhoun, University of Oregon; Walter Josef Denk, University of Michigan; Christopher L. Dolmetsch, Marshall University; Bruce Duncan, Dartmouth College; Henry Geitz, University of Wisconsin, Madison; Herbert Genzmer, University of California, Berkeley; A. J. Hartoch, University of Illinois, Chicago; Ingeborg Hinderschiedt, Purdue University; Helmut E. Huelsbergen, University of Kansas, Lawrence; Iman Osman Khalil, Wichita State University; Audrey Kirsop, Beaverton Schools; Britta Maché, State University of New York, Albany; George L. Nagy, Hudson Valley Community College; James Ogier, Skidmore College and Roanoke College; Karen Ready, Indiana University of Pennsylvania; Erika Scavillo, Converse College; Patricia Stanley, Florida State University, Tallahassee; Richard S. Thill, University of Nebraska, Omaha; and Barbara D. Wright, University of Connecticut.

Wir wünschen Ihnen viel Erfolg!

Renate A. Schulz, *University of Arizona*
Suzanne Toliver, *University of Cincinnati*

To the Student
Preliminary Chapter

Reading in a foreign language can be an exciting experience, one which will provide you with new insights into cultural differences, language, and literature. But learning to read in a foreign language can be frustrating if you insist on translating each individual word. It is important not to stop reading when you encounter unknown vocabulary. The most important skill in reading a foreign language is intelligent guessing, i.e., guessing or predicting the meaning of a word, by using all the clues available in the text. You should also use your knowledge of the world and your individual experience to form your predictions, then look to the text for verification. We suggest that you focus on the overall meaning of a passage and ignore, as much as possible, the occasional unfamiliar word. Discipline yourself to read the text in its entirety, even if you encounter several words that are unfamiliar. By the end of a reading the meaning of many new words will usually have become clear from context. To become an effective reader, you will need to refer to a text repeatedly, reading and rereading, going back and forth in the text to confirm whether your expectations of the text continue to hold true. For instance, if you read beyond the word *Farben* in the following sentence, you will have no difficulty understanding its meaning: "The *Farben* of the flag of the Federal Republic of Germany are black, red and gold."

Here are some of the strategies which will help you improve your reading comprehension:

—Use the context to predict meaning. Don't forget to utilize the title, illustrations, and general lay-out of the text to set a frame of reference and to predict what a text might be about. For instance, in a passage entitled "*Die Geographie Kanadas*," it is not very likely that words like "carburetor," "underwear," or "towel" will appear.

—Use your background knowledge to predict meaning. For instance, given your familiarity with the concept "*Geographie*" and what it includes, the title "*Die Georgraphie Kanadas*" will make you expect information about the climate, cities, rivers, topography, and mineral resources of the country. Your background knowledge is especially important when you try to confirm the meaning of unknown words in a text. Does your guess make sense within the context of the reading passage?

—Even your awareness of the *kind of text* you are dealing with can help you predict meaning. Realizing that the text below comes from a post card, what do you think that *Liebe* means? And how about *Herzliche Grüße*?

Weimar, Park mit Goethes Gartenhaus,
col. Stich von C. A. Schwerdtgeburth, 1826

6. Juni

Liebe Mama!

Ich bin gut in Weimar angekommen Weimar ist eine interessante Stadt, aber das Wetter ist miserabel

Herzliche Grüße
Deine Petra

Frau
Maria Roth
Hauptstraße 17
8770 Lohr / Main
BRD

Nationale Forschungs- und Gedenkstätten der klassisch

0,20 M Foto: S. Geske, Weimar
Offsetdruck: H. F. Jütte (VEB), Leipzig

RG 6/2/86

—Use cognate or near-cognate clues. Cognates are those words that have a similar sound or spelling and a similar meaning in two languages. What, for instance, are the cognates in the following sentence? *Die Hand hat 5 Finger.*

—Use spelling and capitalization clues to guess or confirm meaning. For instance, once you remember that all German nouns are capitalized, you will know that *"arm"* in *"Der Student ist arm."* cannot possibly mean a part of the human anatomy.

—Use grammatical clues, such as verb endings, plural noun endings, word order, etc. Many of you are familiar with Lewis Carroll's poem *Jabberwocky*: "'Twas brillig and the slithy toves/did gyre and gimble in the wabe." Though you do not understand the exact meaning of the sentence, you can certainly identify the parts of speech. For instance,

what is the subject of the sentence?

how many verbs are there?

do you find any adverbs or adjectives?

—Use pronunciation clues. Sometimes the spelling of a German word might obscure its meaning, but if you sound it out, the pronunciation will help you guess it. Examples are words like *das Bier, der Wein, der Schuh, das Haus,* etc.

—Use punctuation clues. Don't forget to look at commas, periods, colons, question marks, exclamation marks, and quotation marks for help in guessing meaning.

Vor dem Lesen   (BEFORE YOU READ)

To approach a text effectively, you should engage in some preparatory reading activities, such as the following:

Vor dem Lesen

1. Find the title of the following text. What do you think this text is about?
2. Pose questions about the text before you read. Since this is a passage about Peter Mayer, you could expect to find information concerning his family, his leisure time, his favorite foods and beverages, and perhaps his appearance. Look for such information as you read.
3. Quickly skim over the text and underline all words you believe to be cognates or near-cognates. What do these words lead you to believe about the content of the text?
4. Read the text silently from beginning to end. Do not stop reading if you encounter an unfamiliar word. To aid in comprehension of the passage, review the questions in the *Übung* following the text, to help predict its content.

Peter Mayer: Ein Porträt

1 Peter Mayer ist Amerikaner, aber seine Mutter kommt aus
2 der Bundesrepublik (aus Hamburg). Peter ist 21 **Jahre** alt. Er ist
3 Student an der Universität von Texas. Seine Mutter ist Profes-
4 sorin (**auch** an der Universität von Texas) und sein Vater ist
5 Kapitän auf einem Schiff. Peter hat einen Bruder—Martin—
6 und eine **Schwester**—Laura. Laura ist das Baby der Familie.
7 Sie ist erst 5 **Jahre** alt. Sie geht noch in den Kindergarten.
8 Peter ist sehr intelligent. Er studiert Physik, Sport, Philo-
9 sophie und Deutsch. (Das ist eine interessante Kombination,
10 nicht wahr?) Seine Hobbys sind Theater, Film, Camping, Tanz-
11 en, Singen, Schwimmen und Tennis. Er spielt **auch** ein Musik-
12 instrument: das Saxophon. Er liebt besonders Jazz und
13 Country-Western Musik.
14 Peter trinkt gern Bier, Milch und Coca Cola, und er **ißt**
15 gern Steak, Salat, Nudeln (mit Tomatensoße), Sauerkraut, Scho-
16 kolade und Eis. (Das ist auch eine interessante Kombination,
17 nicht wahr?)

18   Peter hat eine relativ gute Figur. Er ist 1,80 Meter groß und
19 wiegt 80 Kilo. Er hat braune Haare und braune **Augen**, und
20 viele finden ihn attraktiv und interessant.
21   Peter hat ein Auto: einen alten Volkswagen (**Baujahr**
22 1970!). Aber das Auto funktioniert nicht **immer**. Es ist oft
23 kaputt.

ÜBUNG

Haben Sie verstanden?

To check your comprehension, try to answer the following questions:

1. How do Peter's parents make a living?
2. What does Peter like to do in his leisure time?
3. What are his favorite foods and beverages?
4. What are Peter's physical attributes?
5. If Peter wanted to be sure to get to class on time, would he take his VW to get there? Why?/Why not?
6. What is the meaning of the following words: *Jahre* (lines 2 and 7), *auch* (4 and 11), *Schwester* (6), *ißt* (14), *Augen* (19), *Baujahr* (21), *immer* (22)?
7. What comprehension clues helped you guess the meaning of each word (cognate forms, grammar clues, pronunciation, context, background knowledge, punctuation, spelling)?
8. Which of the clues did you find most helpful?

LESETIP

Aren't you surprised how easy it is to read German? Well, maybe we tricked you a little bit by using many cognates and near-cognates, but generally speaking, comprehending written German is relatively easy for English-speaking students. German and English historically belong to the same Germanic language family and share many Germanic root words, either spelled exactly alike (*der Winter, die Hand, der Finger, der Ring, das Land, das Gold, der Wolf, warm, bitter, Sing! Halt!*) or with slight variations that do not impede recognition (particularly if you are aware of the systematic spelling changes that occurred in English and German over the centuries), e.g., *die Maus, der Vater, die Mutter, das Bad, das Wasser, das Schiff, das Glas, das Silber, der Fisch, braun, sauer, waschen, finden, beginnen.*

   In addition, English and German share many words which are derived from Latin and Greek, some spelled exactly alike and some with slight modifications, e.g., *das Auto, das Radio, die Universität, die Geographie, das Klima, der Import, das Theater, das Thermometer, die Reaktion, die Nation, studieren, funktionieren*, etc. There is no denying that, since 1945, German speakers (especially outside the German Democratic Republic) have adopted many English-language expressions, particularly in the areas of technology and popular culture, e.g., *der Computer, das Interview, die Band, der Job, das Image, das Make-up, der Teenager, der Trend, der Blazer, das Weekend, der Cocktail, up to date, das Hobby, die Party*. These are today perfectly acceptable "German" words, especially for the post-1945 generation.

Here is a text in what is called (tongue-in-cheek) *Neu-Deutsch*, showing the (some would say awful) influence of English on German. Read it and see what you think.

LESETEXT

Johnny relaxt

Johnny (alias Hans) Schmidt, ein cleverer Manager aus der Computer-Industrie, relaxt nach dem Stress von seinem Job. Er zieht Jeans und Pullover an, mixt sich einen Drink und liest einen Bestseller. Das Buch ist ein Thriller über einen coolen Gangster, der viele Personen kidnappt und killt. Aber die Story hat ein Happy-End. (Quelle [*Source*] unbekannt.)

Contents

KAPITEL 1

Deutsch—eine Weltsprache

Wörter im Kontext

ähnlich (*similar*)—Vor vielen Jahren waren Deutsch und Englisch wahrscheinlich sehr ähnlich.

der Einwohner, -, die Einwohnerin (*inhabitant*)—Die USA hat ungefähr 240 Millionen Einwohner.

germanisch (*Germanic*)—Deutsch ist eine germanische Sprache, und Französisch ist eine romanische Sprache.

die Geschichte, -n (*history, story*)—Die moderne Geschichte Amerikas beginnt 1492.

das Jahrhundert, -e (*century*)—Werner von Braun lebte im zwanzigsten Jahrhundert.

der Krieg, -e (*war*)—Der Zweite Weltkrieg war von 1939 bis 1945; der Erste Weltkrieg von 1914 bis 1918.

mal, -mal (*times*)—Zwei mal zwei ist vier. Einmal ist keinmal.

der Mensch, -en (*human being, people*)—Viele Menschen in Afrika sprechen Französisch, und viele Menschen in der Schweiz sprechen Deutsch.

der Staat, -en (*state, country*)—Die USA hat 50 Staaten.

verwandt//die/der Verwandte (*related//relative*)—Deutsch und Englisch sind historisch verwandt.

sprechen, sprach, gesprochen
(*to speak, spoke, spoken*)

englischsprachig   deutschsprachig
(*English-speaking*)   (*German-speaking*)

die Sprache, -n
(*language*)

der Sprecher/die Sprecherin
(*the speaker*)

1

der/die Deutschsprechende
(*the German-speaking person*)

der Sprachbereich
(*language region*)

die Muttersprache   die Staatssprache, die Landessprache
(*native language*)   (*national, state language*)

die Zweitsprache
(*second language*)

Vor dem Lesen: Deutsch—eine Weltsprache————

Using the reading strategies described in the preliminary chapter, approach this reading for a general understanding of the information in the text. Remember that you do not have to understand the meaning of each individual word in order to comprehend the gist of the passage. Look for cognates to facilitate your comprehension. As you read silently, look for answers to the following questions.

1. Where is German spoken?
2. How many different languages are currently spoken in the world?
3. Where does German rank as a world language?
4. Which language is spoken by the greatest number of people?
5. Why is German relatively easy to learn for speakers of English?
6. What are some languages that belong to the group of Germanic languages?
7. Since when has there been a major influx of words from Romance languages into English?

Machen wir eine Liste! (P, H)

Scan Lesetext 1 and make a list of all the nouns that you think refer to people. z.B. (zum Beispiel) 1. die Amerikaner 2. die Menschen

Restaurant
O'HENRY
American Grill & Bar am Stadelhoferplatz
Telefon 01 251 77 90, 8001 Zürich
Warme Küche von 10.00 bis 23.30 Uhr

LESETEXT **1**

Deutsch—eine Weltsprache

Die Amerikaner sprechen Englisch. Die Engländer, die Australier, viele Kanadier, Inder und Menschen aus West- Süd- und Ostafrika sprechen auch Englisch. Die Spanier, die Mexikaner, und die Einwohner der meisten Nationen in Mittel- und Südamerika sprechen Spanisch (**außer** Brasilien—dort spricht man Portugiesisch). Die *except for* Chinesen sprechen Chinesisch. Die Russen sprechen Russisch. Die Franzosen (und viele Kanadier und Menschen in West-, Nord- und Zentralafrika und in der Karibik) sprechen Französisch. Die Japaner sprechen Japanisch. Und die Deutschen, die Österreicher, die Liechtensteiner und viele Schweizer und Luxemburger sprechen Deutsch.

In der Welt gibt es ungefähr 4,415 Millionen (4 Milliarden 415 Millionen) Menschen. Diese Menschen sprechen 2,796 **verschiedene** Sprachen. Hier ist eine Liste von den meistge- *different* sprohenen Sprachen der Welt.

Sprache	Sprecher in Millionen	
	Muttersprache	*Zweitsprache*
1. Chinesisch	ca. 900	920
2. Englisch	320	390
3. Spanisch	210	250
4. Hindi	180	245
5. Russisch	145	270
6. Arabisch	130	151
7. Portugiesisch	115	148
8. Bengali	120	147
9. Deutsch	110	119
10. Japanisch	110	118
11. Sudan-Sprachen		über 100
12. Französisch	90	280

Aus: **Fischer Weltalmanach**, Zahlen, Daten, Fakten '88. Fischer Taschenbuch Verlag, Frankfurt, 1987.

Deutsch und Englisch

Welche Sprache ist für Englischsprechende leicht zu lernen? Welche Sprache ist kompliziert? Deutsch ist relativ leicht, denn Deutsch und English sind historisch verwandt. Englisch und Deutsch sind germanische Sprachen (andere germanische Sprachen sind Dänisch, Holländisch, Schwedisch, Norwegisch und Isländisch).

Vor dem 11. Jahrhundert n. Chr. (nach Christus) waren Deutsch und Englisch **wahrscheinlich** sehr ähnlich. 1066 war die Invasion der Normannen in England, und die englische Sprache übernahm langsam viele Wörter aus dem romanischen Sprachbereich. (Altfranzösisch und Spanisch sind natürlich mit Latein—der Mutter der romanischen Sprachen—**eng** verwandt.)   *probably*   *closely*

Hier sind einige Beispiele von deutschen Wörtern aus dem germanischen **Sprachbereich**. Erkennen Sie die **Bedeutung**?   *language region*   *meaning*

Körperteile	aus der Natur
der Ellenbogen	das Wasser
die Schulter	der Wind
die Brust	die See
die Nase	die Laus
die Lunge	die Maus
das Knie	der Sommer
der Fuß	der Winter

Verben: singen, finden, beginnen

Adverbien und Adjektive: sauer, bitter, fein, gut

Hier sind einige Wörter aus dem romanischen und griechischen Sprachbereich:
der Sozialismus, der Kommunismus, der Kapitalismus, der Tourismus;
die Demokratie, die Philosophie, die Geographie, die Energie, die Theorie, die Industrie;
die Nation, die Information, die Tradition, die Funktion;
die Politik, die Kritik, die Musik, die Technik;
die Qualität, die Autorität, die Pubertät;
das Experiment, das Instrument, das Medikament;
der Professor, der Direktor, der Humor;
importieren, produzieren, existieren, studieren, kontrollieren;
historisch, moralisch, gigantisch, phantastisch.

Wie Sie sehen, gibt es auch zwischen deutschen und englischen Wörtern viele systematische Korrelate, z. B. (zum Beispiel):

Englisch		**Deutsch**
/p/	$\longrightarrow$	/pf/ oder /f/ oder /ff/
pipe		die Pfeife
pan		die Pfanne
penny		der Pfennig
apple		der Apfel
ship		das Schiff
/t/	$\longrightarrow$	/z/, /tz/
ten		zehn
tongue		die Zunge
twenty		zwanzig
/t/	$\longrightarrow$	/s/, /ss/, ß
hot		heiß
eat		essen
white		weiß
/c/, /k/	$\longrightarrow$	/k/, /ch/
book		das Buch
week		die Woche
cake		der Kuchen
/th/	$\longrightarrow$	/d/, /t/, /tt/
thou		du
thank		danken
thumb		der Daumen
father		der Vater
weather		das Wetter
earth		die Erde
/d/	$\longrightarrow$	/t/
door		die Tür
hard		hart
/f/, /v/	$\longrightarrow$	/b/
seven		sieben
life		das Leben
half		halb
give		geben
/i/, /y/	$\longrightarrow$	/g/, /h/
hail		der Hagel
twenty		zwanzig
way		der Weg

Sie sehen, Deutsch und Englisch sind wirklich verwandt.

Übungen

A.   **Haben Sie verstanden?** (CC, P, H)

1. Wo spricht man Deutsch?
2. Wie viele Sprachen gibt es auf der Welt?
3. Auf welchem Platz ist die Weltsprache Deutsch?
4. Welche Sprache ist die meistgesprochene Sprache der Welt?
5. Warum ist Deutsch leichter für Amerikaner als z.B. Russisch oder Japanisch?
6. Welche Sprachen sind germanische Sprachen?
7. Seit wann gibt es viele romanische Wörter im Englischen?

B.   **What spelling differences did you notice between German and English?** (P, H)

1. To what letter in English does the *"ie"* ending of *Demokratie* correspond?
2. English "ism" is often _____ in German.
3. English "c" often appears in German as _____ .
4. English "ity" often appears in German as _____ .
5. What type of words end in *-ieren*? (nouns, adjectives, verbs or adverbs?)
6. What type of words often end in *-isch*?

C.   **Match the following German words with their historically related English counterparts** (P, H)

1. hoffen
2. der Pfeffer
3. scharf
4. der Affe
5. helfen
6. sitzen
7. zwei
8. das Wasser
9. machen
10. die Milch
11. der Koch
12. dick
13. der Bruder
14. das
15. tausend

a. sharp
b. yellow
c. to say
d. pepper
e. silver
f. brother
g. thick
h. thousand
i. that
j. to make
k. two
l. milk
m. ape
n. water
o. to sit

16. das Silber   p. to hope
17. sagen   q. to help
18. gelb   r. cook

Lesetip: Determining Gender _____

With minor exceptions, German nouns referring to persons take the "natural" article, corresponding to the individual's gender. That is, the article **der** is used with males (**der Professor, der Student, der Direktor, der Amerikaner**) while **die** is used with females (**die Professorin, die Studentin, die Direktorin, die Amerikanerin**). Problems arise with nouns referring to objects, concepts and places that do not have a natural gender. In English, these words can be replaced automatically with the pronoun "it." In German, however, these names for objects, concepts and places can have a masculine (**der**), a feminine (**die**) or a neuter (**das**) article and must be replaced by a masculine, feminine, or neuter pronoun, **er, sie, es.** Thus it is **der Sand, der Park, der Finger, der Winter, der Computer, der Trend,** but **die Universität, die Post, die Party, die Politik, die Reform,** and **das Hobby, das Bier, das Haus, das Theater, das Konzert,** etc. The different articles for nouns denoting objects have a historical basis and for the native English speaker have little rhyme or reason. Now you might ask, "How will I know when to use **der, die** or **das** with such nouns?"

If you examine the word lists in this chapter, you will find some patterns in noun endings which predict the grammatical gender of some of these nouns. For instance, most nouns ending in **-ie, -ik, -tät, -tion** use the article **die;** nouns ending in **-ist, -or, -ismus** use the article **der;** and nouns ending in **-ment** use **das.** As you progress, you will discover more of these "gender clues" which will make learning the **der, die,** or **das** for each word less formidable.

Vor dem Lesen: Wo spricht man Deutsch?_____

You may be surprised at how much you already know about German-speaking Europe. Try this group of questions to test your knowledge. Don't worry if you don't have all the answers. You will be able to verify the accuracy of your responses later.

A. Was wissen Sie schon? (P)

1. In welchen Ländern spricht man Deutsch?
   a. in England   b. in Belgien   c. in Spanien
   d. in der Schweiz   e. in Holland   f. in Österreich

2. In welchen Städten spricht man Deutsch?
   a. in Paris   b. in München   c. in Brüssel
   d. in London   e. in Wien   f. in Bern   g. in Leipzig
3. Welche deutschen Produkte kennen Sie? Machen Sie eine Liste! (Nennen Sie mindestens fünf Produkte!) z. B. Bayer—Aspirin, Mercedes Benz—Autos.
4. Auf welchem Erdteil liegen die deutschsprachigen Länder?
   a. in Nordamerika   b. in Europa   c. in Südamerika
   d. in Australien   e. in Asien   f. auf dem Nordpol
5. Wie heißen die Nachbarländer der Bundesrepublik?
6. Wie heißen die Nachbarländer der Deutschen Demokratischen Republik?
7. Wie heißen die Nachbarländer von Österreich?
8. Welche Hauptstädte gehören zu welchen Ländern?

Länder	Hauptstädte
Österreich	Paris
die Schweiz	Bonn
die BRD (die Bundesrepublik Deutschland)	Washington, D.C.
die DDR (die Deutsche Demokratische Republik)	London
die USA	Bern
Großbritannien	Berlin (Ost)
Frankreich	Wien

B. Was möchten Sie über die deutschsprachigen Länder wissen? (CC, P)

Wie viele deutschsprachige Länder gibt es? Wo liegen sie? Wie groß sind sie (Fläche und Bevölkerung)? Welche Religion(en) praktizieren die Menschen dort? Die Tabellen in Lesetext 2 geben Ihnen Informationen.

C. Neue Wörter (P)

Scan the information presented in *Lesetext 2*. From the context, guess the meaning of the following words:

die Fläche   der Einwohner   die Bevölkerungsdichte   die Staatsform
die Hauptstadt

LESETEXT 2

Wo spricht man deutsch?

Bundesrepublik Deutschland

Fläche: 248 678 km², einschließlich Berlin (West)
Einwohner (1986): 61 122 300, einschließlich Berlin (West)
Bevölkerungsdichte: 245,8 E. (Einwohner)/km²
Bevölkerungswachstum: −0,1%
Staatsform: Demokratisch-parlamentarischer Bundesstaat
Hauptstadt: Bonn (1987) 291 707 E. (Einwohner)
Landessprache: Deutsch
Religion: 44% protestantisch, 47,1% römisch-katholisch, 6,4% "Sonstige".

Deutsche Demokratische Republik

Fläche: 108 333 km²
Einwohner (1985): 640 059
Bevölkerungsdichte: 153,6 E./km²
Bevölkerungswachstum: −0,1%
Staatsform: Sozialistischer Staat
Hauptstadt: Berlin-Ost (1985) 1 215 586 E.
Landessprache: Deutsch
Religion: 60% protestantisch, 8% römisch-katholisch, über 30% nicht an eine Konfession gebunden.

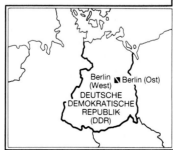

Luxemburg

Fläche: 2586 km²
Einwohner (1985): 367 300
Bevölkerungsdichte: 141,9 E./km²
Bevölkerungswachstum: 0,3%
Staatsform: Parlamentarisch-demokratische Monarchie
Hauptstadt: Luxemburg (1981) 78 900 E.
Landessprachen: Französisch, daneben Deutsch
Religion: 95% Römisch-katholisch (3900 Protestanten)

Zum Vergleich – Die Vereinigten Staaten von Amerika

Fläche: 9 363 123 km²
Einwohner (1985): 238 740 000
Bevölkerungsdichte: 25,5 E./km²
Bevölkerungswachstum: 1%
Staatsform: Präsidiale Republik mit bundesstaatlicher Verfassung
Hauptstadt: Washington, D.C., (1984 mit Vororten 3 429 400 E.)

Landessprache: Englisch
Religion: 78 702 000 Protestanten, darunter zahlreiche Freikirchen, 52 286 000 Katholiken, 5 817 000 Juden, 4 052 000 orthodoxe Christen.
Aus: Fischer Welt-Almanach: Zahlen, Daten, Fakten '88.

Liechtenstein

Fläche: 160 km²
Einwohner (1986): 27 399
Bevölkerungsdichte: 171,2 E./km²
Bevölkerungswachstum: 1,2%
Staatsform: Erbliches Fürstentum
Hauptstadt: Vaduz 4920 E.
Landessprache: Deutsch
Religion: 95% römisch-katholisch, 3900 Protestanten, 1000 Juden.

Schweiz

Fläche: 41 293 km²
Einwohner (1985): 6 455 600,
Bevölkerungsdichte: 156,3 E./km²
Bevölkerungswachstum: 0,1%
Staatsform: Parlamentarisch-direkt-demokratischer Bundesstaat
Hauptstadt: Bern (1986) mit Vororten 301 100 E.
Landessprachen: Deutsch (75%), Französisch (20%), Italienisch (4%), Rätoromanisch (1%)
Religion: 44,3% protestantisch, 47,6% römisch-katholisch, 7,5% ohne Konfession.

Österreich

Fläche: 83 845 km²
Einwohner (1987): 7 664 310
Bevölkerungsdichte: 91,4 E./km²
Bevölkerungswachstum: 0,0%
Staatsform: Bundesrepublik
Hauptstadt: Wien (1981) 1 531 346 E.
Landessprache: Deutsch
Religion (1984): 84,64% katholisch, 4,87% protestantisch, 10% ohne Konfession.

Übungen _____

A.   Haben Sie verstanden? (P)

Check your answers to pre-reading exercise A. **Was wissen Sie schon?** (p. 7–8). Revise any inaccurate guesses you made about the subject by finding the correct answers in the text.

B.   Wissen Sie das? (CC, P, H)

1. Wie heißen die sechs deutschsprachigen Länder?
2. Nennen Sie die sechs Hauptstädte der deutschsprachigen Welt!
3. In welchen zwei europäischen Ländern ist Deutsch nur eine von mehreren offiziellen Sprachen?
4. Welches der sechs Länder ist das größte Land in Fläche und in Einwohnern?
5. Wie viele Einwohner hat die DDR?
6. In welchen Ländern ist die Mehrzahl der Bevölkerung katholisch? protestantisch?
7. In welchem Land/ in welchen Ländern ist eine große Anzahl der Bevölkerung konfessionslos?
8. Welches der deutschsprachigen Länder hat eine sozialistische Regierungsform?

LESETEXT 3

Fakten über die deutschsprachigen Länder

Das deutschsprachige Europa hat eine komplexe Geschichte. **Im Mittelalter** gab es über 100 deutsche "Staaten." 1945, am Ende des Zweiten Weltkrieges, gab es nur zwei deutschsprachige Länder: das **besiegte** Deutsche Reich und die Schweiz. Heute gibt es sechs: die Bundesrepublik Deutschland (BRD)—gegründet am 23. Mai 1949; die Deutsche Demokratische Republik (DDR)—**gegründet** am 7. Oktober, 1949; Österreich, Luxemburg und Liechtenstein— annektiert während des Dritten Reiches, aber heute wieder

During the Middle Ages

defeated

founded

Deutsches Reich (Kaiserreich) 1871–1918

souverän; und die Schweiz. Alle liegen im Zentrum Europas, **umgeben von** Dänemark, der Nord- und der Ostsee im Norden, den Niederlanden (Holland), Belgien und Frankreich im Westen, Italien und Jugoslawien im Süden, und Ungarn, der Tschechoslowakei und Polen im Osten.

surrounded by

Die BRD ist das größte der deutschsprachigen Länder mit 248 678 **km² (einschließlich** Berlin-West), aber **verglichen** mit den Vereinigten Staaten von Amerika (9 363 123 km²) ist die BRD relativ klein. Zehn amerikanische Staaten (Alaska, Texas, Kalifornien, Montana, Neu-Mexiko, Arizona, Nevada, Colorado, Wyoming und Oregon) sind größer als die BRD.

Quadratkilometer/including/ compared

Obwohl die USA fast 38-mal so groß ist wie die BRD, hat sie nur viermal so viele Menschen. Die USA hat ca. 240 000 000 Einwohner; die BRD hat ca. 61 000 000. Die DDR hat ca. 17 Millionen Einwohner; Österreich 7,5 Millionen; die Schweiz ca. 6,5 Millionen (davon sprechen ca. 75% Deutsch, 20% Französisch, 4% Italienisch und 1% Rhätoromanisch); Luxemburg hat ca. 360 000 Einwohner (davon sprechen viele Französisch) und das kleine Liechtenstein ca. 27 000. In Europa sprechen also ca. 90 Millionen Menschen als Muttersprache Deutsch.

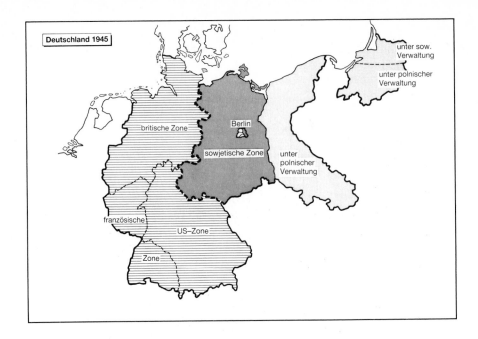

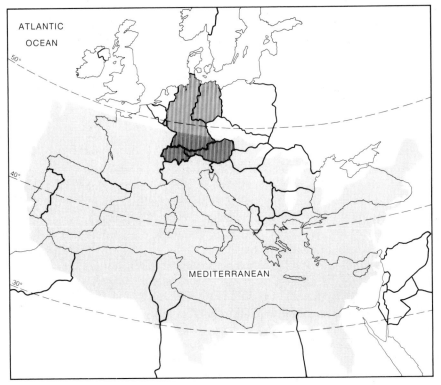

Im Vergleich: USA und deutschsprachige Länder

Die Bundesrepublik Deutschland und die Deutsche Demokratische Republik

Wenn ein Amerikaner ein deutschsprachiges Land besucht, sieht er vieles, was **bekannt** ist. Aber vieles ist auch anders. *familiar* Warum? Die Geographie, das Klima, die Geschichte (die vielen **Kriege** mit den Nachbarstaaten) und vor allem die große Bevölke- *wars* rungsdichte (d.h. die vielen Menschen auf sehr wenig Platz) haben andere **Gesetze**, andere Traditionen, andere Feste, andere **Lebens-** *laws* **gewohnheiten** und andere **Wertsysteme geprägt** als in den USA. *living habits/value systems/formed*

Was ist ähnlich? Was ist anders in den Vereinigten Staaten?

Übung

Haben Sie verstanden? (H, P)

Use the information provided in the table on p. 9 and in *Lesetext 3* to complete the following passage:

In Europa gibt es _____ deutschsprachige Länder. Sie haben eine lange und _____ Geschichte. Die Bundesrepublik Deutschland und die Deutsche Demokratische Republik sind aber junge _____. Sie existieren erst seit _____.

_____ ist der kleinste der deutschsprachigen Staaten; die _____ ist der größte. _____ hat die größte Hauptstadt. Diese Hauptstadt heißt _____. Aber die _____ hat auch eine _____ mit über einer Million Einwohner. Sie heißt _____.

In _____ deutschsprachigen Ländern ist die Mehrzahl (über 50%) der Bevölkerung katholisch. Die größte Bevölkerungsdichte findet man in der _____.

In der Schweiz sprechen _____ alle Menschen deutsch. Ein fünftel (1/5) der Bevölkerung spricht _____. In _____ sprechen auch viele Menschen französisch.

Wenn ein Amerikaner durch ein deutschsprachiges Land reist, sieht er viel Neues.

Vor dem Lesen: Aus der deutschen Geschichte

Sie haben schon einige Informationen über die Geschichte gelesen. Dieses Gedicht von Ernst Jandl beschreibt eine Episode in der deutschen Geschichte auf unkonventionelle Weise.

LESETEXT **4**

Markierung einer Wende

von Ernst Jandl

1944	1945
krieg	krieg
krieg	krieg
krieg	krieg
krieg	krieg
krieg	mai
krieg	
krieg	
krieg	
krieg	
krieg	
krieg	
krieg	

Übung

Was bedeutet Ihnen dieses Gedicht? (P, H)

Lesen Sie das Gedicht laut vor! Warum sind die genannten Jahre 1944 und 1945? Warum steht allein der Monat Mai dort? Warum steht das Wort "Krieg" unter jeder Jahreszahl? Ein Hinweis (*hint*)—Zählen Sie die Wörter! Ist das Gedicht einfach zu verstehen oder schwierig? Was muß man wissen, bevor man das Gedicht verstehen kann?

Dresden nach dem Zweiten Weltkrieg

KAPITEL 2

Deutsch für den Notfall

Wörter im Kontext

der Notfall, ⸚e (*emergency*)—Im **Notfall** ruft man am besten einen Polizisten.

der Bundesbürger, -, die Bundesbürgerin, -nen (*citizen of the Federal Republic of Germany*)—Manche **Bundesbürger** fahren auf der Autobahn sehr schnell.

das Autokennzeichen, - (*international identification symbol*)—Das **Autokennzeichen** für die Vereinigten Staaten von Amerika ist USA.

der Zoobesucher, - die Zoobesucherin, -nen (*visitor at the zoo*)—Wen finden Sie im Zoo interessanter, die Tiere oder die **Zoobesucher?**

reisen//der, die Reisende, -n// die Reise, -n (*to travel//traveller//trip*)—**Die Reisenden,** die nicht rauchen, fahren nicht gern im Raucherabteil eines Zuges.

abfahren, fuhr…ab, ist abgefahren//die Abfahrt, -en (*to depart//departure*)—Die **Abfahrt** der Züge in deutschsprachigen Ländern ist nicht immer pünktlich.

die Wohnungsanzeige, -n (*newspaper advertisement for apartments to rent*)—Diese Wohnung haben wir durch eine **Wohnungsanzeige** in der ''Berliner Morgenpost'' gefunden.

die Schlagzeile, -n (*headline*)—Finden Sie die **Schlagzeilen** in der Zeitung oft deprimierend (*depressing*)?

der Wortschatz, ⸚e (*vocabulary*)—Der normale **Wortschatz** für Anfänger im Deutschunterricht ist ungefähr 1000 Wörter.

durchschnittlich (*average*)—Die **durchschnittliche** Miete für eine Wohnung in der DDR beträgt weniger als 100 Mark im Monat.

häufig (*frequent(ly)*)—**Häufig** fahren mehrere Züge am Tag zu einem bestimmten Reiseziel.

Deutsch für den Notfall

In this chapter, you are presented with some ''survival'' situations you might encounter as a traveller in the German-speaking world. Can you survive **auf deutsch?**

A.   Deutsch auf der Straße (P, H)

Welche Schilder sind in den folgenden Situationen für Sie wichtig?

Fußgängerüberweg ↗

Parken verboten

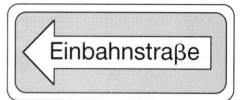

Zum Bahnhof →

 Post

U-Bahn, Kurfürstendamm

Raucherabteil

Eintrittspreise

mensa academica

Situationen:

1. Sie müssen so schnell wie möglich von Bonn nach New York reisen.
2. Sie möchten Ihren Eltern in den USA schreiben und wollen Briefmarken kaufen.
3. Sie fahren im Zug und wollen eine Zigarette rauchen, aber Sie möchten damit niemanden stören (*bother*).
4. Sie sind in Berlin in der Innenstadt und wollen mit der U-Bahn in die Vorstadt fahren.
5. Sie sind Student/in, haben Hunger und möchten billig essen.
6. Sie möchten ihren Wagen parken, aber Sie möchten keinen Strafzettel (*ticket*) bekommen.
7. Sie gehen zu Fuß und kommen an eine gefährliche Kreuzung. Sie müssen zur anderen Seite der Straße kommen.
8. Sie möchten schwimmen gehen, aber Sie wissen nicht, wieviel es kostet.

B.   Deutsch für Touristen (P, H)

A limited number of phrases will help you survive as a tourist in a German-speaking country. From the following list, select the ten expressions that you consider the most important. The ? at the end of this and other activities in the book is an invitation to add your own examples.

1. Guten Tag! (Guten Morgen! Guten Abend!)
2. Wo ist die Toilette (das WC)?
3. Wieviel kostet das?
4. Eins, zwei, drei,... zehn,... hundert.
5. Wo ist der Bahnhof, bitte? (der Flugplatz? die Bushaltestelle? eine Bank? ein Krankenhaus? die Polizei?)
6. Wieviel Uhr ist es?
7. Entschuldigen Sie, bitte!
8. Wie geht es Ihnen?
9. Ist Post für mich da?
10. Danke schön.
11. Ich bin krank. Wo finde ich einen Arzt?
12. Bringen Sie mir die Speisekarte, bitte.
13. Ich verstehe das nicht.
14. Sprechen Sie Englisch?
15. Das ist zu teuer.
16. Ich kann meinen Paß (mein Geld/meine Reiseschecks) nicht finden.
17. Haben Sie ein Zimmer frei?

18. Wie ist Ihre Adresse?
19. Ich möchte Dollars in D-Mark (Mark/Schillinge/Franken) umwechseln.
20. Wo ist das amerikanische Konsulat?
21. Helfen Sie mir, bitte!
22. Lassen Sie mich in Ruhe!
23. Wieviel kostet ein Bier (eine Cola/eine Tasse Kaffee usw.)?
24. Wollen Sie mit mir ausgehen? Darf ich Sie zum Essen (ins Kino, zum Kaffee) einladen?
25. Gibt es eine Apotheke in der Nähe?
26. Ich mag dich.
27. Sprechen Sie bitte langsam!
28. ???

C.   Deutsch für Hungrige und Durstige (CC, P, H)

Gebrauchen Sie die Getränkekarte auf Seiten, die Speisekarte auf Seite 20–21 und die Lebensmittelreklame auf Seite 22, und beantworten Sie folgende Fragen.

1. Was möchten Sie trinken? Sie haben nur DM 5.—.
2. Bestellen Sie Ihre drei Lieblingsgetränke!
3. Sie sind eingeladen (*invited*). Was möchten Sie essen?
4. Sie haben Geburtstag und laden Ihren Bekanntenkreis ein. Was kaufen Sie für die Geburtstagsfeier?
5. Am Nikolaustag (6. Dezember) gibt Ihre Klasse eine kleine Party für Kinder in einem Kinderheim. Welches Getränk servieren Sie? Was gibt es zu essen? Welche Geschenke bringen Sie mit? (Finden Sie die Antworten in der Reklame auf Seite 22.)

Erfrischungsgetränke

Fanta	0.31	**2.90**
Coca-Cola	0.31	**2.90**
Tafelwasser	0.31	**2.90**
Spezi	0.31	**2.90**

Fruchtsäfte

Apfelsaft	0.21	**2.90**
Orangensaft	0.21	**3.40**
Johannisbeersaft schwarz	0.21	**3.40**
Tomatensaft	0.21	**3.40**

Biere

Export-Hell Löwenbräu	0.33 l	**3.10**
Löwenbräu Spitzenpils	0.33 l	**3.40**

Aperitifs

Cincano weiß, rot	5 cl	**4.80**
Sherry	5 cl	**4.80**
Campari Soda (mit Farbstoff)	4 cl	**4.80**

Weine

Frankenwein Nordheimer Vögelein Sylvaner, Erzeugerabfüllung 1/4 l Fl. weiß	**7.50**
Südtirol, Kalterer Classico 1/4 1 Fl. rot	**5.50**

Sekt

Kupferberg	0.70 l	**24.00**
Kupferberg Piccolo	0.25 l	**7.00**

Warme Getränke

1 Haferl Kaffee mit Sahne		**3.80**
1 Haferl Kaffee HAG (Extrakt) mit Sahne		**3.80**
1 Tasse Espresso mit Sahne		**2.90**
1 Haferl Capuccino mit Sahne		**4.20**
1 Haferl Schokolade mit Sahne		**3.80**
1 Haferl Schwarztee mit Sahne oder Zitrone		**3.80**
1 Haferl Pfefferminztee		**3.80**
1 Haferl Kamillentee		**3.80**
1 Haferl Hagebuttentee		**3.80**
1 Haferl Milch, heiß oder kalt		**3.80**
1 Haferl heiße Zitrone		**3.80**
Glühwein im Krügerl	0.25 l	**4.90**
Grog	0.25 l	**4.90**

Spirituosen

Doornkaat	2 cl	**3.70**
Williams-Christ-Birne	2 cl	**3.70**
Fernet Branca	2 cl	**3.70**
Asbach Uralt	2 cl	**3.70**
Remy Martin	2 cl	**5.—**
Johnnie Walker	2 cl	**5.—**

Kur-Restaurant im Eugen-Keidel-Bad

Tageskarte

6. Juli 1988

Sauerampferrahmsüppchen	4,30 DM	
Pikanter Kräuterquark mit Folienkartoffeln	7,90 DM	
I. Spaghetti Bolognaise mit Parmesankäse und Blattsalate	11,50 DM	
II. Leberscheiben Berliner Art mit Kartoffelbrei und Salate der Saison	12,90 DM	
III. Filetgulasch Stroganoff mit Kroketten und frischer Broccoli	18,50 DM	
Zum Dessert empfiehlt die Küche Melonenschiffchen mit Fruchteis gefüllt und Sahne	6,50 DM	
Angebot der Woche Portugiesisches Schweinenackensteak mit grosser Salatgarnitur und Weissbrot	12,90 DM	

Im Lebensmittelgeschäft

Auf der Autobahn

LANDESKUNDLICHE INFORMATIONEN

American visitors to the **Bundesrepublik** are frequently surprised by the aggressive driving habits of some Germans. A generally sensible and courteous person can turn into a racing maniac once he or she hits the **Autobahn**. Since the speed is unrestricted on most of these super highways, it is not unusual for motorists to drive as fast as their cars are capable. As you drive down the **Autobahn**, don't be surprised if motorists flash their lights in your rearview mirror or gesture at you impatiently because you are blocking the passing lane. Unfortunately, the driving habits of the **Bundesbürger** are reflected in the accident rate, one of the highest in Europe.

Identification of nationality is required for cars traveling in foreign countries. Small black and white plates indicating the country of origin, **"das internationale Autokennzeichen,"** are attached near the license plates.

License plates, **Nummernschilder,** are also white with black letters and numbers. Most of the plates are long and narrow, and tell where a vehicle is from. Big cities, with some exceptions, have one letter; medium-sized cities have two letters, and small towns or rural districts have three.

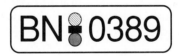

D. Deutsch für Autofahrer (P)

Nationalitätszeichen

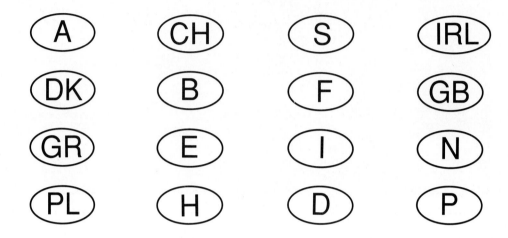

1. Nennen Sie die internationalen Kennzeichen der Grenzländer der BRD, der DDR, der Schweiz, und Österreichs!
2. Welche Abkürzungen haben folgende Städte auf Autoschildern?

Augsburg	BAD
Berlin	ZW
Bonn	WO
Baden-Baden	PA
Düsseldorf	BN
Flensburg	B
Garmisch-Partenkirchen	D
Hansestadt Hamburg	TUT
Köln	SB
Landshut	HH
Passau	K
Saarbrücken	LA
Starnberg	AUG
Tuttlingen	STA
Worms	FL
Zweibrücken	GAP

3. Suchen Sie die Städte auf einer Landkarte. Welche Städte sind leicht zu finden? Warum?
4. Versuchen Sie, für Ihre Stadt ein Nummernschild zu entwerfen (*design*). Und ein Kennzeichen für Ihren Bundesstaat? (Das internationale Kennzeichen für die Vereinigten Staaten von Amerika ist "USA.")

E.   **Deutsch für Zoobesucher** (P, CC, H)

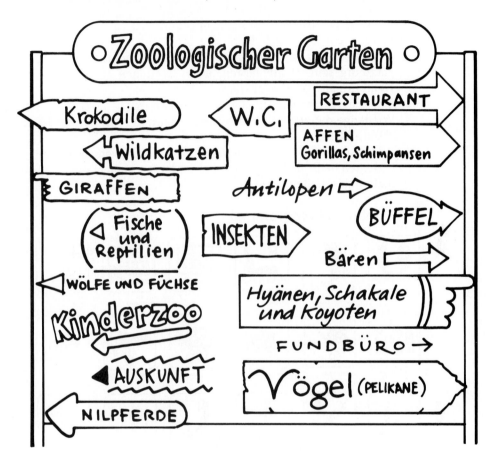

Sie sind im Zoo. Welche Schilder suchen Sie in folgenden Situationen?

1. Sie haben Ihren Paß verloren.
2. Sie suchen dringend eine Toilette.
3. Sie möchten Löwen und Tiger sehen.
4. Sie möchten einen Orang-Utan sehen.
5. Sie suchen ein Tier, das vor vielen Jahren im wilden Westen lebte und für die Indianer sehr wichtig war.
6. Sie suchen ein afrikanisches Tier mit einem langen Hals.
7. Welche Schilder fehlen hier? Nennen Sie Tiere, die Sie im Zoo gern sehen— auf deutsch, natürlich.

F. Deutsch für Reisende (P, H)

1. Sie sind gerade in Göttingen angekommen. Sie möchten wissen, wann morgen ein Zug nach Hamburg fährt. Sie wollen so lange wie möglich schlafen, bevor Sie nach Hamburg fahren, aber Sie müssen vor 22.00 Uhr in Hamburg sein. Wann fahren Sie in Göttingen ab? Wann kommen Sie in Hamburg an? (Siehe Fahrpion S. 27.)
2. Um wieviel Uhr fahren Züge nach Hamburg?
3. Wie lange dauert die Zugfahrt nach Hamburg mit einem D-Zug?[1] Und mit einem Eilzug?
4. Beschreiben Sie in je einem Satz, was die verschiedenen Bildsymbole bedeuten. z.B. 1. Dieses Symbol bedeutet, daß man hier Touristeninformationen erhalten kann.

Bildsymbole (Pictogramme)

[1] Eurocity-Züge verbinden größere Städte und fahren auch außerhalb der Bundesrepublik. Intercity-Züge verbinden größere deutsche Städte miteinander, halten aber nicht in jedem kleinen Dorf. Man muß einen Zuschlag (*additional charge*) für diese Züge bezahlen. D-Züge und Eilzüge fahren langsamer und halten öfter als Intercity-Züge.

008   Abfahrt Göttingen

009	Zeit	Zug	Richtung	Gleis		Zeit	Zug	Richtung	Gleis
010 **011** **017**	0.41 **1**	D 2181 🍴 🚃	Bebra 1.31 – Fulda 2.14 – Würzburg 3.36 – Nürnberg 4.51 – **München 7.07** 🚶 🚃 München 7.07	6		5.57 ✗ außer ⑥, nicht 2.VI.	E 3063	Friedland 6.06 – Eichenberg 6.11 – Witzenhausen 6.17 – Hann Münden 6.33 – **Kassel 6.57**	6
021	① 1.00 **1**	D 2574	Kreiensen 1.21 – Hannover 2.01 – Bremen 3.32 – Oldenburg 4.12 – **Wilhelmshaven 5.15**	4		✗ 6.00 🚃	E 5504	Nörten-Hardenberg 6.07 – Northeim 6.13 – Einbeck 6.22 – Kreiensen 6.29 – Elze 6.59 – Northeim 7.06 – **Hannover 7.33**	4
027 **028** 029	⑥ 1.26 **1** vom 18.VI. bis 17.IX.	D 1281	Würzburg 4.06 – Rosenheim 7.41 – Kufstein 8.05 – **Innsbruck 9.12** 🚶 🚃 Innsbruck 9.12	6		✗ 6.05 	E 6956	Adelebsen 6.25 – Bodenfelde 6.58 – Ottbergen 7.27 – **Altenbeken 8.01**	11
035 040	1.33 🍴 🚃⁸⁾	D 2189	Ansbach 5.13 – Augsburg 6.32 – **München 7.14** nur 🚶 und 🚃	6		✗ 6.32 🚃²⁾	E 3065	Friedland 6.41 – Eichenberg 6.46 – Witzenhausen 6.57 – Hann Münden 7.13 – **Kassel 7.37**	7
042 **043** 048 049 052	1.45 **1**	D 473	Bebra 2.37 – Fulda 3.13 – Frankfurt 4.20 – Mannheim 5.28 – Karlsruhe 6.08 – Offenburg 6.58 – Freiburg 7.36 – Basel Bad Bf 8.23 – **SBB 8.43** 🚶 🚃 Basel SBB 8.43	6		✗ 6.37 🚃	E 3000	Northeim 6.50 – Einbeck 7.00 – Kreiensen 7.06 – Elze 7.34 – Nordstemmen 7.40 – **Hannover 8.01**	5
						6.56 🚃³⁾	E 5508	Nörten-Hardenberg 7.03 – Northeim 7.09 – Einbeck 7.19 – Kreiensen 7.25 – Elze 7.55 – Northeim 8.01 – **Hannover 8.29**	6
054 060 261 262 263 264	2.31 🚃⁶⁾	D 2187	Bebra 3.20 – Fulda 3.55 – Gemünden 4.43 – Würzburg 5.06 – Ansbach 6.08 – Treuchtlingen 6.41 – München 7.56 – **Salzburg 9.59** 🚃 Passau 9.26 🚶 🚃 München 7.56 🚶 Regensburg 8.12 🚶 Salzburg 9.59	6		7.00 **1**	D 1773	Hann Münden 7.29 – Kassel 7.49 – Marburg 9.03 – Gießen 9.23 – Frankfurt 10.05 – Heidelberg 11.07 – Karlsruhe 11.40 – Offenburg 12.25 – **Konstanz 14.55**	7
066 **067** 072	2.53 **1**	D 472	Kreiensen 3.17 – Hannover 4.03 – Lüneburg 5.40 – Hamburg Hbf 6.24 – **Hamburg-Altona 6.42** 🚶 🚃 Hamburg-Altona 6.42	6		{ 7.11 ① bis ⑥, nicht 18.VI.	IC 571 🍴	*Badener Land* Fulda 8.31 – Frankfurt 9.34 – Mannheim 10.26 – Karlsruhe 10.56 – Freiburg 12.00 – Basel Bad Bf 12.36 – **Basel SBB 12.43**	6
076 282	3.16 🍴	D 2199	Kassel 4.05 – Marburg 5.14 – Gießen 5.36 – Frankfurt 6.31 – **Stuttgart 9.39** 🚃 🚶 Stuttgart 9.39	6		{ 7.41 ① bis ⑥, nicht 18.VI.	IC 781 ✗	*Spessart* Bebra 8.29 – Fulda 9.01 – Würzburg 9.42 – Augsburg 11.33 – **München 12.06**	6
084 **085** 291 072	3.22 **1**	D 2186	Kreiensen 3.45 – Hannover 4.29 – Lüneburg 5.54 – Hamburg Hbf 6.33 – **Hamburg-Altona 6.49** 🚶 Kopenhagen 12.10 🚶 Helsingør 12.50	4		7.47 🚃¹⁾	E 3021	Friedland 7.58 – Eichenberg 8.03 – Witzenhausen 8.08 – Hann Münden 8.23 – Kassel 8.44 – Marburg 10.00 – Gießen 10.20 – **Frankfurt 11.07**	7
096 102 123 124 125	4.00 🍴	D 2198	Northeim 4.12 – Kreiensen 4.27 – Hildesheim 5.08 – Hannover 5.40 – Lüneburg 7.39 – Hamburg Hbf 8.30 – Hamburg-Altona 8.45 – **Kiel 9.59** 🚃 Wilhelmshaven 9.26 🚶 Bremen 7.27 🚶 Hamburg-Altona 8.45	4		7.58 **1**	D 1684	Northeim 8.08 – Kreiensen 8.21 – Elze 8.41 – Hannover 9.01 – Lüneburg 9.57 – Hamburg Hbf 10.26 – **Hamburg-Altona 10.40**	4
107 128 113 114 115 116 117 128	4.38 ✗ außer ⑥	E 3212	Nörten-Hardenberg 4.46 – Northeim 4.52 – Einbeck 5.00 – Kreiensen 5.14 – Elze 5.47 – Nordstemmen 5.53 – Hannover 6.22 – Celle 7.18 – Uelzen 8.16 – Lüneburg 8.40 – Hamburg Hbf 9.21 – Hamburg-Altona 9.35	5		8.11 ✗	EC 71	*Rätia* Fulda 9.31 – Frankfurt 10.34 – Mannheim 11.26 – Karlsruhe 11.56 – Offenburg 12.30 – Freiburg 13.00 – Basel Bad Bf 13.36 – Basel SBB 13.43 – **Chur 16.41**	6
122 123	⑦ 5.04 **1** vom 19.VI. bis 18.IX.	D 1280	*Tirol-Expreß* Hannover 6.05 – Lüneburg 7.30 – Hamburg Hbf 8.07 – **Hamburg-Altona 8.21**	5		8.14 🚃	E 3062	Nörten-Hardenberg 8.21 – Northeim 8.27 – Einbeck 8.37 – Kreiensen 8.43 – Elze 9.08 – Nordstemmen 9.14 – **Hannover 9.34** an ↑ als E 3082	5
130 **131** 137	5.12 🚃	D 498	Northeim 5.23 – Kreiensen 5.38 – Elze 6.02 – Hannover 6.27 – Hamburg Hbf 8.21 – **Hamburg-Altona 8.35**	4		8.17 🚃³⁾	E 3073	Friedland 8.26 – Eichenberg 8.31 – Bad Sooden-Allendorf 8.42 – Eschwege West 8.51 – Bebra 9.14 – Fulda 9.51 – **Frankfurt 11.23**	11
139 140	✗ 5.17 außer ⑥	E 3061	Friedland 5.26 – Eichenberg 5.31 – Witzenhausen 5.37 – Hann Münden 5.53 – **Kassel 6.17**	6		8.41 ✗	IC 581	*Veit Stoss* Bebra 9.29 – Fulda 10.01 – Würzburg 10.42 – Augsburg 12.33 – **München 13.06**	6
147 **148** 154	5.39 🍴 🚃	D 2180	Northeim 5.50 – Kreiensen 6.05 – Hildesheim 6.48 – Hannover 7.23 – Lüneburg 8.54 – Hamburg Hbf 9.34 – **Hamburg-Altona 9.49**	4		8.48 ① bis ⑤, nicht 17.VI.	IC 578 🍴	*Brahms* Hannover 9.45 – Hamburg Hbf 11.01 – **Hamburg-Altona 11.15**	4
156 157 158	✗ 5.41 außer ⑥, nicht 2.VI. 2. Klasse	E 3071	Friedland 5.51 – Eichenberg 5.56 – Bad Sooden-Allendorf 6.08 – Eschwege West 6.18 – Bebra 6.43 – **Fulda 7.31**	7		✗ 8.53 🚃	E 3592	Nörten-Hardenberg 9.00 – Northeim 9.06 – Elze 9.15 – Kreiensen 9.22 – Elze 9.48 – Nordstemmen 9.54 – Hildesheim 10.03 – **Braunschweig 10.37**	6
167 **168** 169	⑦ 5.45 **1** nicht 29.V.	D 1298	*Kärnten-Expreß* Kreiensen 6.10 – Hannover 7.08 – Lüneburg 8.18 – Hamburg Hbf 8.56 – **Hamburg-Altona 9.14**	6		9.00 **1**	D 1581 🍴	Hann Münden 9.29 – **Kassel 9.49**	7
176 **177** 182 183	5.56 **1**	D 1588	Northeim 6.06 – Kreiensen 6.19 – Elze 6.39 – Hannover 6.59 – Celle 7.22 – Uelzen 7.42 – Lüneburg 7.57 – Hamburg Hbf 8.26 – **Hamburg-Altona 8.40**	5		† 9.05 🚃	E 6910	Nörten-Hardenberg 9.12 – Northeim 9.20 – Uslar 10.02 – Bodenfelde 10.08 – Ottbergen 10.31 – **Holzminden 10.53**	5
						9.11 ✗	IC 693	*Hohenstaufen* Fulda 10.31 – Frankfurt 11.34 – Mannheim 12.26 – Heidelberg 12.42 – **Stuttgart 13.52** – Ulm – München	6

Fahrplan

G. Deutsch für Wohnungssuchende (CC, P, H)

Wo möchten Sie übernachten? Bitte, beantworten Sie folgende Fragen mit Hilfe von Text a., b., c., oder d.

1. Sie sind 16 Jahre alt und haben wenig Geld.
2. Sie machen eine Geschäftsreise in die DDR und übernachten nur in den besten Hotels.
3. Sie möchten sechs bis acht Monate in Berlin bleiben.
4. Sie sind ein armer Student und haben nicht viel Geld.
5. ???

a. Aus dem Jugendherbergsverzeichnis

	Kate-gorie	Landes-verband	☎	🛏	🪑	🏓						B									i
Bergneustadt Schöne Aussicht 45 5275 Bergneustadt Renate und Erich Diener	II	Rheinl.	02261 41203	136	4	1	× ×	—	—	×	○	40	×	×	× ×	—	2	×	⊙	S. 263
Berlin „Ernst Reuter" Hermsdorfer Damm 48–50 1000 Berlin 28 Petra und Dieter Bogula	V	Berlin	030 4041610	140	1	1	× ×	—	—	×	○	40 40	—	× ×	45	0	—	● ✳	S. 202
Berlin „JGH Berlin" Kluckstr. 3 1000 Berlin 30 Claudia Foljanty, Ingolf Keil	VI	Berlin	030 2611097	364	6	2	× ×	6	—	×	○	60 60	—	× ×	15	0	5	● ✳	S. 203
Berlin „JGH am Wannsee" Badeweg 1 (Ecke Kronprinzessinnenweg) 1000 Berlin 38 Peter Wurzel, Bernd Pollin	VI	Berlin	030 8032034 Tx 186606 djhb d	264	8	2	× ×	72	—	×	×	3 15	×	× ×	10	3	5	● ✳	S. 202
Bernkastel-Kues Jugendherbergsstr. 1 5550 Bernkastel-Kues Eleonore und Eugen Meisberger	II	Rhl.-Pf.	06531 2395	140	3	—	× ×	—	—	×	—	50 50	×	× ×	30	20	—	⊙ ✳	S. 286
Bersenbrück „Remter" Stiftshof 4 4558 Bersenbrück Edith Czenskowsky/Birgitta Krause	II	Unt.-Ems	05439 704	68	1	1	× ×	—	—	×	—	5	—	× ×	10	2	—	✳	S. 321
Biberach Breitwiesen 3/Heusteige 7950 Biberach/Riß Ruth und Friedrich Noller	III	Schwab.	07351 21885	140	6	1	× ×	10	—	×	○	5 15	○	× ×	20	—	—	⊙	S. 304
Biedenkopf „Haus der Jugend" Am Freibad 15 3560 Biedenkopf/Lahn Heidrun und Rainer Herrmann	V	Hessen	06461 5100	198	8	2	× ×	4	—	×	—	5 25	×	× ×	15	5	—	✳ ⊙ ●	S. 223
Bielefeld „Sieker Schweiz" Oetzer Weg 25 4800 Bielefeld Ursula und Hermann Schüchter	II	Westf.-L.	0521 22227	153	5	2	× ×	1	—	×	○	40 40	×	15 20	30	5	15	—	S. 346
Biggesee Auf dem Mühlenberg 5960 Olpe-Stade Karin und Horst Brehm	IV	Westf.-L.	02761 6775	240	6	4	× ×	7	—	×	—	20 40	×	× ×	15	10	—	—	S. 346
Bilstein „Jugendburg" Von-Gevore-Weg 10 5940 Lennestadt 16 Inge und Karl-Josef Voßhagen	IV	Westf.-L.	02721 8517	222	5	2	× ×	5	—	×	—	5 —	×	— ×	70	5	—	—	S. 347
Bingen-Bingerbrück Herter Str. 51 6530 Bingen 1-Bingerbrück	III	Rhl.-Pf.	06721 32163	196	6	1	× ×	5	×	×	—	20 45	—	× ×	15	10	—	✳ ⊙	S. 286

Aus: Deutsches Jugendherbergsverzeichnis 1988–89, S. 58–59.

c. Suchen Sie eine Wohnung?

B·Z·Immobilienmarkt

b. Die Interhotels der DDR

DRESDEN 15

HOTEL ★★★★★
BELLEVUE
DDR – 8060 Dresden
Köpckestraße
Tel. 56620, Tx: 26271

d. Hotel Winzerstube zur Krone

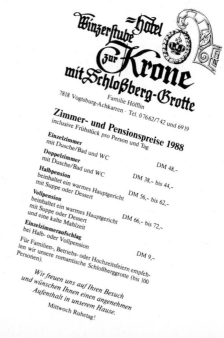

Winzerstube-Hotel
zur Krone
mit Schloßberg-Grotte
Familie Höfflin
7818 Vogtsburg-Achkarren · Tel. 07662/742 und 6919

Zimmer- und Pensionspreise 1988
inclusive Frühstück pro Person und Tag

Einzelzimmer
mit Dusche/Bad und WC ... DM 48,-

Doppelzimmer
mit Dusche/Bad und WC ... DM 38,- bis 44,-

Halbpension
beinhaltet ein warmes Hauptgericht mit Suppe oder Dessert ... DM 56,- bis 62,-

Vollpension
beinhaltet ein warmes Hauptgericht mit Suppe oder Dessert und eine kalte Mahlzeit ... DM 66,- bis 72,-

Einzelzimmeraufschlag
bei Halb- oder Vollpension ... DM 9,-

Für Familien-, Betriebs- oder Hochzeitsfeiern empfehlen wir unsere romantische Schloßberggrotte (bis 100 Personen).

Wir freuen uns auf Ihren Besuch und wünschen Ihnen einen angenehmen Aufenthalt in unserem Hause.

Mittwoch Ruhetag!

H.   Deutsch für Zeitungsleser (CC, P, H)

Der Wein am Rhein ist fein

Enorm in Form: Der Run auf die Fitness-Studios

Palästina: Der Palästina-Konflikt

Frankfurt: Drogenmetropole in Deutschland

Bonn: Die Politik kapituliert

Universitäten: Reform oder Revolution?

Die Realität ist oft bitter

Mensch und Automation

Schlagzeilen aus deutschen Zeitungen

1. Welcher Artikel handelt wahrscheinlich von Politik? Drogenkonsum? Terrorismus? der Gesundheit? der Technik? deutschen Produkten? dem Studentenleben?
2. Lesen Sie die Schlagzeilen nochmal durch. Mit einem Partner, entwerfen Sie einen passenden Anfangssatz (*lead sentence*) für jeden ''Artikel''!
   BEISPIEL: ''Der Wein am Rhein ist fein.''
   Viele Weinkenner meinen, daß der Rheinwein der beste Wein der Welt sei.
3. Suchen Sie selbst Schlagzeilen in deutschen Zeitungen oder Zeitschriften, die Sie interessant finden. Sammeln Sie die Schlagzeilen auf einem schwarzen Brett (*bulletin board*) in der Klasse.

I. Deutsch für Philosophen—"Wandweisheiten" (*wisdom on walls, i.e., graffiti*) (CC, P, H)

Jeder kennt den alten Spruch "Papier ist geduldig" (*patient*). Wenn man heute durch deutsche Städte bummelt (*strolls*), könnte man sagen: "Wände sind geduldig," denn Graffiti sind auch in der Bundesrepublik beliebt. Neben philosophischen Sprüchen liest man am häufigsten Parolen gegen den Krieg und gegen Atomwaffen. Welche "Wandweisheiten" finden Sie lustig, ironisch, sarkastisch oder sogar tragisch?

1. Pershing **zwo**   *zwei*
   'rein ins **Klo**.   *(from W.C., Wasser-Klosett)*
2. Die Zukunft gehört dem Buch und nicht der Bombe, dem Leben und nicht dem Tod.
3. Alles hat ein Ende—nur Dallas wird fortgesetzt.
4. J.R. schläft mit einem Teddybär.
5. Die Ehe ist eine wunderbare Institution. Aber wer möchte in einer Institution leben?
6. Ich liebe alle Menschen, nur trifft man selten einen.
7. D. b. d. d. h. k. P. (**Doof** bleibt doof, da helfen keine   *dumb* Pillen.)
8. Gummibär statt **Bundeswehr**.   *national armed forces of the FRG*

Aus: **AASG Rundbrief**, Dezember, 1984.

Eine Wandweisheit

Vor dem Lesen: Ist es leicht, Deutsch zu sprechen?

Wie schwer ist es eigentlich, eine Fremdsprache zu erlernen? In diesem Zeitungsartikel lesen Sie über die Schwierigkeit, Deutsch zu lernen. Am Ende des Artikels gibt es eine Liste der häufigsten (*most frequent*) deutschen Wörter für österreichische Kinder.

LESETEXT 1

Ist es leicht, Deutsch zu sprechen?

Mit den ersten 1000 hochfrequenten Wörtern unserer Sprache können wir mehr als 80 Prozent des Wortschatzes aller Normaltexte verstehen, mit den zweiten 1000 weitere 8 bis 10 Prozent, mit den dritten **nochmals** 4 Prozent, mit den vierten weitere 2 Prozent und mit den fünften **ebenfalls** noch 2 Prozent. 4000 hochfrequente Wörter machen somit **durchschnittlich** 95 Prozent des Wortschatzes aller Normaltexte und **Alltagsgespräche** aus, die zweiten 4000 Wörter etwa 2 bis 3 Prozent, alle **übrigen** nicht mehr als 1 bis 2 Prozent.

another
also, too
on the average
everyday conversations
the rest

Aus: Helmut Oehler, **PZ**, Nr. 46, September 1986, S.7.

Hier ist eine Liste der 300 häufigsten Wörter aus dem Wortschatz neun- bis zehnjähriger österreichischer Kinder. Am Ende dieses Kurses kennen Sie vielleicht nicht nur diese 300 Wörter, sondern auch die 1000 häufigsten Wörter in der Liste am Ende dieses Kapitels.

Die 300 häufigsten Wörter im Sprachgebrauch von neun- bis zehnjährigen Kindern

A	andere	Baum	Bett	dann	deshalb
ab	anfangen	bei	Bild	darauf	dich
Abend	Arbeit	beide	bin	darin	die
Abenteuer	auch	beim	bis	das	diese
aber	auf	Beispiel	Bruder	daß	Ding
alle	aus	bekam	Bub	davon	dir
allein	ausgelesen	bekommen	Buch	dem	doch
als	Auto	Beruf	**D**	den	Dorf
am	**B**	besonders	da	der	drei
an	bald	besten	dabei	des	du

dumm	gelesen	**J**	Mutter	schreiben	viel
durch	genau	ja	**N**	Schule	vier
durfte	genommen	Jahr	nach	schwer	vom
E	gerade	jetzt	nachher	Schwester	von
ein	gerne	jung	nächste	sehen	vor
einige	Geschichte	Junge	Nacht	sehr	vorbei
einmal	geschrie-	**K**	nahm	sein	vorher
Eltern	ben	kam	Name	Seite	**W**
Ende	gibt	kann	nehmen	selbst	Wald
endlich	ging	kein	nein	sich	wahr
er	gleich	kennen	neu	sie	war
erste	groß	Kind	nicht	sieht	warum
erzählen	gut	Klasse	nichts	sind	was
es	**H**	klein	niemand	so	Wasser
essen	haben	kommen	noch	sofort	Weg
etwas	halten	können	nun	soll	weg
euch	Hand	könnte	nur	spannend	Weihnachten
F	handelt	**L**	**O**	später	weil
fahren	hast	lang	ob	spielen	weit
fallen	hat	las	oder	Sport	wenn
fangen	Haus	laut	oft	Stadt	wer
fast	heiß	leben	Onkel	stand	werden
fertig	heißt	lernen	**P**	stehen	wie
finden	heraus	lesen	paar	suchen	wieder
fing	heute	Leute	passiert	**T**	will
fort	hier	lief	Pferd	Tag	wir
fragen	hieß	ließ	plötzlich	Tante	wird
Frau	hin	lustig	**R**	teuer	wo
Freude	hinein	**M**	raten	Tier	woher
Freund	hinten	machen	rechts	Titel	wollen
früh	hoch	Mädchen	reich	tragen	wurde
fuhr	holen	man	reisen	traurig	würde
fünf	Hund	manchmal	ruhig	**U**	**Z**
für	**I**	Mann	**S**	über	Zeit
G	ich	mehr	Sache	Uhr	Zeitung
gab	ihm	mein	sagen	um	zu
ganz	ihn	Mensch	sah	und	zuerst
gefallen	ihr	mich	schade	uns	Zug
gefüllt	im	mir	schenken	unten	zum
gegen	immer	mit	Schiff	unter	zur
gehen	in	möchte	schlafen	**V**	zurück
gehört	ins	morgen	schnell	Vater	zusammen
gekommen	Insel	muß	schon	verdienen	zwei
Geld	ist	müssen	schön	verlieren	

Aus: Richard Bamberger und Erich Vanecek, Lesen-Verstehen-Lernen-Schreiben: Die Schwierig-keitsstufen von Texten in deutscher Sprache, Jugend und Volk Verlag, Wien, 1984, S. 174–80.

Übungen

A.   Haben Sie verstanden? (CC)

Richtig oder falsch?

1. Mit den ersten 1 000 hochfrequenten Wörtern unserer Sprache können wir
   50 Prozent aller Normaltexte verstehen.
2. Mit den zweiten 1 000 Wörtern verstehen wir weitere 50 Prozent.
3. Die ersten 400 Wörter unserer Sprache machen 95 Prozent des Wortschatzes
   aller Normaltexte und Alltagsgespräche aus.
4. Am Ende dieses Kurses werden Sie wahrscheinlich mehr als 1 000 deutsche
   Wörter kennen.

B.   Wie gut können Sie Deutsch? (P, CC, H)

1. Welche Wörter auf der Wortliste kennen Sie schon? Gebrauchen Sie sie in
   Sätzen!
2. Machen Sie an der Tafel eine Liste aller Wörter, die Sie nicht verstehen.
3. In kleinen Gruppen und mit Hilfe von Wörterbüchern finden Sie die Bedeutung der Wörter, die Sie noch nicht kennen. Z. B.: eine Gruppe arbeitet
   mit den Wörtern von A bis E, die nächste Gruppe von E bis H usw...
4. Benützen Sie die neuen Wörter in Sätzen, die, wenn möglich, die Bedeutung der Wörter klarmachen. Z. B. **Bub—Bub** ist ein anderes Wort für
   Junge. ODER
   Eltern—Mein Vater und meine Mutter sind meine **Eltern**.
5. Wie viele Verben finden Sie unter den 300 Wörtern? Machen Sie eine Liste!
   (Kennen Sie schon alle Zeiten und Formen dieser Verben?)
6. Wie viele Substantive (*nouns*) finden Sie? Machen Sie eine Liste! Wie viele
   Adjektive usw...?
7. Sie sehen auf der Liste fast alle Pronomen, Präpositionen, Konjunktionen
   und andere Funktionswörter, die Sie kennen sollten. Benützen Sie diese so
   wichtigen kleinen Funktionswörter in einem Satz!

Lesetip: Function Words_____

Look at the following words from the 300-word list on pp. 32–33.
How many of them do you know?

ab	der	so
aber	des	über
als	deshalb	um
am	die	und
an	doch	vom
auf	durch	von
aus	für	vor
bei	in	vorbei
beim	ins	vorher
bis	nach	weg
da	nachher	weil
dabei	nicht	wenn
dann	noch	zu
darauf	nun	zum
darin	nur	zur
das	ob	zurück
daß	oder	zusammen
davon	schon	
dem	selbst	
den	sich	

These words are called **function words**—in contrast with the so-called "content words" (nouns, verbs and adjectives). Included are prepositions, definite articles, pronouns, conjunctions and particles like "doch" or "nun." These words occur very frequently and they are extremely important. Be sure to recognize function words and their meaning in context.

Stubaitalbahn AG - Omnibusbetrieb

INNSBRUCK — NEUSTIFT
oder
FULPMES — MUTTERBERGALM

S 44.- einschl. 8 % USt.

0041562

Beförderungsbedingungen und Tarifbestimmungen sind einzuhalten!

Übungen (H, P)

1. Refer to the 1 000-word list below. Identify all the function words you know and compile them in a list.
2. Divide your complete list into several smaller lists, one for **da-** and **wo-** compounds, one for prepositions, one for conjunctions, one for articles, and one for the particles.
3. Construct a sentence which illustrates the meaning of each function word in context.

Die 1 000 häufigsten Wörter im Sprachgebrauch von neun-bis zehnjährigen Kindern

A	antworten	backen	beschäftigt	Brot
ab	Apfel	baden	beschreiben	Bruder
Abend	Arbeit	bald	besonders	Bub
abends	arbeiten	Band	besser	Buch
Abenteuer	arm	Bande	bestehen	bunt
abenteuerlich	Art	Banditen	besten	Büro
aber	Arzt	Bär	bestimmen	**C**
abholen	aß	bauen	Besuch	Chef
acht	auch	Bauer	Bett	Christbaum
Affen	auf	Baum	bevor	Cowboy
Afrika	Aufgabe	bedeuten	bewegen	**D**
alle	aufgeben	begann	Bewegung	da
allein	aufgeregt	beginnen	bewohnen	dabei
Alm	aufhören	behalten	bezahlen	dachte
als	aufmerksam	bei	Bild	Dackel
also	aufpassen	beide	bin	dadurch
alt	aufregend	beim	bis	dafür
Alter	Augen	beinahe	bisher	dagegen
am	Augenblick	Beispiel	bitten	daher
Amerika	aus	bekam	blau	damals
an	Ausflug	bekannt	bleiben	damit
andere	ausführlich	Bekannte	Boden	danach
Anfang	auslesen	bekommen	Boot	daneben
anfangen	außer	belohnen	borgen	Dank
anfangs	außerdem	bemerken	böse	danken
Anführer	ausstehen	beobachten	brachte	dann
Angst	Auto	bereits	brauchen	daran
ankam	Autor	Berg	braun	darauf
ankommen	**B**	berichten	brav	daraus
annehmen	Baby	Beruf	Brief	darf
Antwort	Bach	besaß	bringen	darin

darüber	dumm	erkannte	Fleisch	Gedanke
darum	dunkel	erleben	fleißig	geeignet
darunter	dünn	Erlebnis	fliegen	Gefahr
das	durch	ernst	Flug	gefahren
daß	durchaus	erreichen	Flugzeug	gefallen
dauern	durfte	erscheinen	Fluß	gefangen
davon	**E**	erst	folgen	gefielen
dazu	eben	erstaunen	fort	Gefühl
dein	ebenfalls	erste	Frage	gefüllt
dem	ebenso	erwachsen	fragen	gefunden
den	echt	erzählen	Frau	gegen
denken	Ecke	es	frei	gegenüber
denn	ehe	essen	freilich	Geheimnis
der	Ei	etwas	Freitag	gehen
des	eigenen	euch	fremd	geholfen
deshalb	eigentlich	**F**	Freude	gehören
dessen	ein	Fabrik	freuen	Geist
desto	einander	fad	Freund	gekommen
deswegen	einfach	fahren	Freundin	gelang
Detektiv	einige	Fahrt	Freundschaft	gelb
deutlich	einkaufen	fährt	fröhlich	Geld
deutsch	einladen	Fall	früh	Gelegenheit
Deutschland	einmal	fallen	früher	gelesen
dich	einschlafen	Familie	Frühling	gelingen
dick	einst	fand	Frühstück	genannt
die	Eis	fangen	Fuchs	genau
Dieb	elf	fast	fuhr	genommen
Dienst	Eltern	faul	führen	genug
diese	empfehlen	Fehler	fünf	gerade
diesmal	Ende	Feiertag	für	geraten
Dinge	enden	Feind	fürchten	gerecht
dir	endlich	Feld	Fuß	gerne
direkt	entdecken	Felsen	**G**	Geschäft
doch	entfernt	Fenster	gab	geschehen
Doktor	entführt	Ferien	ganz	Geschenk
Donau	enthält	fern	gar	Geschichte
Dorf	entstehen	ferner	Garage	geschickt
dort	er	Fernsehen	Garten	geschildert
draußen	Erde	fertig	Gasthaus	geschrieben
drehen	erfahren	fest	gebaut	gesehen
drei	erforschen	fiel	geben	Gesicht
drinnen	erfreuen	Film	geboren	gesprochen
dritten	erfuhr	finden	gebrauchen	gestern
Dschungel	erhalten	fing	Geburtstag	gestohlen
du	erinnern	Fisch	gedacht	gestorben

gesund	herum	Italien	Kunst	mal
gewesen	herunter	**J**	kurz	man
gewinnen	Herz	ja	**L**	manche
gewiß	herzlich	jagen	lachen	manchmal
gewöhnlich	heute	Jahr	lag	Mann
geworden	hielt	je	Lager	Mannschaft
gibt	hier	jeder	Land	Maschine
ging	hieß	jedesmal	lang	Meer
Glaube	Hilfe	jedoch	langsam	mehr
glauben	hilft	jemand	langweilig	mehrere
gleich	Himmel	jetzt	las	mein
Glück	hin	Jugend	lassen	meinen
glücklich	hinauf	jung	läßt	Meinung
Gott	hinaus	Junge	laufen	meistens
groß	hinein	**K**	laut	Mensch
Großmutter	hinten	Kaffee	leben	merken
Großvater	hinunter	kalt	Leben	messen
Grund	hoch	kam	legen	Meter
gut	höchstens	Kamerad	Lehrer	mich
Gutes	hoffen	kämpfen	Lehrerin	Milch
H	hoffentlich	kann	lehrreich	mindestens
haben	Höhe	Kapitän	leicht	Minute
halb	Höhle	Kapitel	leider	mir
half	holen	kaputt	leise	mit
halten	Holz	Katze	lernen	mitfahren
Hand	hören	kaufen	lesen	Mittag
Hände	Hund	kaum	letzter	Mitte
handelt	hundert	kein	Leute	Mittel
hart	Hunger	kennen	Licht	möchte
Hasen	**I**	Kilometer	lieb	möglich
hast	ich	Kind	Liebe	Monat
hat	Idee	Klasse	lieben	Mond
hätte	ihm	klein	Lied	morgen
häufig	ihn	kochen	lief	müde
Häuptling	ihr	kommen	liegen	muß
Haus	im	König	ließ	müssen
heben	immer	können	links	Mut
Hefte	in	konnte	loben	Mutter
heiß	Indianer	Kopf	los	**N**
heißt	Inhalt	kosten	lügen	nach
her	ins	Kraft	lustig	Nachbar
heraus	Insel	krank	**M**	nachdem
Herbst	interessant	Küche	machen	nachher
Herde	irren	Kühe	Mädchen	Nachmittag
Herr	ist	Kunden	mag	nächste

Nacht	**P**	rückwärts	schreien	spannend
nahe	paar	rufen	schrie	sparen
Nähe	paarmal	Ruhe	schrieb	Spaß
näher	packen	ruhig	Schuld	spät
nahm	Papier	rund	Schule	spätestens
Name	Park	**S**	Schüler	Spiel
nämlich	passiert	Sache	schwach	spielen
nannte	Pause	Sack	schwarz	Sport
naß	Person	Sage	schweigen	sprach
Natur	Pferd	sagen	schwer	sprang
natürlich	Pflanze	sah	Schwester	sprechen
neben	Plan	sammeln	schwierig	springen
nehmen	Platz	Sand	schwimmen	Stadt
nein	plötzlich	sang	sechs	stand
nennen	Polizei	saß	See	starb
nett	Post	schade	sehen	stark
neu	**R**	scharf	sehr	Start
Neues	Rad	schauen	sein	statt
neugierig	Radio	scheinen	seit	stehen
neun	rannte	schenken	seitdem	Stein
nicht	rasch	schicken	Seite	Stelle
nichts	raten	schien	Sekunde	stellen
nie	Rätsel	schießen	selber	Stellung
nieder	Räuber	Schiff	selbst	sterben
niedrig	rechnen	Schilling	sich	stets
niemals	recht	schlafen	sicher	still
niemand	rechts	schlagen	sie	Stimme
nimmt	rechtzeitig	schlau	sieben	stolz
nirgends	Rede	schlecht	sieht	Strafe
noch	reden	schleppen	sind	Straße
Not	Regen	schlich	singen	Streiche
nun	reich	schlief	so	Streit
nur	Reihe	schließlich	sofort	streng
O	rein	schlimm	sogar	Stück
ob	reisen	Schloß	sogleich	Stunde
oben	reiten	schlug	Sohn	Sturm
obwohl	rennen	Schluß	solche	suchen
oder	reparieren	schmal	sollen	süß
offen	retten	Schnee	Sommer	**T**
öffnen	richtig	schneiden	sondern	Tafel
oft	Richtung	schnell	Sonne	Tag
ohne	rief	schon	Sonntag	Tal
Onkel	ritt	schön	sonst	tanken
Österreich	rollen	Schreck	soviel	Tante
	rot	schreiben	sowie	tanzen

tapfer	Uhr	Versteck	weich	wollen
Tasche	um	verstecken	Weihnachten	worden
tat	umher	verstehen	weil	Wort
Tat	umsonst	versuchen	weinen	Wunsch
tauchen	unbekannt	Verwandte	weiß	wünschen
tausend	und	viel	weit	wurde
Tee	Unfall	vielleicht	Welt	wußte
Teil	ungefähr	vier	wenig	**Z**
Telefon	Unglück	Volk	wenigstens	Zahl
Teller	unmöglich	voll	wenn	zahlen
teuer	uns	vom	wer	Zauberer
Thema	unten	von	werden	Zeichen
tief	unter	vor	wert	zeichnen
Tier	unterhalten	vorbei	Wert	zeigen
Tisch	Unterricht	vorbereiten	Westen	Zeit
Titel	untersuchen	vorher	Wette	Zeitung
Tochter	Urlaub	vorkommen	Wetter	ziehen
Tod	**V**	Vorsicht	wichtig	Ziel
tot	Vater	vorstellen	wie	ziemlich
traf	verbessern	vorüber	wieder	Zimmer
tragen	verbieten	**W**	wiederholen	zogen
trank	verdienen	wach	Wiese	zornig
Traum	verfolgen	Wagen	wieviel	zu
traurig	vergangen	wahr	wild	zuerst
treffen	vergaß	während	will	Zufall
trinken	vergessen	Wahrheit	Wind	zufällig
trotzdem	verging	wahrscheinlich	Winter	zufrieden
trug	vergleichen	Wald	wir	Zug
tun	Vergnügen	wandern	wird	zugleich
Tür	verkaufen	war	wirklich	zuletzt
U	Verkehr	warm	wissen	zum
üben	verlangen	warten	Witz	zur
über	verlieren	warum	wo	zurück
überall	verschieden	was	wobei	zusammen
überfallen	verschwinden	waschen	Woche	zwar
überhaupt	versprach	Wasser	woher	zwei
übrig	versprechen	weg	wohin	zweimal
übrigens	versprochen	Weg	wohnen	zweite
Übung	verstand	wegen	Wolf	zwischen

KAPITEL 3

Man muß die Feste feiern, wie sie fallen

Wörter im Kontext

Select the best meaning for the word appearing in context. Supply meanings for the related words, if appropriate.

verbringen—Wie **verbringen** Sie Ihre Freizeit? (*plan, spend, bring*)

feiern//die Feier//der Feiertag, -e—An Feiertagen wie Ostern oder Weihnachten **feiert** man gern mit der Familie zusammen. (*to eat, to celebrate, to fire*)

der Urlaub[1], **-e//der Krankenurlaub**—Jeder Arbeiter in der Bundesrepublik Deutschland hat jährlich im Durchschnitt 26 Arbeitstage bezahlten **Urlaub**. (*vacation, permission, celebration*)

das Fest, -e//das Weinfest//das Volksfest//das Oktoberfest—**Ein Volksfest** dauert oft mehrere Tage, manchmal eine ganze Woche. (*feast, festival, fast*)

der Durchschnitt, -e//im Durchschnitt//durchschnittlich—Ein Arbeiter in der amerikanischen Autoindustrie arbeitet **im Durchschnitt** vierzig Tage mehr im Jahr als sein deutscher Kollege. (*on the average, in the factory, at the desk*)

der Karneval—Ähnlich wie **der Karneval** in Rio de Janeiro ist der Karneval in der Bundesrepublik (auch Fasching oder Fastnacht genannt) eine Zeit für Jubel, Trubel und viel Alkohol. (*Christmas, Mardi Gras, New Year*)

[1] While **die Ferien** is used to indicate vacation from school, **der Urlaub** indicates vacation from work.

Vor dem Lesen: Deutsche Fest- und Feiertage_____

Jedes Land hat seine eigenen Fest- und Feiertage. Es gibt religiöse Feste (z. B. Weihnachten), persönliche Feste (z. B. Geburtstag), Lokalfeste (z. B. das Oktoberfest in München) und staatliche Feiertage (z. B. der 4. Juli in den U.S.A. oder der 1. Mai in deutschsprachigen Ländern).

A. Amerikanische Feste (CC, P, H)

1. Welche Feste feiert man in den Vereinigten Staaten? Machen Sie eine Liste!
2. Wann finden diese Feste statt?
3. Welche dieser Feste sind religiöse Feste? Was feiert man?
4. Welches Fest ist Ihr Lieblingsfest? Warum?
5. Welche amerkanischen Feste feiert man auch in deutschsprachigen Ländern? (Vergleichen Sie Ihre Liste von Festen mit der Liste der Fest- und Feiertage auf Seite 43!)
6. Gibt es bei Ihnen auch Lokalfeste (d.h. Feste, die man nur in Ihrer Stadt oder in Ihrem Staat feiert, aber nicht im Rest des Landes)?

B. Was passiert wann? (CC, P)

Was wissen Sie über die folgenden Fest- und Feiertage? Suchen Sie für jedes Fest (B) die passende Beschreibung (A)!

A	B
1. Der Osterhase bringt viele bunte Eier.	a. Weihnachten
2. Dieses Fest feiert man in Amerika Ende November.	b. der Geburtstag
3. An diesem Tag sind Sie geboren.	c. Neujahr
4. Das ist der 1. Januar.	d. der Hochzeitstag
5. An diesem Tag hat man geheiratet.	e. Ostern
6. Das ist der 24. Dezember.	f. Silvester
7. Das ist der 31. Dezember.	g. der Heilige Abend
8. In der Bundesrepublik feiert man dieses Fest am 25. und 26. Dezember.	h. das Thanksgiving-Fest

C. Wie feiern *Sie?* (H, CC)

Wie feiern Sie Weihnachten? Silvester? Ostern? den Geburtstag Ihrer Mutter oder Ihres Vaters? einen Hochzeitstag? Thanksgiving? Ihren Geburtstag? das Ende des Schuljahrs oder eines Semesters?

Beispiel: Zu meinem Geburtstag bekomme ich oft Geschenke. Ich esse mit meiner Familie in einem schönen Restaurant, und dann essen wir zum Nachtisch zu Hause meinen Geburtstagskuchen.

LESETEXT 1

Deutsche Fest- und Feiertage

Die Deutschen feiern gern und oft. Im Laufe eines Jahres gibt es ungefähr sechzehn offizielle staatliche und religiöse Feiertage. Manche Feste **dauern** sogar zwei Tage. Man feiert zum Beispiel Weihnachten am 25. *und* 26. Dezember, Ostern und **Pfingsten** am Sonntag *und* Montag.

last

Whitsuntide, Pentecost

Hier ist eine Liste der Fest- und Feiertage in einem bundesdeutschen Schuljahr.

FEIERTAGE IN DER BRD

Feiertage	1990
Neujahr 1.1	Montag
Heilige Drei Könige (Baden-Württemberg, Bayern) 6.1	Samstag
Karfreitag	13. April
Ostern	15./16. April
Maifeiertag 1.5.	Dienstag
Christi Himmelfahrt	24. Mai
Pfingsten	3./4. Juni
Fronleichnam (Baden-Württemberg, Bayern, Hessen, Nordrhein-Westfalen, Rheinland-Pfalz, Saarland)	14. Juni
Gedenktag 17.6.	Sonntag
Maria Himmelfahrt (Bayern, Saarland) 15. 8.	Mittwoch
Reformationstag 31. 10.	Mittwoch
Allerheiligen (Baden-Württemberg, Bayern, Nordrhein-Westfalen, Rheinland-Pfalz, Saarland) 1. 11.	Donnerstag
Buß- und Bettag	21. November
Totensonntag	25. November
1. Advent	2. Dezember
Weihnachten 25./26. 12	Dienstag/Mittwoch
Silvester 31. 12.	Montag

Wenn man diese freien Tage zusammenzählt, sieht man, daß der
deutsche Arbeiter weniger Zeit an seinem Arbeitsplatz verbringt
als der amerikanische Arbeiter (und der deutsche Schüler oder
Student auch weniger Zeit im Klassenzimmer—siehe Ferienver-
teilung am Beispiel Baden-Württemberg). **Im Durchschnitt** hat   *on the average*
jetzt jeder Arbeiter in der Bundesrepublik Deutschland jährlich 5
Wochen bezahlten Urlaub. Ein Arbeiter in der amerikanischen
Autoindustrie arbeitet ungefähr vierzig Tage mehr im Jahr als sein
deutscher Kollege. Kein Wunder, also, daß die Bundesrepublik
heute eine ''Freizeit**gesellschaft**'' genannt wird.   *society*

   In jeder Stadt und in jedem Dorf der Bundesrepublik feiert
man mindestens einmal im Jahr ein Volksfest. Einen **Anlaß** gibt es   *occasion*
immer. Die meisten deutschen Volksfeste haben eine lange Tradi-
tion. Oft feiert man ein historisches **Ereignis**, wie zum Beispiel das   *event*
500-jährige oder 1000-jährige **Jubiläum** eines **Ortes**. Aber es gibt   *anniversary/place*
auch Weinmärkte, Sängerfeste, Frühlingsfeste, Sportfeste und
natürlich den Karneval.

   Schon vor dem Fest **verwandeln sich** ganze Städte und Dörfer.   *transform themselves*
Man dekoriert Häuser und Straßen mit **Fahnen**, Blumen und Gir-   *flags*

BADEN-WÜRTTEMBERG—FERIENVERTEILUNG 1990/91 UND UNTERRICHTSFREIE SAMSTAGE

I. Die *Schulferien* 1990/91 werden wie folgt festgesetzt:			II. In dem Schuljahr 1990/91 werden die *unterrichtsfreien Samstage* wie folgt festgesetzt:		
1990/91			*1990/91*		
1 Sommerferien	1990:	19. Juli bis 1. September 1990	September Oktober	1990: 1990:	15. und 29. September 13. und 27. Oktober
2. Herbstferien	1990:	29. Oktober bis 3. November 1990*	November Dezember	1990: 1990:	10. und 24. November 8. und 22. Dezember
3. Weihnachtsferien	1990/91:	24. Dezember 1990 bis 5. Januar 1991	Januar	1991:	19. Januar
4. Winterferien	1991:	11. Februar bis 16. Februar 1991	Februar März	1991: 1991:	9. Februar 2., 16. und 30. März
5. Osterferien	1991:	2. April bis 6. April 1991*	April Mai	1991: 1991:	13. und 27. April 18. Mai
6. Pfingstferien	1991:	21. Mai bis 31. Mai 1991	Juni	1991:	1., 8. und 22. Juni

Den Schulen stehen noch 3 bewegliche Ferientage zur
Verfügung.

*An den kirchlichen Feiertagen Gründonnerstag und Reformationsfest (31.10.) ist nach dem Feiertagsgesetz
unterrichtsfrei.

landen. Bäcker, Metzger und **Brauer** haben viel zu tun, **damit** alle *brewers/so that*
Gäste genug zu essen und zu trinken haben.

    Wenn der **Festzug** endlich durch die Straßen zieht, sieht man *festival procession*
mit Blumen dekorierte Wagen, **Musikkapellen** und historische *bands*
Figuren des Ortes. **Brave Bürger** verwandeln sich in **Ritter** und *upright citizens/knights*
Hausfrauen in feine Damen aus der Rokokozeit. Viele Leute sehen
sich den Festzug an und gehen dann auf den Festplatz. Dort ist
großer Trubel—Karusselle und **Riesenräder, Geisterbahnen** und *ferris wheels/haunted-house*
Glücksräder. Im Festzelt sitzen die Leute an langen Tischen, sin- *rides/wheels of fortune*
gen lustige Lieder mit der Kapelle, schunkeln[1] und tanzen Walzer,
Foxtrott, oder Cha-cha-cha. Bier und Wein **fließen in Strömen,** *flow freely*
und überall riecht man Bratwürste und gegrillte Hähnchen.

    Solch ein Fest dauert oft mehrere Tage, manchmal eine ganze
Woche. (Das Oktoberfest in München dauert sogar länger als zwei
Wochen.) Am letzten Abend **beendet** oft ein großes Feuerwerk den *ends*
Trubel. Man geht nach Hause und **erholt sich** bis zum nächsten *recuperates*
Fest.

[1] **Schunkeln** is to lock arms and sway from right to left (or vice-versa) with the beat of the music,
usually a waltz.

Schwäbische Fastnacht

Übungen

A.   Haben Sie verstanden? (H, CC, P)

Richtig oder falsch? Verbessern Sie die Sätze, die falsch sind.

1. Der deutsche Arbeiter verbringt mehr Zeit an seinem Arbeitsplatz als der amerikanische Arbeiter.
2. In jedem Ort in der Bundesrepublik feiert man wenigstens ein Volksfest im Jahr.
3. Oft feiert man ein historisches Ereignis, z. B. den Beginn des Schuljahres.
4. In der Bundesrepublik gibt es nicht so viele Feste wie in den Vereinigten Staaten.
5. Das Oktoberfest in München dauert länger als drei Wochen.
6. In einigen deutschsprachigen Ländern feiert man Weihnachten am 25. und 26. Dezember.

B.   Definitionen (P, H)

Welche Erklärung paßt am besten für die folgenden Wörter?

das Volksfest   einen Festzug   auf dem Festplatz   man erholt sich
im Festzelt   das Jubiläum   man feiert   mit einem Feuerwerk

1. Man feiert es oft in den deutschsprachigen Ländern.
2. Das sieht man oft bei Volksfesten.
3. Volksfeste finden oft an diesem Ort statt.
4. Hier sitzen die Leute während eines Festes.
5. So kann ein Fest enden.
6. Es ist oft der Anlaß zu einem Fest.
7. Man tut es **während** eines Festes.
8. Das tut man oft **nach** einem Fest.

C.   Was bedeuten folgende Wörter? (H, P)

Bilden Sie einen Satz mit den folgenden Wörtern:
   z. B.: Wir haben den Wagen für Karneval dekoriert.

interpretieren   charakterisieren   marschieren   garantieren
spionieren   finanzieren   kontrollieren   registrieren   akzeptieren
balancieren   jubilieren   imitieren   funktionieren   reagieren
konjugieren   reparieren   animieren   emanzipieren   kapitulieren
adoptieren   gestikulieren

LESETEXT **2**

Festtagswünsche

Feste sind am schönsten, wenn man sie mit Freunden und Verwandten feiern kann. In unserer beweglichen Gesellschaft ist das aber nicht immer möglich. Dann versucht man, mit Briefen und Karten in Verbindung zu bleiben. Zu Festtagen hat man aber oft nicht genügend Zeit, allen Freunden, Bekannten und Verwandten persönliche, handgeschriebene Grüße und Glückwünsche zu senden. Dann muß man sich mit **vorgedruckten Karten** *(commercially) printed cards* behelfen. Auch diese können durch einen kurzen **zusätzlichen** *added* Text etwas persönlicher **klingen**. So kann man zum Beispiel auf *sound* eine Karte, die nur Weihnachtswünsche enthält, auch noch gute Wünsche für das Neue Jahr schreiben.

Am Weihnachtsabend

Hier sind einige Beispiele, wie man Weihnachtswünsche ausdrücken kann:

Ein glückliches und frohes Weihnachtsfest
Ein **gesegnetes** Weihnachtsfest   *blessed*
Fröhliche Weihnachten
Glückliche und gesunde Weihnachtsfeiertage
Ein gesundes und frohes Fest

Neujahrswünsche schreibt man so:

Alles Gute zum Neuen Jahr
Ein glückliches Neues Jahr
Ein glückliches und gesegnetes Neues Jahr
Zum **Jahreswechsel** die besten Wünsche   *change of year*
Zum Neuen Jahr alles Gute
Viel Glück und Erfolg im Neuen Jahr

Osterwünsche gibt es auch:

Frohe Ostern
Ein glückliches und frohes Osterfest
Ein gesegnetes Osterfest

Übungen

A.   **Was wünscht man zu folgenden Anlässen?** (P)

A. Anlaß zum Feiern

1. Morgen feiern meine Großeltern ihren fünfzigsten Hochzeitstag.
2. Mein(e) Freund(in) hat heute Geburtstag.
3. Im Dezember schicke ich meinen Freunden viele Karten und wünsche ihnen...
4. Mein(e) Lehrer(in) fliegt im Sommer in die DDR.
5. Es ist das Ende des Jahres.
6. Jemand ist krank.
7. Im März oder April, wenn es bunte Eier gibt, schicke ich meinen Freunden Karten und wünsche ihnen...
8. Es ist zwölf Uhr am Silvesterabend. Ich wünsche meinen Freunden...

B. Ich wünsche ihnen/ihm/ihr

a. Herzliche Glückwünsche zum Geburtstag!
b. Alles Gute zum Hochzeitstag!

c. Gute Besserung!

d. Fröhliche Weihnachten!

e. Frohe Ostern!
f. Viel Glück im Neuen Jahr!
g. Pros(i)t Neujahr!

h. Gute Reise!

B.   Grüße und Glückwünsche (P, H)

1. Entwerfen Sie eine Glückwunschkarte zu Ihrem liebsten Feiertag! Wem möchten Sie sie geben?
2. Entwerfen Sie eine Annonce für die Zeitung. Sie möchten jemandem Glückwünsche senden, aber anonym bleiben.

Guten Morgen, liebe Nicole!

Zu Deinem 11. Geburtstag wünschen wir Dir alles Gute und Liebe sowie viel Glück auf Deinem weiteren Lebensweg,

herzlichst **Papa und Mama**

Unserer lieben Oma und Uroma Kuß alles Gute zum 80. Geburtstag

von Bernd, Gabi, Bettina und Martin Gäb's neue Füße wo zu kaufen, wir würden laufen und Dir neue kaufen.

Guten Morgen, mein Engel!

Zum 10. Hochzeitstag alles Gute

D. D. ü. A. L. *BALDUR*

Endlich, endlich ist's soweit, unsere Guschili Oma Kuß wird 80 heut'

Wir wünschen ihr, das ist doch klar, noch viele lange Lebensjahr.

Es grüßen Dich und wünschen Dir das Allerbest'

von Kurt, Heidy und Matthias

Hurra, Hurra!

Unser **Florian Hemdenmatz** wird 1 Jahr.

Es freuen sich darüber die Eltern und alle die dazugehören

Deuerbach-Prezioso

Guten Morgen, Oma Lisbeth aus Mengen

Herzlichen Glückwunsch zu Deinem 75. GEBURTSTAG, noch viele schöne Jahre in guter Gesundheit wünschen Dir von Herzen

Werner, Lissi, Steffen, Doris und Karl-Heinz, Bernd und Regine, Werni und Manuela

C.   Was machen Sie in den folgenden Situationen? (P, H)

Schreiben Sie einen kleinen Aufsatz zu einem der Themen! Wie feiern Sie folgende Anlässe? Falls Sie Hilfe brauchen, gibt es ein paar Vorschläge.

1. Meine Mutter (meine Freundin) hat Geburtstag. (ein Blumenstrauß/ ein Geburtstagskuchen/ etwas Besonderes/ ihr eine Freude machen/ selbst kochen/ ?)
2. Mein(e) Freund(in) gibt am Freitag eine Party. (viele Leute/ ein Kasten Bier/ zu Hause bleiben/ tanzen/ ?)
3. Mein(e) Freund(in) ist krank. (eine Karte schreiben/ im Krankenhaus besuchen/ ?)

4. Der 4. Juli, ein amerikanischer Feiertag. (das Feuerwerk/ ein Picknick machen/ nur für Kinder/ ?)
5. Ein Hochzeitsfest. (ein Hochzeitskleid oder einen -anzug kaufen/ Kirche/ Empfang (*reception*)/ viele Gäste/ Blumen/ Flitterwochen (*honeymoon*)/ ?)

D. **Komische Karten** (H)

Hier sind zwei "Schnell-Glückwunschkarten" für Freunde und Verwandte. Entwerfen Sie eine originelle Glückwunschkarte für eines der folgenden Ereignisse:

1. Vatertag
2. eine Scheidung (*divorce*)
3. zum (nicht) bestandenen Abitur
4. zur Ankunft eines Babys

Im Zuge der technischen Rationalisierung sende ich Dir die . . .

Allzweckglückwunschkarte

Das Gewünschte bitte ankreuzen!

Liebe(r) _____ !

Herzlichen Glückwunsch . . .

_____ zum Geburtstag	
_____ zum Namenstag	
_____ zur Hochzeit	
_____ zu Sylvester[1]	
_____ zur Silberhochzeit	
_____ zur *Erbschaft*	inheritance
_____ zum Baby	
_____ zum *bestandenen* Examen	passed
_____ zur Kommunion/zur Konfirmation	
_____ zum *Führerschein*	driver's licence
_____ zum . . . jährigen *Jubiläum*	anniversary
_____ zu Weihnachten	
_____ zu Ostern	
_____ zum Muttertag	
_____ zum Vatertag	

[1]also spelled "Silvester"

Bedanken muß man sich natürlich auch.

Liebe(r) _____ !
Ich habe heute keine Zeit, aber trotzdem

VIELEN DANK !

für

___ die tolle Party   ___ den Scheck
___ das schöne Geschenk   ___ den Anruf
___ den Blumenstrauß   ___ den netten Abend
___ die schönen Tage   ___ das Paket
___ das gute Essen   ___ die Beileidskarte
                                      (condolences)

___ die Einladung   ___ Deinen Brief

LESETEXT 3

Jubel, Trubel und viel Bier

rejoicing/hubbub

Ein ganz besonderes Volksfest in der Bundesrepublik ist der Karneval, auch Fasching oder Fastnacht genannt. Man feiert dieses Fest schon seit 500 Jahren. **Ähnlich** wie der Karneval in Rio de Janeiro oder der Mardi Gras in New Orleans ist der Fasching in der BRD eine Zeit für Jubel, Trubel und viel Alkohol. Offiziell beginnt der Karneval am 11. 11. um 11 Uhr 11, wenn in vielen Städten die Karnevalkomitees das Planen für die **Narrenzeit** beginnen. Nach dem **Dreikönigsfest** beginnen dann langsam die Maskenbälle.

similar

fools' time
Epiphany (Jan. 6)

Man tanzt, singt, schunkelt, trinkt, flirtet und unterhält sich. Um Mitternacht muß jeder die Maske **abnehmen**, und oft gibt es dann angenehme oder unangenehme **Überraschungen**.

take off
surprises

Der Höhepunkt des Karnevals kommt an den drei Tagen vor Aschermittwoch. Besonders im Rheinland (z. B. in Mainz, Köln und Düsseldorf) und in Süddeutschland feiert man tage- und nächtelang. Am Rosenmontag (dem Montag vor Aschermittwoch) gibt es in manchen Städten große **Karnevalszüge**. Die Festwagen haben verschiedene Themen. Nichts ist heilig—alles und jeder wird **verspottet**: Politiker, Stadtbewohner, historische Figuren, die Presse, die Technik und neue Produkte. Manche Figuren haben furchtbare Masken, die den Zuschauern Angst machen. Andere sind so komisch, daß die Leute laut lachen müssen.

carnival parades

ridiculed

Ein zweites bekanntes Fest ist das Oktoberfest in München, der Hauptstadt Bayerns. Es hat eine lange Tradition. 1810 gab es ein großes Volksfest, um die Hochzeit des Kronprinzen Ludwig

Kölner Karneval

Lieder zum Schunkeln:

1.   **Wer soll das bezahlen?**

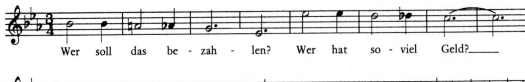

Wer   soll   das   be - zah - len?   Wer   hat   so - viel   Geld?___

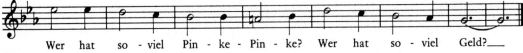

Wer   hat   so - viel   Pin - ke - Pin - ke?   Wer   hat   so - viel   Geld?___

Pinke-Pinke = *dough* (*money*)

2.   **Heute blau . . .**

Heu - te   blau,___   und   mor - gen   blau,___   und   ü - ber   mor - gen   wie - der,___

und   wenn   wir   ein - mal   nüch - tern   sind,___   be - sau - fen   wir   uns   wie - der.

blau = *drunk* (*colloquial*)
nüchtern = *sober*
besaufen = *get drunk* (*colloquial*)

von Bayern mit der Prinzessin Therese von Sachsen-Hild-
burghausen zu feiern. Dieses Fest wurde zur jährlichen Tradition, obwohl man sich kaum mehr an seinen **Ursprung** erinnert.   *origin*
Auf der Theresienwiese sieht man riesengroße **Zelte**, die mit   *tents*
langen Tischen und Bänken gefüllt sind. Natürlich gibt es auch
Karussells, Riesenräder, Geisterbahnen, **Autoscooter** usw., so-   *bumper cars*
wohl als viele **Schießbuden** und Stände, wo man alles mögliche   *shooting galleries*
kaufen kann. Das Oktoberfest beginnt Ende September mit einem
großen Umzug und dauert 16 Tage lang. Jedes Jahr wird es von
mehreren Millionen Menschen aus der ganzen Welt besucht
(darunter auch viele Amerikaner). Das 175. Oktoberfest 1985 brach
alle Rekorde: sieben Millionen Besucher tranken mehr als 5,7
Millionen Liter Bier und aßen 647 000 gegrillte Hähnchen und
552 000 Bratwürste.

Neben Fasching und Oktoberfest gibt es natürlich noch andere
Feste. Zwischen Juni und September hat zum Beispiel praktisch

jedes **Winzerdorf** sein Weinfest. Rheinland Pfalz, die größte *wine-producing village*
Weinregion in der BRD (69.9% seiner Bodenfläche sind Weinberge)
hat 12 dieser Weinfeste. Das größte davon ist jeden September in
Bad Dürkheim. Bad Dürkheim hat auch seit 1442 ein Wurstfest,
das jährlich von über 500 000 Menschen besucht wird.

Wie Sie sehen, man feiert gern und oft in der Bundesrepublik.

Beim Oktoberfest in München

Übungen

A.   Haben Sie verstanden? (H)

Setzen Sie die fehlenden Worte in den Text ein!

Rosenmontag   offiziell   Karneval   Mitternacht   Festlichkeiten
Maske   Fastnacht   Höhepunkt   Maskenball   verspottet
Aschermittwoch   Fasching

Seit einem halben Jahrtausend feiert man in Deutschland den

_____ . Der Karneval wird auch noch _____

oder _____ genannt. Am 11. 11. um 11 Uhr 11 beginnt der

Karneval _____ . Die _____ fangen aber erst

im Januar an. Auf einem _____ singt und tanzt man. Um

_____ muß jeder die _____ abnehmen. Der

_____ des Karnevals kommt am Sonntag, Montag und Dienstag

vor _____ . Die großen Festzüge sind am _____ .

Alles und jeder wird _____ .

B.   Wählen Sie ein Faschingskostüm! (CC, P)

You are invited to a masquerade party. In the spirit of German *Karneval*, keep in mind that this is really the time to let your hair down, and no one will know you (until midnight, anyhow). Choose a costume and explain your choice.

Ich gehe gern als. . .
Napoleon
Clown
Cowboy(girl)
Pirat
Römer
Bergsteiger
Heinrich VIII.
Sexbombe
Dracula
Zigeuner(in) (*gypsy*)
Playboy (Häschen)
Indianer(in)
Krankenschwester/Krankenpfleger
???

C.   **Planen Sie eine Faschingsparty!** (CC, P, H)

Sie feiern mit einer kleinen Gruppe Fasching. Denken Sie dabei an Folgendes:

1. Wen laden Sie ein? Machen Sie eine Gästeliste!
2. Was essen Sie? Was trinken Sie? Machen Sie eine Einkaufsliste!
4. Was für Musik gibt es? Beschreiben Sie Ihre Musikauswahl!
5. Hat die Faschingsparty ein Motto? Wenn ja, welches?
6. Wie dekorieren Sie das Zimmer?
7. Wie werden Sie für die Party bezahlen?

Lesetip: The Case System

In the **Lesetip** in **Kapitel 1**, you gained some insight into the gender system of German nouns, explaining why some nouns use **die**, some **der** and some **das** as articles. But how about the **den, dem, des,** etc.? Consider the examples below:

English

The professor's daughter gives her grandmother a birthday card.

Deutsch

Die Tochter der Professorin gibt ihrer Großmutter eine Geburtstagskarte. *or*
Ihrer Großmutter gibt die Tochter der Professorin eine Geburtstagskarte. *or*
Eine Geburtstagskarte gibt die Tochter der Professorin ihrer Großmutter. *or*
Eine Geburtstagskarte gibt ihrer Großmutter die Tochter der Professorin.

Although the various word orders emphasize different parts of the statement, basically the four German sentences carry the same meaning as the English sentence. How do you recognize the grammatical subject (i.e., the person or thing which is performing the action expressed by the verb) in the English sentence? You recognize intuitively, of course, that in English the subject precedes the verb. In German the subject may also precede the verb, but this is neither obligatory, nor quite as common as in English texts. Then how will you know who does what to whom in a German sentence? Like German readers, you must rely upon case markers (definite and indefinite articles, adjectives, and strong noun endings) to help you determine meaning.

All nouns in the above example are **die**-nouns in their basic or nominative (subject) case form:

die Tochter
die Professorin
die Großmutter
die Geburtstagskarte

This **die** remains **die** when the noun serves as direct object (accusative case), but changes to **der** when the noun serves as indirect object (dative case) or denotes a possessive (genitive case). Knowing the case system of German will help your reading comprehension, if you stay alert for the articles and various case markers which denote the different grammatical functions (e.g., nominative, accusative, dative, and genitive cases) that nouns and noun phrases fulfill.

KAPITEL 4

Vom McDonalds- zum Fernseh- Imperialismus?

Wörter im Kontext

der Held, -en, die Heldin -nen (*hero, heroine*)—Amerikanische **Fernsehhelden** wie JR und Magnum kennt man auch in der Bundesrepublik.

unterstützen//die Unterstützung, -en (*to support//support*)—Wenn Europäer amerikanische Produkte kaufen, **unterstützen** sie die amerikanische Wirtschaft (*economy*).

das Fernsehprogramm, -e (*TV channel*, colloquially also *TV program*)—In der Bundesrepublik gibt es drei **Fernsehprogramme**.

die Sendung, -en//senden (*radio or TV program, series//to send, to broadcast*)— ''Cosby'' war in den achtziger Jahren eine beliebte amerikanische **Sendung**.

werben//die Werbung, -en (*to advertise//commercial*)—Im Fernsehen der DDR gibt es keine kommerzielle **Werbung**.

der Krimi, -s (*detective story, series*)—''Colombo'' war auch im bundesdeutschen Fernsehen ein beliebter (*popular*) **Krimi**.

der Rundfunk (*radio*)—In manchen Ländern sind **Rundfunk** und Fernsehen nicht in der Hand des Staates.

die Nachricht, -en (*news, news broadcast*)—Jeden Abend um 18.00 Uhr kann man die **Nachrichten** im Fernsehen sehen.

der Bildschirm, -e *(TV screen)*—Auf dem **Bildschirm** sieht vieles anders aus als im wirklichen Leben.

einschalten *(to turn on the TV)*—Wann **schalten** Sie am liebsten **ein**—morgens, nachmittags oder abends?

Vor dem Lesen: Vom McDonalds- zum Fernseh-Imperialismus?

Since 1945, American ideas, products and technology have greatly influenced West-European countries, particularly the Federal Republic of Germany. Some Europeans resent American influence, and many Germans question the wholesale acceptance of the American "way of life." Especially notable is the number of words and expressions of American orgin which have infiltrated the German language since the end of World War II. Many words represent concepts which cannot easily be translated into German. American English has also borrowed from the German language, but, as the list below indicates, this influence has been less extensive than the reverse phenomenon.

ENGLISCHE WÖRTER IN DER DEUTSCHEN SPRACHE UND DEUTSCHE WÖRTER IN DER ENGLISCHEN SPRACHE:

Life Style

o.k.	rucksack
das Fair play	gemütlichkeit
hitchhiken	gestalt
das Image	angst
das Lunch	weltanschauung
der Swimming-pool	

Products

der Haarspray	delicatessen
das Sandwich	Frankfurter
das T-shirt	Wiener
die Coke	Braunschweiger
die After-shave Lotion	sauerkraut
die Corn Flakes	

Business

das Marketing	—
das Management	
das Dumping	
das Charter	
das Know-how	
der Think-tank	

Advertising

der Layouter	—
der Media-Mann	
der TV-Spot	
die Marketing Proposition	
der Slogan	
das Panel	

Technology

der Computer	blitzkrieg
die Hardware	
die Software	
der Countdown	
der Hifi	
der Jet	

Education

das Curriculum	kindergarten
der Test	
das Quiz	
audio-visuell	
das Medien-Center	
das Department System	

Germanization / Americanization

Germanization	Americanization
managen	snorkel
testen	
explorieren	
twisten	
bowling gehen	
die Pille	

Literal Translation

die Herzattacke
brandneu
wundervoll
im gleichen Boot sitzen
das Beiprodukt

Wer aufhört zu werben, ist schnell in Vergessenheit geraten!

A.   Typisch? (CC, P)

Jedes Land hat seine Spezialitäten—Attribute oder Begriffe (*concepts*), die man stereotypisch als "typisch" bezeichnen könnte. Mit welcher Nationalität verbinden Sie folgende Begriffe?

Produkt	Stereotyp
Parfüm	"typisch" amerikanisch
Spaghetti	"typisch" französisch
Kaugummi	"typisch" italienisch
Wodka	"typisch" deutsch
Rugby	"typisch" spanisch
Tulpen	"typisch" russisch
Jeans	"typisch" chinesisch
Kricket	"typisch" holländisch
Armbanduhren	"typisch" mexikanisch
Computer	"typisch" japanisch
Kuckucksuhren	"typisch" schweizerisch
Würstchen	"typisch" indisch
Flamenco-Tänze	"typisch" australisch
Reis	"typisch" britisch
Saris	?
schnelle Autos	
Käse	
Dirndl	
?	

B.   Typisch amerikanisch? (CC, P)

1. Welche Produkte, Institutionen, Personen oder Begriffe finden Sie "typisch" amerikanisch? Machen Sie eine Liste!
2. Lesen Sie Lesetext 1 und machen Sie eine Liste von amerikanischen Produkten, Personen und Begriffen, die in dem Text erscheinen!

Lesetip: Meaning Clues

As you read the texts in this chapter, note the words that you do not know. In order to comprehend a text in spite of these unknown words, you can draw upon word form, context, common sense, or your own experiences. Identifying the part of speech of words can be very helpful in determining the meaning of a word. Name the part of speech (noun, pronoun, verb, etc.) of the **bold-faced** words in the following excerpt:

> McDonalds ist nicht das einzige **Schnell-Imbiß-Restaurant**, das aus den Vereinigten Staaten exportiert wird. Wenn Sie schnell etwas essen wollen, können Sie zwischen Burger-King und Wendys, Colonel Sanders und Pizza Inn **wählen**.

Determining that **Schnell-Imbiß-Restaurant** is a compounded noun, and that **wählen** is a verb can help you find approximate meanings of these words. Think about the type of place McDonalds is to help you identify the noun **Schnell-Imbiß-Restaurant**. Then decide what one can do (**wählen**) in regard to McDonalds, Burger King, Wendys, Colonel Sanders and Pizza Inn. Of the possible responses, "walk to," "choose between," "eat at" and others, what do you think best fits the context of the sentence?

Punctuation, word order, orthographic rules and surrounding words will help you determine parts of speech. For example, German nouns are capitalized whether they are proper names or not. Verbs often appear at the end of clauses or sentences and not just in second position. Articles precede nouns or adjectives. The subject usually appears immediately before or after a verb. In fact, only pronouns can stand between subjects and verbs. Identifying the grammatical categories and functions unknown words play in a sentence can help you determine their meaning.

LESETEXT 1

Vom McDonalds- zum Fernseh-Imperialismus?

Was würden Sie wählen, wenn Sie etwas "typisch" Amerikanisches in die ganze Welt exportieren könnten? Jazz? Cola? Baseball? Autokinos? die Ideale der amerikanischen Demokratie? Popcorn? Musicals? Football? Ketchup? Mickymaus?

Ein deutsches Schnellimbißrestaurant

Es gibt schon ein amerikanisches "Produkt," das man praktisch in der ganzen Welt kaufen kann—Hamburgers. Ob Sie jetzt in Bonn (BRD), in Bangkok (Thailand), in Wien (Österreich), in Sydney (Australien) oder in Tokyo (Japan) sind, werden Sie nicht **verhungern**, denn überall gibt es *McDonalds*.　　　　　*starve to death*

McDonalds ist aber nicht das einzige Schnell-Imbiß-Restaurant, das aus den Vereinigten Staaten exportiert wird. Wenn Sie schnell etwas essen wollen, können Sie zwischen *Burger-King* und *Wendys*, *Colonel Sanders* und *Pizza Inn* wählen. Außer Schnellimbißgaststätten hat Amerika auch Geschäfts- und Hotelketten exportiert, zum Beispiel *Woolworth* Kaufhäuser (wo man **preiswerte** Waren aus der ganzen Welt kaufen kann) und *Holiday Inn*　　*inexpensive* Hotels.

Und Export-Artikel gibt es natürlich in großen Mengen. Wenn Sie in der Bundesrepublik einkaufen, fühlen Sie sich fast wie zu Hause. In der Drogerie gibt es *Old Spice* Rasierwasser und *Q-tips* Wattestäbchen; große **Abenteurer** rauchen *Camel* Zigaretten; im　　*adventurer* Supermarkt oder im Lebensmittelgeschäft gibt es *Dash* Waschmit-

tel und *Maxwell House* Kaffee. Wenn Sie zu viel *Jim Beam* Whiskey
getrunken haben, können Sie *Alka Seltzer* nehmen. Im Kaufhaus
oder im Modegeschäft können Sie *Wrangler* Jeans und *Playtex* **Bü-**
stenhalter kaufen. Für Ihren *Opel* (von *General Motors*) kaufen Sie   *brassieres*
Goodyear **Reifen**, und Sie tanken natürlich *Texaco* Benzin usw.   *tires*

   Es **stört** wenige Deutsche, daß sie, wenn sie eine Dose *Del-*   *bothers*
Monte Pfirsiche oder eine **Gefrierpackung** Spinat von *Bird's Eye*   *package of frozen food*
kaufen, die amerikanische Wirtschaft unterstützen. Aber mehr
und mehr Deutsche **fürchten** nicht den Import von US Waren,   *fear*
sondern den ''Kulturimperialismus''—den Import von amerikanischen Ideen, von amerikanischer Kultur in Fernsehsendungen

München Hilton

und Kinofilmen. Die Krimi-Helden Magnum P.I. und Don Johnson sind auch in der Bundesrepublik beliebt. Auch *Dallas* und den **Denver-Clan** kann man sehen. Sogar *Bugs Bunny* und die *Muppets* sprechen Deutsch!

"Dynasty"

Ist dieser Export der US Film- und Fernsehindustrie eine Art Kulturimperialismus? Exportieren die Amerikaner mit Fernsehprogrammen und Filmen die Moral des Wilden Westens, Kriminalität und Aggressivität?

Übungen

A. Erkennen Sie diese Produkte? (P)

Welche Produkte (A) tragen welche Markennamen (*brand names*) (B)?

A	B
Produkt	**Marke**
1. Kaffee	a. Playtex
2. Rasierwasser	b. Goodyear
3. Büstenhalter	c. Q-Tips
4. Reifen	d. Maxwell House
5. Waschmittel	e. DelMonte
6. Wattestäbchen	f. Dash
7. Benzin	g. Bird's Eye
8. eine Dose Pfirsiche	h. Old Spice
9. eine Gefrierpackung Spinat	i. Texaco

B.   **Kaufen wir ein!** (CC, P, H)

In der Bundesrepublik wie in den Vereinigten Staaten gibt es viele Supermärkte und Kaufhäuser. Wenn Leute etwas Besonderes kaufen wollen (oder viel Wert auf Qualität und Frische legen), gehen sie oft in ein Spezialgeschäft. Wo kauft man am besten folgende Artikel? Suchen Sie auf der Liste das richtige Geschäft! Bilden Sie Sätze wie in dem Beispiel!

z. B. Man kauft frische Rosen in einem Blumengeschäft.

1. gelbe Tulpen
2. eine gute alte Flasche Wein
3. Seife
4. Hustenbonbons oder Aspirin
5. eine Geburtstagskarte
6. (ein Paar) Jeans
7. einen Hammer und Nägel
8. frische Brötchen
9. 4711 Kölnisch Wasser
10. einen Stadtplan
11. einen Pullover
12. ein Wörterbuch
13. Wurst
14. Milch oder Schokolade
15. ???

a. in einer Buchhandlung
b. in der Metzgerei
c. in der Konditorei
d. in einem Blumengeschäft
e. in der Bäckerei
f. im Schreibwarengeschäft
g. in einer Weinhandlung
h. in der Drogerie
i. in der Eisenwarenhandlung
j. im Modegeschäft
k. in einem Lebensmittelgeschäft
l. an einem Kiosk
m. in der Apotheke
n. ???

C.   **Was kauft man an folgenden Orten?** (CC, P, H)

Antworten Sie mit einem ganzen Satz!
z. B. im Café
    In einem Café kauft man Getränke, Kuchen oder Eis.

1. in der Drogerie
2. in einem Kaufhaus
3. im Supermarkt
4. im Modegeschäft
5. im Schnellimbiß-Restaurant
6. ???

D.   **Wo gehen wir jetzt hin?** (CC, P)

Sie haben einen großen Wettbewerb (*contest*) bei der Eröffnung eines neuen Shopping-Centers in München gewonnen. Sie haben dreißig Minuten, um alle Artikel, die auf der folgenden Liste stehen, UMSONST (*free*) zu bekommen. Sie müssen die Artikel nur finden! Schauen Sie auf den Plan des Shopping-Centers und stellen Sie fest, wohin Sie gehen!

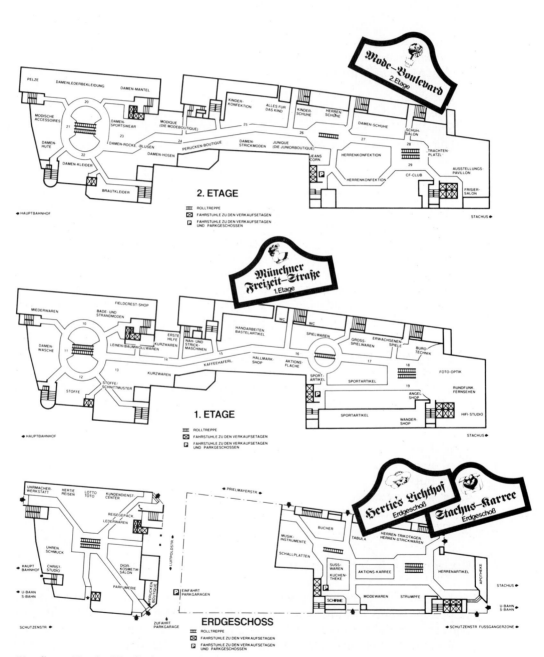

Kaufhaus Hertie: Wo findet man was?

Sie suchen:

einen Herrenanzug	eine Reise nach Hawaii
Dior-Kosmetik	ein Brautkleid
einen Billiardtisch	eine Nähmaschine
einen Farbfernseher	ein deutsches Wörterbuch
einen Teddybär	eine Diamantuhr

IM ERDGESCHOSS

Um eine Diamantuhr zu finden, gehe ich in die . . . Abteilung (*department*).

IN DER 1. ETAGE

Um einen Teddybär zu kaufen, gehe ich in die . . . Abteilung.

IN DER 2. ETAGE

Um ein Brautkleid zu finden, gehe ich in die . . . Abteilung.

E.   Vergleichende Landeskunde, mal auf englisch! (P, H)

1. Look through some issues of **Der Spiegel**, **Stern**, **Bunte Illustrierte**, or other available German magazines or newspapers and copy those words and expressions that you think are of English origin. Try to determine whether such words are frequently used in special fields, such as business, entertainment, science, etc. Why do you think Germans have accepted terms of English origin into their language, rather than creating equivalents?

2. Look through available German newspapers and magazines and make a list of U.S. products you see advertised. Compare U.S. and German advertising. Do the slogans differ? How? Are there differences in visual appeal? What attention-getting devices are used to make a product attractive, e.g., celebrities, nature, tradition, travel, family life, or sex appeal? Display the ads in your classroom.

F.   Werbung (P, H)

Advertising (*die Werbung*) is as important for the economy of German-speaking countries in Western Europe as it is in America. Since the political ideology of the German Democratic Republic does not encourage consumerism to the same extent as in the West, aspects of advertising are more likely to be found in political slogans than in descriptions of products or services. Based on your experience with ads and slogans, create some of your own in German. You may promote a political party or a U.S. product you would like to sell abroad. You can make up a slogan or jingle to advertise your choice. Associate your product with something of value, or have a celebrity testify that your brand, person, or idea is best. Refer to magazines, or create your own drawings as illustrations and display them in the classroom.

Vor dem Lesen: Radio und Fernsehen———————

In spite of the similarities that exist between the U.S. and the German-speaking world, there are many differences. In the realm of mass media, many American films and TV series are imported into a European system of broadcasting that is very different. Western European television stations are an interesting combination of our commercial and public broadcasting systems. TV and radio are financed partly by special monthly user fees, partly by tax money, and partly by advertising. Although American influence in programming is evident, this less commercial approach to broadcasting offers American viewers a provocative example of balanced entertainment.

LESETEXT 2

Radio und Fernsehen

Hörfunk und Fernsehen sind in der Bundesrepublik nicht direkt dem Staat unterstellt. Obwohl es seit neuem in der BRD auch private Rundfunkanstalten gibt, die sich—wie amerikanische Radiosender—durch Werbung finanzieren, sind die traditionellen **öffentlichen** Rundfunk- und Fernsehanstalten nicht kommerziell. *public* Sie funktionieren als öffentlich-**rechtliche Anstalten**. Jeder Fern- *regulated institutions* seh- und Radio**besitzer** zahlt dem Staat dafür monatlich eine *owner* **Gebühr** von DM 16.50. Öffentliches Fernsehen und Radio werden *fee* nur **zum geringen Teil** von Werbung finanziert. Die Wer- *to a small degree* besendungen **sind zeitlich begrenzt** und werden in Blöcken **aus-** *follow time limits* **gestrahlt**. Sie unterbrechen die Sendungen also nicht wie in den *broadcasted* USA.

In den Fernsehsendungen vom ARD (Allgemeiner Rund-funk Deutschlands) und ZDF (Zweites Deutsches Fernsehen) gibt es neben Fernsehserien und Filmen auch viele politische **Bericht-** *commentaries* **erstattungen** und Dokumentationen. Das dritte Programm wird vom ARD regional ausgestrahlt. Hier werden Sendungen über politische und kulturelle **Ereignisse** in den Bundesländern *events* neben anderen nationalen und internationalen Sendungen aus-gestrahlt. Es gibt auch Kabel- und Satellitenfernsehen.

In der Deutschen Demokratischen Republik gibt es in den Medien keine kommerzielle Werbung. Der Hör-und Rundfunk wird staatlich geleitet und auch vom Staat finanziell unterstützt. Es ist möglich, in den meisten Teilen der DDR Sendungen aus der BRD zu **empfangen**. Auch umgekehrt kann man in der BRD DDR- *receive*

Fernsehprogramme sehen, wenigstens im östlichen Teil des Landes.

Hier sind Fernsehprogramme aus dem deutschs-prochigen Europa:

Fernsehprogramme für die BRD, die DDR, Österreich und die Schweiz

1. Programm

Vormittag wie ZDF
14.10 Videotext für alle
14.30 Tagesschau
14.35 Disneys Gummibären-bande · Zeichentrickserie
15.00 Menschenpuppen (2)
WDR Unsterbliche Probemenschen
15.30 Die Trickfilmschau
15.45 Tatörtchen
SFB Verfolgungsjagd (VPS 16.30)
16.00 Moskito – nichts sticht
SFB **besser** (VPS 15.45) · Das Schüler-magazin aus Berlin · Ungewöhnliche Hobbys von Kindern stellt „Moskito" heute vor. Da gibt es den süchtigen Adressen-Sammler, einen Vulkan-Experten, einen jungen Don Johnson-Doppelgänger und einen Graffiti-Sprüher. Andere Beispiele und die Musikliste zeigen aber auch, wie nervend Hobbys sein können.
16.45 Tour de France · 11.
Etappe: Besançon – Morzine
Ausschnitte vom Tage
17.15 Tagesschau
BR: 17.25 Bayernstudio · 17.35 Fame · 18.35 Bayernstudio · 18.45 Reich und arm · 19.50 Bayernstudio
SWF/SDR: 17.25 Traumziele · 17.35 Hart aber herzlich · 18.18 Alltagsgeschichten · 18.30 Aktuelles · 18.45 Reich und arm · 19.48 Landesschau
HR: 17.25 Streifzüge durch den Spessart · 17.35 Remington Steele · 18.26 Tagesschau · 18.30 Hessen heute · 18.40 Sandmännchen · 18.50 Reich und arm
SR: 17.25 Kümo Henriette · 17.50 Reich und arm · 18.45 Aktuelles · 18.50 Tiere und Menschen · 19.25 SR-aktuell
WDR: 17.25 Irgendwie und sowieso · 18.15 Ausschnittweise Kleinkunst · 18.50 Tagesschau · 18.30 Hier und heute · 18.52 Reich und arm
NDR: 17.25 Kümo Henriette · 17.50 Berichte vom Tage · 17.58 Reich und arm (1) · 18.26 Tagesschau · 18.30 Sandmännchen · 18.40 Reich und arm (2) · 19.00 Fremder, woher kommst du? · 19.15 Landesprogramme
RB: 17.25 Kümo Henriette · 17.50 Buten & binnen · 18.26 Drei Damen vom Grill · 18.20 Engel in Weiß · 18.25 Reich und arm · 19.20 Buten & binnen
SFB: 17.25 Reich und arm (1) · 17.50 Berlin-Nachrichten · 18.00 Reich und arm (2) · 18.26 Tagesschau · 18.30 Berlin heute abend · 18.42 Wolff und Rüffel · 18.46 Küchenlatein · 18.50 Wenn Katz kommt · 19.22 Abendschau
20.00 ⏰ Tagesschau
20.15 Killing Cars · Deutscher
HR Spielfilm, 1986 (97 Min.) · Mit Jürgen Prochnow, Senta Berger, Daniel Gélin, Agnes Soral · Michael Verhoevens spannend-aktueller Wirtschafts-Krimi gibt deutste Anstöße in Sachen Umweltbewußtsein.
21.55 Im Brennpunkt
Aktuelle Dokumentation
22.30 Tagesthemen
23.00 Hawkins · Zahn um Zahn
Mit James Stewart, Tyne Daly u. a. Nach Meinung von Joseph Hamilton haben zwei Psychologie-Dozenten Schuld an dem Tod seines Sohnes. Als einer der Dozenten bei einem Autounfall verunglückt, gerät Hamilton unter dringenden Mordverdacht. Diesen weder zu entkräften, wird die Aufgabe von Jim Hawkins.
0.10 Tagesschau
0.15 Nachtgedanken

2. Programm

Vormittagsprogramm
9.45 ARD-Ratgeber **10.00** Heute 10.03 Sie tanzte nur einen Sommer **11.30** Lissabon – wohin? **12.10** Report **12.55** Presseschau **13.00** Heute **15.05** Videotext für alle
15.30 Heute
ZDF-Ferienprogramm für Kinder
15.35 Black Beauty · Colins Familienbesitz droht versteigert zu werden.
16.00 Ferienexpreß · Staublappen eignen sich nicht nur zur lästigen Hausarbeit, man kann auch daraus manches witzige Shirt basteln.
16.40 Die Schlümpfe
16.55 Heute/Aus den Ländern
17.10 ◉◉ Tele-Illustrierte
17.45 Fünf Mädchen in Paris
(1) · Mit Skorpionen schläft man schlecht · Bei den fün Freundinnen sieht es traurig aus. Sie können kaum die Miete aufbringen. Doch, wie immer, gibt es auch Lichtblicke.
18.10 Lotto am Mittwoch

A						

18.15 Fünf Mädchen in Paris (2)
18.50 Lotto am Mittwoch

B						
77						

19.00 Heute
19.30 Marilyn Monroe, geborene Norma Jean Baker
Leben und Arbeit der Schauspielerin, kommentiert von Catherine Deneuve Dem Film liegt ein Interview des französischen Journalisten Belmont zugrunde. Darin erzählt Marilyn Monroe (heute wäre sie 62) ein Stück ihrer eigenen Geschichte.
(Zweikanalton deutsch-französisch)
20.15 Kennzeichen D · Deutsches aus Ost und West · Wehrmachtsdeserteure, die vergessenen Verweigerer · Militärischen Widerstand gegen Hitler leisteten nicht nur die Offiziere des 20. Juli 1944, auch viele einfache Soldaten, die aus der Wehrmacht desertierten.
21.00 Der Denver-Clan · Die Vorwahlen · Blake will nach wie vor Gouverneur werden und wird dabei kräftig unterstützt. Nur Alexis macht mit ihrer Zeitung dagegen Stimmung.
21.45 Heute-Journal
22.10 Ingmar Bergman: Begegnungen mit einem Regisseur · Film von Michael Winterbottom · Über die Arbeit der Mannschaft um Bergman geben seltene Filmdokumente aus Bergmans Privatarchiv Auskunft.
23.10 Der Hut des Brigadiers
Spielfilm, DDR 1986 (88 Min.), in der Reihe „Unsere Nachbarn im Osten" Mit Roman Kaminski, Peter Sodann, Reiner Heise, Manuel Soubeyrand, Joachim Unger u. a. · Regie: Horst E. Brandt · Erstaufführung · Brandts Film ist der Versuch einer selbstkritischen Darstellung des DDR-Arbeitswelt.
0.40 Heute

20.15
1. PROGR.

Killing Cars

Ein Technologie-Krimi wie aus dem richtigen (Wirtschafts-)Leben: Der Ingenieur Ralph Korda hat mit seinem umweltfreundlich angetriebenen „Worldcar" das Auto der Zukunft entwickelt. Ein Prototyp steht bereits bei einem Autokonzern, der jedoch gegen sein Versprechen die Produktion nicht anlaufen läßt. Auch die Pressesprecherin und Kordas frühere Freundin Marie (Senta Berger, mit Agnes Soral) kann nichts ändern. Kordas Hartnäckigkeit, sein Traumauto zu vermarkten, führt in einen mörderischen Interessenkampf.

DDR

1. Programm: 9.15 Medizin **10.00** Mama, ich lebe **11.40** Edgar Chamorro **12.00** Vom Scheitel bis zur Sohle **13.45** „Mobil" durch die Ferien · **16.20** Radar-Militärpolitisches Journal **16.50** Medizin **17.15** Halbzeit · Boxen und Handball **18.50** Unser Sandmännchen **19.00** Kreisläufe **20.00** Mit Jacques Cousteau in Amazonien (2) **20.45** Fanny und Alexander · Schwed. Spielfilm, 1982 **24.00** Michel Legrand in Kuba · Der französische Musiker zu Gast in Kuba
2. Programm: 10.00 Sport spezial **17.05** Medizin nach Noten **17.15** Kinderfernsehen · Ellentie **17.50** Unser Sandmännchen **18.00** Verkehrsmagazin **18.25** Honza liegt los (3) **19.00** Der Supercoup · Engl. Krimi, 1979 **20.45** Überwiegend heiter – strichweise Regen **22.00** Sport spezial

Österreich

1. Programm: 9.05 Schottalnd (5) **9.30** Österreicher in den USA **10.30** Liebesgrüße aus Tirol **12.00** Das Schweigen der Pflanzen **12.10** Auslandsreport **13.00** Aktuell **13.05** Wir **15.15** Der Unsichtbare · SF-Serie **16.05** Waldheimat (8) **16.30** Der Rabe Jojo **16.55** Mini-ZiB **17.05** Heathcliff & Riffraff (1) **17.30** Tom Sawyer und Huckleberry Finn **17.55** Betthupferl

18.00 Wir **18.30** Reich und arm (13) **20.15** Liebe einen Sommer lang · US-Spielfilm, 1982 **21.50** Straße der Verlierer · Kanad. Spielfilm, 1977 **23.10** FBI
2. Programm: **16.00** Ferienexpreß **17.00** Macht Arbeit krank (3) **17.30** Land und Leute **18.00** Bitte zu Tisch **18.30** Lokalprogramm **20.15** Killing Cars **21.45** Kostbarkeiten aus Bayern **21.55** Seitenblicke **22.20** Erinnerungen **23.20** Jour fixe **0.25** Jazzfest Wiener Stadthalle 1973

Bayern 3

9.00 News of the Week **9.15–9.45** Schulfernsehen **15.15** Die Hirtentochter Anait **15.45** Kinder in Europa **16.00** Puzzle **17.00** Telekolleg **17.30** Abendschau **18.45** Rundschau
19.00 Sag die Wahrheit · Ein Spiel mit Spaß und Schwindel
19.30 Salut Champion · Unterhaltungs-Spielserie · Mit Jacques Charrier, Angelo Bardi u.a.
20.20 Pleiten, Pech Pannen · Vergnügliche Mißgeschicke · Studiogäste: Rudi Carrell und Peter Müller
20.50 Zeitspiegel · Politik am Mittwoch
21.30 Rundschau
21.50 Agatha Christie: Detektei Blunt · Engl. Krimi · Mit Francesca Annis, James Warwick u.a.
22.40 Lese-Zeichen · Büchermagazin
23.10 nachtMusik · Lonely Town – Lonely Street · Ballett von Robert North
23.40–23.45 Rundschau

Schweiz

2. Senderkette: 15.25–16.45 Rad: Tour de France **18.20** Rad: Tour de France **18.50** Gute-Nacht-Geschichte **19.00** Dirakt so... em Bärner Oberland · Volkstümliches **19.30** Tagesschau/DRS aktuell/Sport **20.05** Der Weg ist das Ziel (2) · Die Eigernordwand-Tragödie 1936 **20.55** Mittwoch-Jass **22.10** Schöne Tage · Fernsehfilme **ca. 0.40** Nachtbulletin

Übungen

A. **Das Fernsehen in drei deutschsprachigen Ländern** (CC, P, H)

1. Wie viele **Programme** gibt es im bundesdeutschen Fernsehen?
2. Wie viele gibt es im Fernsehen der DDR?
3. Wie viele gibt es im österreichischen Fernsehen?
4. Um wieviel Uhr beginnt die erste Sendung im Fernsehen an diesem Tag?
   a. in der DDR
   b. in der BRD
   c. in Österreich?
5. Wann beginnt die letzte Sendung abends?
   a. in der DDR
   b. in der BRD
   c. in Österreich
6. In den Vereinigten Staaten beginnen alle Programme entweder zur vollen oder zur halben Stunde. Ist das in der Bundesrepublik auch der Fall? und in der DDR? und in Österreich?
7. Wie oft bringt das zweite Programm der BRD Nachrichten?
8. Welche Sendungen findet man sowohl in der DDR als auch in der BRD?
9. Welche Sendungen findet man nur in der DDR?
10. Welche Sendungen findet man nur in der BRD?
11. Welche Sportprogramme finden Sie im Fernsehen der BRD, der DDR und Österreichs?

Deutsche Kultur in Amerika

B.   **Fragen zu den Fernsehprogrammen der drei Länder** (CC, P)

An Hand der drei Fernsehprogramme, fragen Sie Ihren Nachbarn/Ihre Nachbarin,

1. wann er/sie die Nachrichten sehen kann.
2. welche regionalen Programme er/sie sehen möchte.
3. welchen amerikanischen Film er/sie sehen möchte.
4. welche Musikprogramme er/sie sehen möchte.
5. wie viele amerikanische Filme es an diesem Tag in den drei Programmen der BRD gibt.

AKTUELL

Mr. Trenchcoat kehrt zurück

Endlich Schluß mit dem Einerlei farbloser TV-Kommissare. Die ARD holt diesen Sommer den vielgeliebten und unnachahmlichen Peter Falk (rechts) wieder auf den Bildschirm. Als zerstreuter Inspektor löst Columbo im obligatorischen Trenchcoat rätselhafte Kriminalfälle (WDF-Vorabendprogramm, jeweils donnerstags, 17.25 Uhr, und ARD, freitags um 23.30 Uhr). Und im Herbst kommt

Fotos: Engelmeier/Inter-News/Kövesdi

Peter Falk leibhaftig nach Deutschland. U. a. in „Wetten, daß...?" wirbt der TV-Liebling im Oktober für seinen neuen Kinofilm „Die Braut des Prinzen", einen zauberhaften Märchen- und Abenteuerfilm für die ganze Familie. Das ZDF zieht nach. Der unvergessene Starverteidiger Perry Mason (Raymond Burr) brilliert nach 20jähriger Pause wieder in vertrackten Gerichtsszenen (ZDF, Montag, 19.30 Uhr, vierzehntägig).

Vor dem Lesen: Der Denver-Clan _____

The following newspaper article describes the successful premier of a popular American series. Can you guess which series that is?

<u>LESETEXT</u> **3**

Der Denver-Clan

Der "Denver-Clan" *lockte* 15 Millionen vor Bildschirme

lured

Mainz (AZ)—Der erste Film vom "Denver-Clan" lockte am Sonntagabend 15 Millionen Fernsehzuschauer vor die Bildschirme. Etwa 45 Prozent des Fernsehpublikums schalteten ein, natürlich ein großer **Erfolg**

success

für das ZDF. Mit der neuen US-Serie über Intrigen und **Machenschaften** von reichen Öl-Magnaten will die Mainzer Fernsehanstalt dem ARD-Program "Dallas" **Konkurrenz machen**.

machinations

enter into competition

KAPITEL **5**

Worüber lacht man auf deutsch?

Wörter im Kontext

der Witz, -e (*joke*)—Wer erzählt in dieser Klasse gern **Witze**?

lustig (*funny*)—Wenn etwas **lustig** ist, lache ich.

das Wortspiel, -e (*a play on words*)—**Wortspiele** sind oft lustig.

der Spruch, ̈e (*a saying*)—Mauer**sprüche** sind Graffiti.

die Zeichnung, -en (*a drawing, illustration or caricature*)—Die **Zeichnungen** von Wilhelm Busch sind oft sehr lustig.

das Gedicht, -e// das Spottgedicht, -e (*poem//satirical poem, lampoon*)—Ein **Spottgedicht** ist ein Gedicht, in dem sich über jemanden oder über etwas lustig gemacht wird.

erzählen//die Erzählung, -en//der Erzähler,-, die Erzählerin, -nen (*to narrate// story, tale//story-teller, narrator*)—Manche deutschen Autoren schreiben lustige **Erzählungen**.

berichten//der Bericht, -e (*to report//report*)—Der Journalist schreibt einen Zeitungs**bericht**.

der Nachbar, -n, die Nachbarin, -nen (*neighbor*)—Ein **Nachbar** ist eine Person, die in der Nähe wohnt, z. B. im nächsten Haus oder im nächsten Stock (*floor*).

reden//die Rede, -n//der Redner, -, die Rednerin, -nen (*to speak//speech// speaker*)—Ein **Redner** ist eine Person, die vor einer Gruppe spricht.

Verkehrsknotenpunkt

Vor dem Lesen: Wilhelm Busch _____

Nations, cultures, and even individuals differ in their perception and definition of humor. This chapter examines a variety of amusing texts—cartoons, funny sayings, jokes, and humorous short prose—in order to gain some insight into the cultural aspect of a sense of humor.

Some literary scholars have identified underlying pessimism as a trait in German humor. Pessimism, for instance, is considered the motivating force behind the works of the 19th-century German cartoonist, Wilhelm Busch. At first glance, the verses accompanying his drawings seem witty but inconsequential. Viewed more closely, however, they remind readers of the views of philosophers like Schopenhauer and Jacob Burckhardt, who also believed, "Es ist eine böse Welt." For Busch, therefore, humor was an antidote to the evil in human existence, or in his own words, "Humor ist, wenn man trotzdem lacht." Wilhelm Busch is known today as the father of the comic strip, and the continued popularity of his satiric verses proves the timelessness of his humor.

Max und Moritz (1865), presenting the two original "Katzenjammer Kids," is typical of Busch's writings. In his cartoons Busch illustrates the recurrence of brutality in everyday life and the annoying habits and stupidity of the human race.

Ach, was muß man oft von bösen
Kindern hören oder lesen!!
Wie zum Beispiel hier von diesen,
Welche Max und Moritz hießen.

LESETEXT 1

Wilhelm Busch

Wilhelm Busch wurde am 15. April 1832 als Sohn eines **Kaufmanns** *merchant*
in Wiedensahl, nordwestlich von Hannover geboren. Er lernte
Maschinenbau, bevor er die Akademie für Schöne Künste in Ant- *mechanical engineering*
werpen besuchte. Nach dem erweiterten Studium der bildenden

Künste in München arbeitete er an verschiedenen Zeitschriften, bis er 1865 sein erstes Werk ''Max und Moritz'' **veröffentlichte**. 1870 bis 1904 folgten viele Veröffentlichungen—Prosa, Gedichte und Autobiographisches. Das Wilhelm-Busch Museum in Hannover zeigt heute 25 000 Zeichnungen für Bildergeschichten, 500 **Spottgedichte,** 2 Erzählungen und 100 Ölbilder.

published

satirical poems

Am 9. Januar 1908 starb Wilhelm Busch an Herzschwäche— nach einem täglichen Verbrauch von 40 bis 60 starken Zigaretten— einige Male hatte er sich sogar eine Nikotinvergiftung **zugezogen**.

contracted

In manchen deutschen Familien kommt das Busch-Album gleich nach Bibel und Kochbuch. Aber auch im Ausland kennt man zum Beispiel die Abenteuer von ''Max und Moritz.'' Es gibt sie in dreißig Sprachen bei einer **Gesamtauflage** von vierzig Millionen. Hier sind einige Texte und Zeichnungen von Wilhelm Busch.

total volumes published

Aus: Jochen Trüby, ''Wilhelm Busch,'' **SCALA**, Nr. 5, 1981, S. 48.

DER FLIEGENDE FROSCH

difficulty crept

Wenn einer, der mit *Mühe* kaum *Gekrochen* ist auf einen Baum,

Schon meint, daß er ein Vogel wär,

So *irrt sich der.*

he errs

Die unangenehme Überraschung

1-liter

Der Altgesell[1] ist froh
und lacht,
Weil ihm die
erste *Maß* gebracht.

beermug

Der Stoff ist heute sehr zu
loben,
Drum wird sofort
der *Krug* gehoben.

pitcher

throat

Schlupp! rinnt das Bier
durch seine *Kehle*
Auf einmal in die heiße
Seele.

soul

,,Was ist denn das?!''–denkt
er erschreckt–
,,Daß dieses so *abscheulich*
schmeckt?!''

awful

fright and
horror

Da hat er es! O *Schreck und*
Graus!! Ha! welch abscheul'che,
tote Maus!!

Ja, ja–Kaum will man
sich erfreun,
So kommt gleich was
Fatales drein.

to have fun

[1] *Altgesell*: Humorous word play on *Junggesell* (bachelor), to indicate an old bachelor.

Die kluge Ratte

barrel

Es war einmal eine alte, graue Ratte,
Die, was man sieht, ein *Faß*
gefunden hatte.

Indes die Ratten sind nicht gar
so dumm,
Sieh nur, die alte Ratte
dreht sich um.

Darauf, so schaut die Ratte hin und
her,
Was in dem Fasse drin zu
finden wär.

Sie taucht den langen *Schwanz* hinab   tail
ins Faß
Und zieht ihn in die Höh
mit süßem *Naß*.   wetness

bung hole

Schau, schau! Ein süßer Honig ist darein,
Doch leider ist das *Spundloch* viel
zu klein.

Nun aber ist die Ratte gar nicht faul
Und zieht den Schwanz sich selber
durch das *Maul*.

mouth (used
of animals
only)

Der schwarze Punkt

Also geht alles zu Ende *allhier*:   *here*
Feder, *Tinte*, Taback und auch wir,   *ink*
Zum letzten Mal wird *eingetunkt*,   *dipped in*
Dann kommt der große schwarze

●

WILHELM BUSCH

Übungen

A.   Haben Sie verstanden? (H, P)

Richtig oder falsch?

1. Wilhelm Busch studierte nie Kunst. Er lernte als Beruf nur Maschinenbau.
2. Das meistbekannte Werk von Wilhelm Busch ist **Max und Moritz**.
3. Busch hat für seine vielen Werke die Zeichnungen entworfen, aber der Text wurde von seiner Frau Margarete geschrieben.
4. Wilhelm Busch ist wegen starken Rauchens an Herzschwäche gestorben.

B.   Fragen zu den illustrierten Texten (CC, H, P)

1. Welche Texte finden Sie pessimistisch?
2. Welche Texte finden Sie lustig? Warum?
3. Sind auch traurige Texte dabei? Warum finden Sie die Texte traurig?
4. Wählen Sie **eine** Figur aus den Texten und beschreiben Sie sie!

C.   Bildergeschichten (H)

Finden Sie eine Bildergeschichte (Illustration und Text) und beschreiben Sie sie mit eigenen Worten! Was ist die Moral der Geschichte?

Vor dem Lesen: Sponti-Sprüche

Sponti-Sprüche sind spontane Bemerkungen, die ihren humorvollen Effekt oft durch Wortspielerei erreichen. Man findet sie oft als Graffiti. Was finden Sie lustig an diesen Sprüchen? Übersetzen Sie sie ins Englische!

LESETEXT **2**

Sponti-Sprüche

1. Bei mir kann jeder machen, was ich will.
2. Das Leben ist zu kurz, um einen schlechten Wein zu trinken.
3. Der Mensch wird als Nudist geboren.
4. Der liebe Gott sieht alles—**die Nachbarschaft** noch mehr.   *neighborhood*
5. Die **Lage** ist hoffnungslos, aber nicht ernst.   *situation*
6. Die **Zukunft** ist auch nicht mehr das, was sie einmal war.   *future*
7. Elektriker sucht Kontakt.
8. Erst **schaffen** sie den Waldweg—dann **schaffen** sie den Wald   *create/do away with*
   weg.
9. Es gibt Dinge, über die spreche ich nicht einmal mit mir selbst.
10. Es gibt Leute, die reden und reden und reden und schaffen es
    doch nicht, all das zu sagen, was sie nicht wissen.
11. Es gibt mehr alte Trinker als alte Ärzte.
12. Es wird immer komplizierter, einfach zu leben.
13. Freiheit ist viel mehr als man darf.
14. Gummibärchen **wehrt Euch**! Beißt zurück!   *defend yourselves*
15. Hast du **Zahnpasta** im Ohr, kommt dir vieles leiser vor.   *toothpaste*
16. Hotdogs beißen nicht.
17. Lache, und die Welt wird mit dir lachen. **Schnarche**, und du   *snore*
    schläfst allein.
18. Eine Stunde Schule ist besser als gar kein Schlaf.
19. Lieber Breakdance-Fieber als **Schüttelfrost**.   *chills*
20. Lieber öfters glücklich als einmal verheiratet.
21. Mach' das Licht an, ich hör **nix**.   *nichts*
22. Mickey Maus ist eine Ratte!
23. **Umarmen** können wir uns selbst nicht.   *embrace*

Aus: Eduard Moriz, **Lieber intim als in Petto**, Eichborn Verlag, 1984.

Übungen

A.   Haben Sie verstanden? (CC, H, P)

1. Welcher Sprecher ist egozentrisch?
2. Welcher Sprecher hat neugierige (*curious, nosy*) Nachbarn?
3. Welcher Sprecher hält nicht viel von der Ehe?
4. Welcher Sprecher ist Weinkenner?

5. Welcher Sprecher trinkt wahrscheinlich zu viel Alkohol?
6. Welcher Spruch ist absurd?
7. Welcher Spruch ist philosophisch?

B.   Über welche Themen lachen wir? (CC, P, H)

Finden Sie einen Sponti-Spruch für jedes Thema!

1. Tiere
2. Angst
3. Menschen
4. Krieg und Frieden
5. Umweltschutz
6. Liebe
7. Dummheit
8. die Zukunft
9. Freiheit
10. Einfachheit

Lesetip: Separable Prefix Verbs

The following verbs appear in readings in this chapter:

herstellen (*to produce*)
wegschaffen (*to do away with*)
sich umbringen (*to commit suicide*)
anschauen (*to look at*)
vorkommen (*to occur*)
zurückfahren (*to return, travel back*)
sich etwas zuziehen (*to contract* [*an illness*])
umdrehen (*to turn around*)
sich zusammenziehen (*to contract*).

These so-called "separable prefix verbs" can be confusing, because the prefixes can also function independently as prepositions or adverbs. In the present and simple past tense these prefixes are separated from the verb, appearing at the very end of the clause. Sometimes this makes it more difficult to recognize their connection to the verb, as in the sentence,
"Die Muskeln **ziehen** sich beim Lachen kräftig **zusammen**."
Their position at the end of a clause or sentence can obscure the function of the prefixes as part of the predicate verb phrase. It is essential for you to notice them, however, because they are necessary to complete the meaning of the conjugated verb appearing in the second slot. Watch for the following prefixes,

which often appear at the end of a clause—they complement and often change the meaning of the verb:

> ab,   an,   auf,   aus,   bei,   ein,   empor,   fort,
> her,   hin,   los,   mit,   nach,   nieder,   vor,   weg,
> weiter,   wieder,   zu,   zurück,   zusammen

For example, look at how prefixes determine differences in meaning of the verb "kommen."

> **an**kommen (*to arrive*)
> **weg**kommen (*to disappear*)
> **zusammen**kommen (*to get together*)
> **auf**kommen (*to come up, recover*)
> **ab**kommen (*to come away, get away*)
> **aus**kommen (*to get by*)
> **nach**kommen (*to follow*)
> **hin**kommen (*to get there, to reach a destination*)
> **her**kommen (*to come from*)
> **vor**kommen (*to happen*)
> **zurück**kommen (*to come back*)
> **wieder**kommen (*to come again*)
> **weiter**kommen (*to progress, advance*)
> **los**kommen (*to get loose*)
> **fort**kommen (*to get away*)
> **empor**kommen (*to prosper, get on*)
> **mit**kommen (*to come along*)

When you encounter separable prefixes as part of infinitive verb forms, e.g., **einziehen** "to move in," or in participles (**eingezogen**, "moved in"), the prefix's connection to the verb should be more obvious than in those forms in which they are separated from the verb. For example:

> Sie ist am Montag eingezogen.   (*She moved in on Monday.*)
> Ich kann erst am Dienstag einziehen.   (*I can't move in until Tuesday.*)

In clauses preceded by a subordinating conjunction the separable prefix also remains attached to its verb. Note the example:

> Ich weiß nicht, ob er bald einzieht.   (*I don't know if he is moving in soon.*)

To avoid confusion, always read the entire sentence before you decide on meaning.

Übungen _____

1. Use the following verbs in sentences, as in the examples above. Vary your tenses to illustrate the different forms that separable prefix verbs assume in a text.

   herstellen   wegschaffen   anmachen   aufwachen
   vorkommen   zurückfahren   nachschauen   einziehen

2. Was bedeutet diese alte Volksweisheit? Es kann vorkommen, daß die Nachkommen mit dem Einkommen nicht auskommen.

Vor dem Lesen: Lachen ist gesünder als Jogging_____

Im folgenden Text erfahren Sie, warum Humor im täglichen Leben wichtig ist: Lachen ist gut für die Gesundheit!

LESETEXT 3

Lachen ist gesünder als Jogging!

Der bekannte amerikanische Wissenschaftler Prof. Dr. William F. Fry **behauptet**: "Lachen ist gesünder als Jogging!" Die Muskeln im **Magen ziehen sich** beim Lachen **kräftig zusammen**, die Lunge bekommt mehr **Sauerstoff**, das Herz **schlägt** bei einem guten Witz doppelt so schnell wie normal, mehr Blut **fließt** in den Körper. Das **Gehirn stellt** Kathecholamine **her**, die vor Arthritis und Allergien schützen.

Aus: **AASG Rundbrief**, April, 1987.

claims

stomach/contract
powerfully

oxygen/beats

flows
brain/produces

Übung

Haben Sie verstanden? (CC, H)

1. Welche Köperteile werden in diesem Artikel erwähnt (*mentioned*)? Machen Sie eine Liste!
2. Welche Krankheiten werden in diesem Artikel erwähnt?

Lachen ist gesund

Vor dem Lesen: Humorvolle Lyrik

In den folgenden Gedichten sind Sie auf der Suche nach der humorvollen Seite des Lebens. Was finden Sie in diesen Texten lustig—die Klänge (*sounds*), die Karikaturen von Menschen, die Menschenschwächen (*weaknesses*)?

LESETEXT **4**

Was ich von meinen Tanten zum Geburtstag bekam

Von Tante Wilhelmine
eine Mandarine,
von Tante Grete
eine Trompete,
von Tante Adelheid
ein Sommerkleid,
von Tante Beate
eine Tomate,
von Tante Liane
eine Banane,
von Tante Isabell
ein weißes **Bärenfell**,   *bearskin*
von Tante Veronika
eine Harmonika,
von Tante Emilie
eine Lilie,
von Tante Kunigunde
zwei lustige Hunde,
zuletzt von Tante Erika
eine Karte aus Amerika.

Tante Walpurga, auf die sich nichts reimt,
hat mein zerbrochenes Holzpferd geleimt.   *glued back together my broken hobby horse*

    VON VERA FERRA-MIKURA

Weil die Wände so dünn sind

Ich höre, wie mein Nachbar lacht,
ich höre, was mein Nachbar macht,
ich weiß, jetzt **jagt** er einen **Floh**,   *chases/flea*
ich weiß, jetzt spielt er Domino,
ich weiß, jetzt **bläst** die Nachbarin   *blows*
den **Staub** von ihrem **Immergrün**,   *dust/periwinkle*
ich weiß, wer **hustet** und wer **niest**,   *coughs/sneezes*
ich weiß auch, wer die Zeitung liest,
ich höre alles rundherum,
sogar den Fisch im Aquarium.

Ob mich daran vielleicht was **stört**?   *bothers*
Doch!
Daß mich jeder **lauschen** hört.   *listening, snooping*

> VON VERA FERRA-MIKURA

Aus: **so loch doch: Gedichte und Lieder aus Österreich (nicht nur) für Deutschler-nende**, Wien, Bundesverlag, 1987.

Wieso, Warum?

Warum sind tausend Kilo eine Tonne?
Warum ist dreimal Drei nicht Sieben?
Warum **dreht sich** die Erde **um** die Sonne?   *revolves around*
Warum heißt Erna Erna statt Yvonne?
Und warum hat **das Luder** nicht geschrieben?   *hussy*

Warum ist Professoren alles klar?
Warum ist schwarzer **Schlips** zum **Frack** verboten?   *tie/tails*
Warum erfährt man nie, wie alles war?
Warum bleibt Gott **grundsätzlich unsichtbar**?   *basically/invisible*
Und warum **reißen** alte Herren **Zoten**?   *tell/dirty jokes*

Warum darf man sein Geld nicht selber machen?
Warum **bringt man sich** nicht zuweilen **um**?   *commit suicide*
Warum trägt man im Winter Wintersachen?
Warum darf man, wenn jemand stirbt nicht lachen?
Und warum fragt der Mensch bei jedem **Quark**: warum?   *trifle*

> VON ERICH KÄSTNER

Aus: Erich Kästner, **Gesammelte Schriften für Erwachsene**, Atrium Verlag, Zürich, 1969.

Übungen

A.   Welche Gegenstände kommen in den Gedichten vor?
(CC, H)

Ergänzen Sie die Sätze mit den fehlenden Wörtern!

die Banane,   die Trompete,   die Tomate,   die Harmonika,
die Nachbarin,   der Floh,   der Staub,   die Lilie

1. Man jagt einen _____ .

2. Man bläst den _____ von der Immergrünpflanze.

3. Frau Schade, die neben mir wohnt, ist meine _____ .

4. Man ißt eine _____ und eine _____ .

5. _____ ist eine schöne Blume.

6. Die _____ und die _____ sind Musikin-
strumente.

B.   Ergänzen Sie die Sätze mit der korrekten Form der fehlenden Wörter! (CC, H)

hören,   husten,   niesen,   spielen,   lauschen,
lesen,   lachen

1. Wenn etwas lustig ist, _____ man.

2. Wenn man sehr gut zuhört, _____ man.

3. Man _____ Domino und _____ die Zeitung.

4. Wenn man Pfeffer riecht, _____ man.

5. Wenn ich erkältet bin, _____ ich.

C.   Können Sie auf eine Frage in Erich Kästners Gedicht "Wieso, Warum?" antworten? Auf welche? (CC, P, H)

Vor dem Lesen: Ratschläge für einen schlechten Redner _____

If you were to give advice to an inexperienced speaker who had to give a speech, what advice would you consider appropriate? Make a list. (CC, P)

• • •

**Gewöhnlich glaubt der Mensch, wenn er nur Worte hört,
Es müsse sich dabei doch auch was denken lassen.**
(Goethe, *Faust I*, Vers 2565 f.)

LESETEXT **5**

Ratschläge für einen schlechten Redner

Fang nie mit dem Anfang an, sondern immer drei Meilen vor dem Anfang! Etwa so:

"Meine Damen und Herren! Bevor ich zum Thema des heutigen Abends komme, lassen Sie mich Ihnen kurz..."

So gewinnst du **im Nu** die Herzen und Ohren der **Zuhörer**.   *in a flash/listeners*

Sprich nicht frei: das macht einen so **unruhigen Eindruck**. Am   *restless impression*
besten ist es, du **liest** deine Rede **ab**. Sprich, wie du schreibst.   *read from the text*
Und ich weiß, wie du schreibst.

Sprich mit langen, langen Sätzen, lege alles in die **Nebensätze**.   *dependent clauses*
Sag nie: "Die **Steuern** sind zu hoch." Das ist zu einfach. Sag: "Ich   *taxes*
möchte zu dem, was ich soeben gesagt habe, noch kurz **bemerken**,   *point out*
daß mir die Steuern bei weitem..." **So heißt das.**   *That's how to do it.*

Trink den Leuten ab und zu ein Glas Wasser vor, man sieht das gern.

Wenn du einen Witz machst, lach vorher, damit man weiß, wo die Pointe ist.

Sprich nie unter **anderthalb** Stunden, sonst **lohnt es sich gar**   *1½/ it's not even worth*
nicht erst anzufangen.

Wenn einer spricht, müssen die anderen zuhören, das ist
deine **Gelegenheit! Mißbrauche** sie!   *opportunity/misuse*

Kurt Tucholsky (1890–1935) war der Sohn eines reichen Berliner Geschäftsmannes. Vor dem Ersten Weltkrieg studierte er Jura in Berlin und Jena. Er arbeitete zuerst als Journalist, später schrieb er seine zum großen Teil satirischen Werke unter vier verschiedenen Namen: Theobald Tiger, Peter Panther, Ignaz Wrobel und Kaspar Hauser.

Aus: Kurt Tucholsky, **Gesammelte Werke, Bd. 3**, Rowohlt Verlag, Reinbek, 1960.

Übungen

A.   **Ratschläge für GUTE Redner** (CC, H, P)

Tucholsky gibt Ratschläge für schlechte Redner. Ändern Sie folgende Befehle zu Ratschlägen für gute Redner!

1. Sprich nicht frei! Lies deine Rede ab!
2. Sprich wie du schreibst!
3. Sprich nie unter anderthalb Stunden!
4. Lach, bevor du einen Witz erzählst!
5. Trink ab und zu ein Glas Wasser!
6. Sprich mit langen, langen Sätzen!

B.   **Noch ein paar Ratschläge** (CC, H)

Schreiben Sie die Befehle für Ihre/n Lehrer/in um! (Sie dürfen natürlich auch Ihre eigenen Ratschläge geben.)

Vor dem Lesen: Witze für Deutschlernende

Wählen Sie Ihren Lieblingswitz aus den folgenden Witzen! Üben Sie den Witz als Rollenspiel mit einem Partner und tragen Sie ihn der Klasse vor! Über welchen Witz lacht man am meisten?

LESETEXT 6

Witze für Deutschlernende

Im Hotel

Gast: "Herr Ober, in meiner Suppe schwimmt eine tote Fliege."
Ober: "Tote Fliegen schwimmen nicht."

Gast: "In meiner Erbsensuppe schwimmt ein Wurm, Herr Ober!"
Ober: "Das ist kein Wurm, mein Herr. Das ist ein Würstchen."

Beim Arzt

Patient: "Doktor, Sie müssen mir helfen. Ich bin so **vergeßlich**   *forgetful*
geworden. Gerade habe ich noch etwas gesagt, habe ich es
schon im nächsten Moment vergessen."
Arzt: "Seit wann plagt Sie denn dieses **Leiden?**"   *ailment*
Patient: "Welches Leiden?"

Verliebt?

Er: "Liebling, ich bin nicht so gut gebaut wie Richard."
Sie:"Macht nichts."
Er: "Ja, und so reich wie Richard bin ich auch nicht."
Sie: "Nicht so schlimm!"
Er: "Weißt du, **Spatzi**, ich habe auch nicht so ein **tolles** Auto   *Sweetie/fancy*
wie der Richard!"
Sir: "**Was soll's?**"   *So what?*
Er: "Und du liebst mich **trotzdem**?"   *anyway*
Sie: "Aber ja, mein Herz! Kannst du mir **nebenbei** sagen, wo   *by the way*
Richard wohnt?"

Zu lange verheiratet?

Er: "Ich hab' mir in den Finger einen **Holzsplitter ein-**   *got a splinter*
gezogen."
Sie: "Hast du dich am Kopf **gekratzt?**"   *scratched*

Vor dem Gericht   *In Court*

Der Richter: "**Angeklagter**, haben Sie den **Zeugen** einen **Esel**   *defendant/witness/ass*
genannt?"
Angeklagter: "Weiß ich nicht, Herr **Richter**, aber je länger ich   *judge*
ihn **anschaue**, desto **wahrscheinlicher** kommt's mir vor."   *observe/more probable*

Vekehrte Logik

Zu viel getrunken?
Puchel fährt nach langem Feiern in der Neujahrsnacht mit dem
Taxi nach Hause. "Macht sechsfünfzig," sagt der Fahrer, als er
hält.

   "Ach," bittet Puchel, "könnten Sie nicht wieder ein kleines
Stück zurückfahren? Ich habe nur noch sechs Mark bei mir!"

Großstadtleben

Die Großmutter vom Land besucht ihre Nichte in der Großstadt. Abends liest sie die Zeitung und sagt: "Schau dir bloß
an, was für **Stellenangebote** unsere Zeitungen heutzutage   *employment opportunities*
bringen. "Bankräuber gesucht!"

In der Schule

Trudi kommt zu spät zur Schule.
Lehrer: "Willst du dich nicht entschuldigen? Du kommst ja
fast eine halbe Stunde zu spät."
Trudi: "Nicht schlimm, Herr Lehrer. Meine Mutter sagt immer, zum Lernen ist es nie zu spät."

Aus: **AASG Rundbrief**, Februar, 1987.

KAPITEL 6

Kindergeschichten für kleine und für große Leute

Wörter im Kontext

das Märchen, - (*fairy tale*)—Kinder hören gern die **Märchen** von den Brüdern Grimm, wie z. B. "Schneewittchen."

der Abzählreim, -e//abzählen (*children's rhyme for determining who's "it" for "hide-n-seek" or similar games//to count off*)—Ein beliebter **Abzählreim** ist:

> Ich und du
> Müllers Kuh
> Müllers Esel (*donkey, ass*)
> der bist du.

zeichnen//die Zeichnung, -en (*to draw//drawing*)—Die **Zeichnungen** von Wilhelm Busch sind lustig.

der Daumen, - (*thumb*)—Ich habe an jeder Hand vier Finger und einen **Daumen**.

lutschen (*to suck*)—Kleine Kinder **lutschen** oft am Daumen.

schreien/schrie/geschrien (*cry out, scream*)—Das Kind **schreit**, wenn die Mutter weggeht.

weinen (*cry, sob*)—"Bitte, **weine** nicht! Die Mutter kommt gleich wieder!"

die Schere, -n (*scissors*)—Mit einer **Schere** kann man Stoff oder Papier schneiden.

der Schneider, -, die Schneiderin, -nen//schneiden, schnitt, geschnitten (*tailor, seamstress//to cut*)—Der **Schneider** näht ein Kleid.

das Feuerzeug, - (*matches, lighter*)—Kinder dürfen nicht mit einem **Feuerzeug** spielen.

die Tatze, -n, die Pfote, -n (*paw*)—Die Katze leckt ihre **Pfote**.

sammeln/der Sammler, - die Sammlerin, -nen//die Sammlung, -en (*to collect//collector//collection*)—**Sammelst** du Briefmarken?

das Spielzeug, die -sachen (*toy/toys*)—Die Puppe ist das Lieblings**spielzeug** vieler kleiner Kinder.

Struwwelpeter

Der Struwwelpeter hat ein neues Museum: er ist jetzt in Frankfurt am Main in dem Haus zu besichtigen, in dem einst Heinrich Hoffmann, der Schöpfer der weltberühmten Kinderbuchfigur, lebte. Der Frankfurter Arzt und Psychiater hatte 1847 das Buch vom Struwwelpeter geschrieben und selbst illustriert. Es ist heute – nach der Bibel – das meistgedruckte Buch der Welt. In dem Museum sind neben Struwwelpeter-Puppen auch zahlreiche Dokumente ausgestellt.

Das ABC-LIED

A B C D   E F G   H I J K
[a - be - tse - de - e - eff - ge - ha - i - jott - ka]

L M N O P   Q R S T   U V W
[ell - emm - enn - o - pe   ku - err - ess - te - u - vau - we]

X Yp - si - lon - Zet, Ju - he!   Das ist das deut - sche   A B C!
[iks - yp - si - lon   tset]

Vor dem Lesen: Kinderlieder und -gedichte

Jedes Volk hat seine eigene Kinderliteratur. Es gibt Reime, Sprüche, Lieder, Rätsel, Abzählreime, Märchen usw., die praktisch alle Amerikaner kennen.

Machen Sie einen Test!

Schreiben Sie die nächste Zeile der folgenden amerikanischen Kinderreime! Dann prüfen Sie nach, ob alle Ihre Klassenkameraden die gleiche Antwort haben!

1. Patty cake, patty cake...
2. Jack and Jill...
3. This little piggy...
4. Mary had a little lamb...

Hier sind einige Beispiele deutscher Kinderreime:

LESETEXT 1

Kinderlieder und -gedichte

A.   Hoppe, hoppe Reiter

Hoppe, hoppe Reiter
Wenn er fällt, dann schreit er,
Fällt er in den **Graben**,   *ditch*
Fressen ihn die **Raben**.   *eat/ravens*
Fällt er in den **Sumpf**,   *swamp*
Dann macht der Reiter **plumps**!   *ker-plunk!*

Das Kind "reitet" auf dem Knie des Mitspielers/der Mitspielerin, der/die es an den Händchen hält. Bei "plumps!" läßt er/sie das Kind kurz herunterrutschen (*slide down*).

B.   Backe, backe Kuchen

1   Backe, backe Kuchen
2   der Bäcker hat gerufen:
3   Wer will guten Kuchen backen,
4   der muß haben sieben Sachen:
5   Butter und **Schmalz**,   *shortening*
6   Zucker und Salz,
7   Milch und **Mehl**,   *flour*
8   Safran macht den Kuchen gehl! (*gelb*)
9   Schieb, schieb ihn in den Ofen rein!

Bei den Zeilen (*lines*) 1–4 wird mit den Händchen geklatscht, bei den Zeilen 5–8 wird an den Fingern aufgezählt (*counted*), beim letzten Satz wird die entsprechende Bewegung (*corresponding movement*) gemacht.

C.   Eins-zwei-drei

Eins—zwei—drei—vier—fünf—sechs—sieben,
Wo ist denn der Hans geblieben?
Ist nicht hier, ist nicht da,
Ist wohl in A-me-ri-ka!

D.   Hänschen klein

Häns-chen-klein ging al-lein in die wei-te Welt hin-ein,

Stock und Hut steh'n ihm gut, Hans ist wohl-ge-mut. A-ber

Mut-ter wei-net sehr, hat ja nun kein Häns-chen mehr.

Da be-sinnt sich das Kind, läuft nach Haus ge-schwind.

E.   Sandmännchen

F.   Alle meine Entchen

Übung

Welcher Zweck (*purpose*) für welchen Reim? (CC, H)

Which of the preceding rhymes is. . .

1. a patty-cake rhyme?
2. a rhyme for hide-and-seek?
3. a lullaby?
4. a rhyme for teaching children how to behave?
5. a rhyme for choosing who's "it" when playing "tag" or "hide-and-seek" (**Abzählreim**)?
6. ???

Lesetip: Diminutives

To indicate that something is small in size, or to express endearment, many nouns take the suffix **-chen** or **-lein** and umlaut the stem vowel where possible. Note the examples of these diminutives in the preceding texts.

Übung

Match these diminutive forms with their appropriate translations. Also supply the non-diminutive form of the nouns.

1. das Entchen
2. das Köpfchen
3. das Schwänzchen
4. das Hänschen
5. das Bettchen
6. das Englein
7. das Blümlein
8. das Stenglein
9. das Kindlein

a. little angel
b. small flower
c. duckling
d. tiny tail
e. small head
f. little bed
g. small stem
h. tiny child, baby
i. little Hans

Note that whenever you add **-chen** or **-lein**, the definite article is **das**.

Vor dem Lesen: Der Struwwelpeter

Das bekannteste deutsche Kinderbuch ist **Der Struwwelpeter**. Lesetext 2 beschreibt, wie dieses Buch entstand. Später in diesem Kapitel lesen Sie dann einige Struwwelpeter-Geschichten.

LESETEXT **2**

Zur Entstehung des "Struwwelpeters"

creation

Es war das Jahr 1844, kurz vor dem Weihnachtsfest. Dr. Heinrich Hoffmann, Psychiater und Leiter der **"Anstalt für Irre und Epileptiker"** in Frankfurt, stand als Vater vor einem Problem—er konnte kein **passendes** Bilderbuch für seinen dreijährigen Sohn Carl Philipp finden. So **entschloß** er sich, selber ein Büchlein zu schreiben und mit **Zeichnungen** zu versehen. Der gute Doktor-Vater füllte ein Heft mit Geschichten, und "Der Struwwelpeter" war geboren. Das Werk hat einen **führenden** Platz unter den Klassikern der Kinderliteratur gewonnen. Bis heute sind mehr als 25 Millionen Exemplare verkauft worden, und das Werk **erscheint** in fast allen Sprachen der Welt.

"Sanatorium for the Insane and Epileptics"

appropriate

decided

drawings

leading

appears, is published

Was hält den Struwwelpeter **lebendig**? Pädagogen und Psychologen haben ihn analysiert. Viele haben gegen die **beängstigenden** und oft **grausamen** Geschichten Bedenken geäußert. Seine jugendlichen Fans sind aber anderer Meinung: Struwwelpeter und seine Freunde sind menschlich in ihrem **Pech**. Der Daumenlutscher, der Suppen-Kaspar und die vielen anderen Figuren im "Struwwelpeter" sind **Gestalten**, mit denen sich Kinder identifizieren, weil sie eben Kinder sind oder sogar **unartige** Kinder sind.

alive

anxiety-producing/cruel

misfortune

characters

naughty

Aus: "Der Struwwelpeter" von Wilhelm Meister, *Deutschlandnachrichten*, New York, 14 November, 1984.

Übung

A. Haben Sie verstanden? (CC, P, H)

Richtig oder falsch? Wenn der Satz falsch ist, geben Sie die korrekte Information!

1. Der Autor des **Struwwelpeters** war Kaufmann von Beruf.
2. Der **Struwwelpeter** war ein Weihnachtsgeschenk für die zehnjährige Tochter des Autors.
3. Der **Struwwelpeter** entstand vor mehr als hundert Jahren.
4. Heinrich Hoffmann schrieb den Text zum **Struwwelpeter**, und seine Frau machte die Zeichnungen für das Buch.
5. Der **Struwwelpeter** ist in viele Sprachen übersetzt worden.

6. Manche Lehrer und Psychologen finden den **Struwwelpeter** nicht gut für Kinder.
7. Heinrich Hoffmann schrieb den **Struwwelpeter** in Österreich.

Vor dem Lesen: Aus dem Struwwelpeter _____

Lesen Sie die ersten vier und die letzten vier Zeilen der "Geschichte vom Suppen-Kaspar"! Was passiert wohl in der Geschichte?

LESETEXT **3**

Die Geschichte vom Suppen-Kaspar

Der Kaspar, der war **kerngesund**,   *fit as a fiddle*
ein dicker Bub und **kugelrund**.   *round as a ball*
Er hatte **Backen** rot und frisch: *cheeks*
die Suppe aß er **hübsch** bei Tisch.   *properly*
Doch einmal fing er an zu schrein:
"Ich esse keine Suppe! Nein!
Ich esse meine Suppe nicht!
Nein, meine Suppe eß' ich nicht!"

Am nächsten Tag—ja sieh nur her!
da war er schon viel **magerer**.   *thinner*
Da fing er wieder an zu schrein:
"Ich esse keine Suppe! Nein!
Ich esse meine Suppe nicht!
Nein, meine Suppe eß' ich nicht!"

Am dritten Tag, o weh und ach!
wie ist der Kaspar dünn und schwach!
Doch als die Suppe kam herein,
gleich fing er wieder an zu schrein:
"Ich esse keine Suppe! Nein!
Ich esse meine Suppe nicht!
Nein, meine Suppe eß' ich nicht."

Am vierten Tage endlich gar
der Kaspar wie ein **Fädchen** war.   *a thin thread*
Er **wog** vielleicht ein halbes **Lot**—   *weighed/5 grams*
und war am fünften Tage tot.

VON HEINRICH HOFFMANN

Übungen

A.   **Was ist mit dem Kaspar los?** (CC)

Welche Adjektive beschreiben den Kaspar in der ersten Strophe? In der zweiten Strophe? In der dritten Strophe? In der letzten Strophe? Machen Sie eine Liste!

B.   **Haben Sie verstanden?** (P, H)

Was ist falsch in diesen Zeilen vom ''Suppen-Kaspar.'' Verbessern Sie die Sätze!

1. Der Kaspar, der war nicht gesund, ein dünner Bub und gar nicht rund.
2. Er hatte Backen grün und frisch: die Würste aß er hübsch bei Tisch.
3. ''Ich esse meine Suppe gern! Ich esse meine Suppe gern!''
4. Am achten Tage endlich gar der Kaspar wie ein Fädchen war.
5. Er wog vielleicht ein ganzes Lot—und war am gleichen Tage tot.

Vor dem Lesen: Die Geschichte vom Daumenlutscher

Sehen Sie sich folgende Illustrationen an! Was passiert wohl in dieser Geschichte?

LESETEXT 4

Die Geschichte vom Daumenlutscher

''Konrad'', sprach die Frau Mama,
''Ich geh aus und du bleibst da.
Sei hübsch ordentlich und **fromm**,   *pious*
bis nach Haus ich wieder komm.
Und vor allem, Konrad, hör!
lutsche nicht **am Daumen** mehr: *suck your thumb*
denn der Schneider mit der Scher'
kommt sonst ganz **geschwind** daher,   *quickly*
und die Daumen schneidet er
ab, als ob Papier es wär.''

Fort geht nun die Mutter, und
wupp! den Daumen in den Mund.

away

Bauz! da geht die Türe auf
und herein in schnellem Lauf
springt der Schneider in die **Stub'**
zu dem Daumen-Lutscher-Bub.
Weh! jetzt geht es klipp und klapp
mit der Scher die Daumen ab,
mit der großen, scharfen Scher!
Hei! da schreit der Konrad sehr!

die Stube
(kleines Zimmer)

Als die Mutter kommt nach Haus,
sieht der Konrad traurig aus.
Ohne Daumen steht er dort,
die sind alle beide fort.

Aus: Dr. Heinrich Hoffmann, **Der Struwwelpeter**, Delphin Verlag, München, 1979.

Übungen

A. Die Geschichte vom Daumenlutscher: eine etwas modernere Version (CC, P, H)

Finden Sie die Sätze, die nicht logisch in die Geschichte passen!

Der Daumenlutscher

Konrad war ein Junge, der vor vielen Jahren in Gruseldorf lebte. Obwohl er schon fünf Jahre alt war, lutschte er immer noch am Daumen. Seine Mutter wollte ihm das Daumenlutschen **abgewöhnen**, weil sie Angst hatte, er bekäme davon **schiefe** Zähne. Der Park war nicht sehr groß, aber er lag in einer schönen Landschaft. Aber was sie auch tat, sie hatte keinen **Erfolg**. Der kleine Konrad lutschte immer weiter.
    Eines Tages wollte die Mutter einkaufen gehen. Die Dorfschule lag gleich neben der Kirche. Bevor sie das Haus verließ, warnte sie ihren Sohn, er solle nicht am Daumen lutschen. Sonst **käme** nämlich der Nachbar, ein verrückter Schneider. Mit seiner Schere würde er dem Sohn die Daumen abschneiden.
    Aber **kaum** war die Mutter **fort**, steckte Konrad wieder den Daumen in den Mund.
    Plötzlich kam der Schneider, der das Gespräch **mit angehört** hatte, ins Zimmer. Der Winter war lang und kalt. Als der sadistische Mann sah, daß der Nachbarjunge trotz der **Anweisungen** seiner Mama schon wieder am Daumen lutschte, schnitt er ihm einfach beide Daumen ab. Viele Geschäfte und Büros sind am Wochenende geschlossen. Der kleine Konrad schrie natürlich vor Schmerz. Sie können sich ja vorstellen, wie weh das tat! Da der arme Junge keine Daumen mehr hatte, begann er am Zeigefinger zu lutschen. Wildwest-Geschichten gefielen ihm gar nicht. Die Mutter und der Schneider aber kamen wegen **Kindermißhandlung** dreißig Jahre ins **Gefängnis**. Der arme Konrad mußte aber sein ganzes Leben ohne Daumen verbringen.

break him of the habit
crooked

success

would come

scarcely/gone

overheard

instructions

child abuse/prison

B. Partnerarbeit (P, H)

1. Schreiben Sie, zusammen mit einem Partner, eine moderne Version der Suppen-Kaspar Geschichte! Benutzen Sie dabei Übung A als Beispiel.
2. Wieso ist die Geschichte vom Daumenlutscher (Lesetext 4) anders als die Geschichte vom Suppen-Kaspar (Lesetext 3)? Worin sind die zwei Geschichten gleich?

Vor dem Lesen: Die gar traurige Geschichte mit dem Feuerzeug

Die Bilder auf Seiten 105–106 erzählen ''Die gar traurige Geschichte mit dem Feuerzeug.'' Wovon handelt die Geschichte?

LESETEXT 5

Die gar traurige Geschichte mit dem Feuerzeug

1.

2.

Paulinchen war allein zu Haus,
Die Eltern waren beide aus.
Als sie nun durch das Zimmer sprang
Mit leichtem Mut und Sing und Sang,
Da sah sie plötzlich vor sich stehn
Ein **Feuerzeug**, nett **anzusehn**.   *matchbox/to look at*
''Ei,'' sprach sie, ''ei, wie schön und fein!
Das muß ein **trefflich Spielzeug** sein.   *exquisite toy*
Ich **zünde** mir ein **Hölzchen an**,   *light/match*
Wie's oft die Mutter hat getan.''

Und Minz und Maunz, die Katzen,
Erheben ihre **Tatzen**.   *claws*
Sie drohen mit den **Pfoten**:   *paws*
''Der Vater hat's verboten!
Miau! Mio! Miau! Mio!
Laß stehn! Sonst brennst du **lichterloh**!''   *in full blaze*

Paulinchen hört die Katzen nicht!
Das Hölzchen brennt gar hell und licht,
Das flackert lustig, knistert laut,
Grad wie ihr's auf dem Bilde schaut.   *gerade (exactly)*
Paulinchen aber freut sich sehr
Und sprang im Zimmer hin und her.

3.

4.

Doch Minz und Maunz, die Katzen,
Erheben, ihre Tatzen.   *lift up, raise*
Sie **drohen** mit den Pfoten: *warn*
"Die Mutter hat's verboten!
Miau! Mio! Miau! Mio!
Wirf's weg! Sonst brennst du lichterloh!"   *Throw it away.*

Doch weh! Die Flamme faßt das Kleid,
Die **Schürze** brennt: es **leuchtet** weit.   *apron/glows*
Es brennt die Hand, es brennt das Haar,
Es brennt das ganze Kind sogar.

Und Minz und Maunz, die schreien
Gar **jämmerlich** zu zweien: *pitifully*
"Herbei! Herbei! Wer hilft **geschwind**?   *quickly*
Im Feuer steht das ganze Kind!
Miau! Mio! Miau! Mio
Zu Hilf! Das Kind brennt lichterloh!

Verbrannt ist alles ganz und gar,
Das arme Kind mit Haut und Haar:
Ein Häuflein Asche bleibt allein
Und beide Schuh', so hübsch und fein.

Und Minz und Maunz, die kleinen,
Die sitzen da und weinen:
"Miau! Mio! Miau! Mio!
Wo sind die armen Eltern? Wo?"
Und ihre Tränen fließen
Wie's **Bächlein** auf den **Wiesen**   *small brook/*
                                         meadow

VON HEINRICH HOFFMANN

Übungen

A. **Bilder erzählen auch** (P, H)

Ordnen Sie die Bilder auf Seiten 105–106 zu den passenden Strophen des Textes.
     z. B Bild Nr. 1 gehört zur ersten Strophe.

B. **Zur Diskussion** (CC, P)

Diskutieren Sie über folgende Fragen in einer kleinen Gruppe oder mit der Klasse:

1. Wie finden Sie die Geschichten von Dr. Hoffmann? Sind sie grausam? Sind sie lustig? beruhigend? beängstigend?
2. Wie alt sind die Kinder, für die diese Geschichten geschrieben sind? Wann würden Sie solche Geschichten vorlesen—im Kindergarten? bevor die Kinder ins Bett gehen? am Nachmittag?
3. Was halten Sie von solchen Schockgeschichten für die Kindererziehung? Haben Sie andere Vorschläge?

Vor dem Lesen: Aschenputtel auf der Technischen Hochschule

Kennen Sie andere Kindergeschichten oder Märchen, die genauso grausam sind, wie die vom Daumenlutscher und vom Suppen-Kaspar? Oder sind die meisten Kindergeschichten lustig und beruhigend?

A. Kindermärchen (CC, P)

Lesen Sie die Titel von einigen Märchen der Brüder Grimm, und sagen Sie, wie Sie die Geschichten finden.

1	**2**	**3**	**4**
grausam	beunruhigend	beruhigend	lustig
(*cruel*)	(*disturbing*)	(*soothing*)	(*funny*)

1. "Schneewittchen und die sieben Zwerge"
2. "Rotkäppchen"
3. "Dornröschen" ("*Sleeping Beauty*")
4. "Rumpelstilzchen"
5. "Aschenputtel" (*Cinderella*)
9. ???

B. Wortschatz zum "Aschenputtel"-Märchen (H, P)

Lesen Sie kurz den folgenden Text! Was, glauben Sie, bedeuten die kursivgedruckten Wörter?

1. die Stiefmutter
2. der Prinz
3. die Besitzerin
4. erblicken
5. heiraten
6. ausüben

LESETEXT **6**

Aschenputtel auf der Technischen Hochschule—ein Anti-Märchen

Aschenputtel wohnt immer noch bei ihrer *Stiefmutter* und den Schwestern. Während diese sich mit **Schönheitsmitteln beschäftigen**, repariert Aschenputtel den Wagen, arbeitet im Haus und studiert **nebenbei** Elektronik auf der **TH**. Wie bekommt sie ihren *Prinzen*? Auf dem **berühmten** Ball gibt es einen **Kurzschluß**, und Aschenputtel stellt die **Festlichkeiten** wieder her, indem sie die **Leitung** repariert. Der *Prinz* sieht sie und denkt: "Donnerwetter, wer ist diese wunderbare Frau? Die muß ich kennenlernen." Aschenputtel aber geht weg, vergißt jedoch ihren **Schraubenzieher**. Der Prinz geht auf die Suche nach der *Besitzerin* des **Werkzeuges**, aber sie ist nicht zu finden.

busy themselves with beauty creams

in addition/Technischen Hochschule

famous/short (circuit)

festivities

wiring

screwdriver

tool

    Wie geht die Geschichte zu Ende? Ein **Zitat** aus dem neuen Märchen **erklärt** es: "Schließlich ging er (der Prinz) unglücklich in die Uni zurück, denn er studierte deutsche Literatur (ein Prinz kann sich das **leisten**). Und eines Tages, als er **Tristan** las, schaute er aus dem Fenster und *erblickte* die wunderbare Frau." Sie war gerade auf dem Weg in die TH. Schnell lief der Prinz ihr nach und fragte sie, ob sie ihn *heiraten* würde. 'Ich bin ein Prinz... usw.' Aschenputtel lächelte und sagte: 'Nein, danke. Ich möchte lieber Elektronik lernen und später einen Beruf *ausüben*. Ich will doch nicht in deiner Küche sitzen und Apfelstrudel backen!' Sie schaute ihn eine Weile an und sagte dann: 'Laß uns nun 'mal was trinken gehen.' Der Prinz war mit dieser Antwort nicht **unzufrieden**, denn **eigentlich** wollte er nicht so schnell heiraten, und **außerdem** konnte er Apfelstrudel nicht **ausstehen**.

quotation

explains

afford/(a medieval love story)

dissatisfied

actually/besides

could not stand

Aus: Ursula E. Beitter, "Aschenputtel auf der Technischen Hochschule," **Die Unterrichtspraxis**, 15 (1982), S. 136. Original version conceived by Dr. E. Murdough.

Übungen

A. **Nochmal, bitte!** (CC, P)

Mit Hilfe der folgenden Tabelle vergleichen Sie Aschenputtels Rolle im traditionellen Märchen mit der im "Anti-Märchen".

traditionelle Version

macht die Hausarbeit bei Stiefmutter
tanzt mit dem Prinzen und
verliert Schuh auf dem Ball
???

moderne Version

repariert Autos,
studiert, usw.
???

B. **Eine Nacherzählung** (H)

Erzählen Sie das Anti-Märchen nach! Ändern Sie die Teile des Anti-Märchens, die anders sind als im traditionellen Märchen! Lesen Sie Ihre Version des traditionellen Märchens der Klasse vor.

C. **Schreiben wir ein Anti-Märchen!** (P, H)

Wählen Sie eines der Grimm-Märchen, und schreiben Sie mit einem Partner ein kurzes Anti-Märchen!

Vor dem Lesen: Spielzeug

Eine etwas ernstere Perspektive zur Kindheit wird in diesem Gedicht von Wolf Biermann gegeben. Biermann, ein in Hamburg wohnender Schriftsteller und Liedermacher wurde 1976 aus der DDR ausgebürgert. Er ist bekannt als ein politisch engagierter Lyriker.

LESETEXT 7

Spielzeug

1 Mit der Eisenbahn	
2 lernen wir	
3 zur Oma **fahrn**.	*fahren*
4 Das macht Spaß.	
5 Mit der Puppe	
6 essen wir	
7 gerne unsere Suppe.	
8 Das macht Spaß.	
9 Mit dem Ball	
10 **schmeißen** wir	*throw (smash)*
11 Peters Bären um	
12 der ist dumm.	
13 Mit den **Muschikatzen**	*pussy cats*
14 lernt der Paul	
15 die Anne kratzen.	
16 Das macht Spaß.	
17 Mit dem **Panzer** lernen wir	*tank*
18 wie man Eisenbahn,	
19 Puppe, Suppe,	
20 Ball und Bär,	
21 Muschikatzen	
22 und noch mehr,	
23 Anne, Pappa,	
24 Haus und Maus	
25 einfach kaputt macht.	

Aus: Wolf Biermann, **Nachlass 1**, Kiepenheuer und Witsch, Köln, 1977.

Übungen

A. Machen Sie eine Liste! (CC, P)

Schreiben Sie die Spielsachen auf, die im Gedicht erwähnt werden! Welche sind für positives, harmloses oder konstruktives Spiel? Welche sind für aggressives, brutales oder destruktives Spiel?

B.   Spielsachen beschreiben (CC, P)

Was macht man mit diesen Spielsachen?

im Gedicht?	**normalerweise?**
mit dem Ball	???
mit der Katze	
mit der Eisenbahn	
mit der Puppe	
mit dem Bär	

C.   Zur Diskussion (CC, P)

1. Lesen Sie nochmal die ersten acht Zeilen (*lines*). Wirkt das Gedicht am Anfang harmlos? Und die ersten Spielsachen? Lesen Sie nochmal die nächsten sieben Zeilen. Ist das Spiel noch harmlos? Wozu dient das Spielzeug am Ende des Gedichts?
2. Sollte man Kindern Spielsachen zum Kriegspielen geben (z. B. Gewehre, Pistolen, Messer, Granaten, Panzer usw...)? Warum? Warum nicht?

Die BRD und die DDR—ein Vergleich:

Pro-Kopf-Verbrauch
ausgewählter Nahrungs- und Genußmittel 1985 [1]

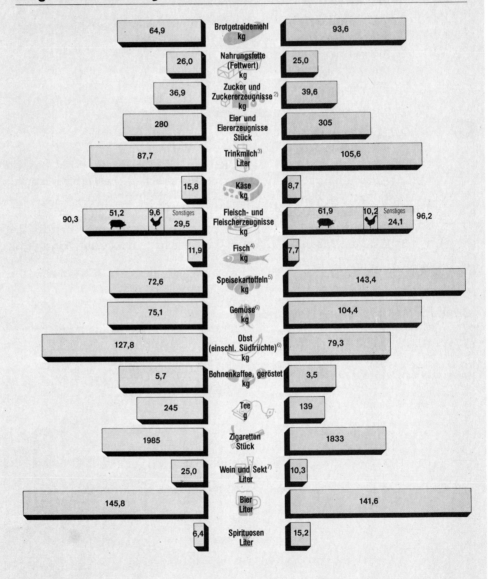

BRD					DDR		
64,9			Brotgetreidemehl kg		93,6		
26,0			Nahrungsfette (Fettwert) kg		25,0		
36,9			Zucker und Zuckererzeugnisse [2] kg		39,6		
280			Eier und Eiererzeugnisse Stück		305		
87,7			Trinkmilch [3] Liter		105,6		
15,8			Käse kg		8,7		
90,3	51,2	9,6	Sonstiges 29,5	Fleisch- und Fleischerzeugnisse kg	61,9	10,2	Sonstiges 24,1	96,2
11,9			Fisch [4] kg		7,7		
72,6			Speisekartoffeln [5] kg		143,4		
75,1			Gemüse [6] kg		104,4		
127,8			Obst (einschl. Südfrüchte) [6] kg		79,3		
5,7			Bohnenkaffee, geröstet kg		3,5		
245			Tee g		139		
1985			Zigaretten Stück		1833		
25,0			Wein und Sekt [7] Liter		10,3		
145,8			Bier Liter		141,6		
6,4			Spirituosen Liter		15,2		

1) Bundesrepublik Deutschland vereinzelt auch Wirtschaftsjahre 1984/85 bzw. 1985/86.
2) Umgerechnet auf Weißzucker.
3) DDR: 2,5 % Fettgehalt. Bundesrepublik Deutschland: Einschließlich Sauermilch- und Milchmischgetränke,

4) Bundesrepublik Deutschland: Fanggewicht. DDR: Einschließlich Fischereierzeugnisse; effektives Warengewicht.
5) Ohne weiterverarbeitete Kartoffeln für Stärkeerzeugnisse.
6) In Frischgewicht; einschließlich Weiterverarbeitung.
7) DDR: Nur industrielle Herstellung.
Quellen: 1 (1986); 2 (1986); 7

KAPITEL 7

Wie schmeckt's?

Wörter im Kontext

garnieren   Zutaten
(*to garnish*)   (*ingredients*)

DAS REZEPT
(*recipe*)

der Teelöffel   der Eßlöffel
(*teaspoon*)   (*spoon*)

schälen   braten
(*to peel*)   (*to roast, fry, broil*)

reiben   vermischen
(*to grate, grind*)   (*to mix*)

VORBEREITEN
(*to prepare*)

schneiden   verrühren
(*to cut*)   (*to stir*)

backen   kochen
(*to bake*)   (*to cook, boil*)

das Gericht, -e (*dish, course*)—Ein deutsches Festessen hat oft vier **Gerichte:** die Suppe (z. B. Kartoffelsuppe), die Vorspeise (z. B. Schnecken [*snails*]), das Hauptgericht, auch die Hauptspeise genannt (z. B. Steak mit Kartoffel und Salat) und den Nachtisch (z. B. Pudding oder Eis).

die Wurst, ⸚e (*sausage*)—**Wurst** ist überall in der deutschsprachigen Welt beliebt. Es gibt Würstchen, Leberwurst, Blutwurst, Zungenwurst, Bratwurst usw.

der Bundesbürger, - (*citizen of the FRG*)—Eine Person, die einen Paß der Bundesrepublik hat, nennt man einen **Bundesbürger.** Die Person kann politische Vertreter der Bundesrepublik wählen und muß auch Steuer (*taxes*) bezahlen.

das Nahrungsmittel, - (*foodstuff*)—Etwas zum Essen, wie z.B. Fleisch, Fisch, Brot, Kartoffel, Reis, Gemüse, Orangen usw.

Vor dem Lesen: "Wurst und Brot macht Wangen rot"

Bevor Sie lesen, was man in deutschsprachigen Ländern gern ißt, beschreiben Sie Ihre eigenen Eßgewohnheiten (*eating habits*)!

A. Was essen Sie (nicht) gern? (CC, P, H)

1. Weil es gesund ist, esse ich gern. . .
2. Weil es gut schmeckt, esse ich gern. . .
3. Weil es zu süß (zu sauer) ist, esse ich nie. . .
4. Wenn ich traurig bin, esse ich viel. . .
5. Wenn ich es eilig habe, esse ich. . .
6. Weil er/sie/es zu viele Kalorien hat, esse ich selten. . .
7. Im Kino esse ich oft. . .
8. Nach einem Fußballspiel (Basketballspiel, Baseballspiel usw.) esse ich am liebsten. . .
9. Weil es bitter schmeckt, esse ich nicht oft. . .
10. Wenn ich fernsehe, esse ich immer. . .
11. Wenn ich großen Hunger habe, esse ich. . .

B. Wann ißt man was in Amerika? (CC, P, H)

Hier ist eine Liste von Nahrungsmitteln (*foods*). Bitte, sagen Sie, wann man diese gewöhnlich (*usually*) ißt—zum Frühstück, zum Mittagessen, zum Nachmittagskaffee, zum Abendessen, bei einem Picknick, bei einer Party?

Pizza   Marmeladenbrot   Frühstücks**flocken**(*flakes*)   Suppe   Eis
Käse   Würstchen   Fisch   Erdnußbutter   Schweinebraten
Kartoffelsalat   Pudding   Obstsalat   Eier und Speck   Spaghetti mit
Tomatensoße   Müesli   Haferflocken   Schokoladenplätzchen   ???

C. Was essen die Deutschen? (CC, P)

Was sind die drei beliebtesten Nahrungsmittel in der Bundesrepublik?

Nudeln   Steak   Hamburger   Pizza   Sauerkraut   Brot   Gemüse
Kartoffeln   Käse   Wurst (z. B. Bratwurst)   Bier[1]
Torten und Kuchen   Knödel oder Klöß (*dumplings*)   Bananen
Schnitzel   Eier   Reis   ???

[1]In Bayern wird Bier seit dem Mittelalter als eines der Grundnahrungsmittel (*basic foodstuffs*) betrachtet.

Lesetip: "False Friends"

Warnung! Not all German words that resemble English words are cognates. For instance, if you sit next to a German friend in a restaurant, and, in anticipation of the meal, that friend says, "Bald kommt das Essen," "**bald**" is unlikely to mean 'bald' (i.e., hairless). When in doubt whether two similar words have an identical meaning in both languages, always let the context and your common sense guide you. Fortunately, these "false friends" are rather few. So, what do you think **bald** means in English? Here are some other offenders:

man ≠ 'man', but 'one' or 'people'
  z. B. Man ißt Wurst mit Brot zum Frühstück.
Rind ≠ 'rind', but 'beef'
  z. B. Es gibt Wurstsorten aus Schwein, Rind, Kalb und Geflügel.
dick ≠ 'Dick' (nickname for 'Richard'), but 'fat'.
  z. B. Nur wenige Deutsche glauben, daß man von Brot dick wird.
hell ≠ 'hell', but 'light/bright'
  z. B. Dieses Bier ist hell, aber das andere ist dunkel.
Gift ≠ 'gift', but 'poison'
  z. B. Sokrates nahm Gift und starb.
Mist ≠ 'mist', but 'manure/garbage/nonsense' (coll.)
  z. B. Der Mist stinkt.
Gymnasium ≠ 'gymnasium', but a university preparatory secondary school.
  z. B. Das Gymnasium hat neun Klassen.
arm ≠ 'arm', but 'poor' (**der Arm** = 'arm'.)
  z. B. Die Rockefeller-Familie ist nicht arm.
tote or **tot** ≠ 'tote' or 'tot', but 'dead'
  z. B. Der tote Fisch liegt auf dem Strand. Der Fisch ist tot.
fast ≠ 'fast', but 'almost'
  z. B. Es ist fast 10 Uhr.
Hose ≠ 'hose', but 'slacks', 'trousers'
  z. B. Meine Hose ist blau.
Ich habe Lust ≠ 'I have lust', but 'I feel like doing' (something).
  z. B. Ich habe Lust, eine Cola zu trinken.
also ≠ 'also', but 'well' or 'therefore'.
  z. B. Also, das ist das Ende.

LESETEXT **1**

"Wurst und Brot macht Wangen rot"

(deutsches Sprichwort) ——————————————————

"Das wär' dir ein schönes Gartengelände, wo man den Weinstock mit Würsten bände."

(That would be a beautiful garden, where one tied the vine with sausages.)

JOHANN WOLFGANG VON GOETHE

Die Amerikaner haben ihre "Hamburgers," die Italiener haben ihre Spaghetti, die Schweizer haben ihren Käse, und die Deutschen haben ihre Wurst. Es gibt Bratwurst und Kochwurst. Es gibt **Schinkenwurst**, Blutwurst, Fleischwurst, Zungenwurst. Es gibt *ham sausage* Weißwurst, Gelbwurst, Rotwurst. Es gibt Wiener Würstchen, Frankfurter Würstchen und Thüringer Wurst. Es gibt nicht nur Leberwurst, sondern **Kalbsleberwurst**, Schweineleberwurst, *calf's liver sausage* Gänseleberwurst, feine Leberwurst, **grobe** Leberwurst und *coarse* geräucherte Leberwurst. In Deutschland gibt es etwa 1 500 Wurstsorten. Sie sind roh, gekocht, gebraten, geräuchert, verschieden **gewürzt** und geformt. Jede Gegend hat ihre eigenen Spezialitäten. *seasoned*

In der Metzgerei

In der Bäckerei

Also, wie Sie sehen, sind die Deutschen wahre **Feinschmek- ker, wenn es sich um Wurst handelt**. Sie wollen, daß die Wurst so bleibt, wie sie schon seit Jahrhunderten ist. Ab und zu versucht man, das Rezept einer Wurstsorte zu **ändern**, aber davon will niemand etwas hören, und man geht bald wieder zum alten Rezept zurück.

gourmets/as far as sausage is concerned

change

Viele bekannte Wurstrezepte, die man heute noch gebraucht, existierten schon im Mittelalter. Schon damals hat man ver- schiedene Wurstsorten aus dem Fleisch von Schwein, **Rind**, Kalb, Lamm und **Geflügel** gegessen. **Gewürze** waren auch schon immer wichtig. Dokumente aus dem 14. und 15. Jahrhundert **berichten** von Kalbswurst mit Safran und **Zimt**.

beef

poultry/spices

report

cinnamon

Jeder Deutsche ißt etwa 40 Kilo Wurst im Jahr. Die meisten Familien kaufen aber nur 5 bis 10 beliebte Wurstsorten und kennen die anderen fast gar nicht. Man ißt Wurst mit Brot zum Frühstück, zur Frühstückspause und zum Abendbrot.

Da die Deutschen viel Wurst essen, essen sie natürlich auch viel Brot—nicht nur zum Frühstück und zum Abendessen (oder Abendbrot), sondern auch zwischendurch. Und auf das Brot muß Butter. Achtundachtzig Prozent der Bundesbürger glauben, daß Brot gesund ist—nur 3 Prozent glauben, daß man davon dick wird—und 52 Prozent sagen, daß Brot das wichtigste Nahrungs- mittel ist.

Es gibt 200 verschiedene Sorten Brot und 30 Sorten **Brötchen**. Obwohl es Weißbrot oder Toastbrot gibt, sind die dunkleren Brot- sorten, die aus **Mischungen** von **Weizen** and **Roggen** gebacken sind, die beliebtesten—es gibt Feinbrot, Mischbrot, Vollkornbrot, Weißbrot, Schwarzbrot, Pumpernickel usw.

rolls

mixtures/wheat/rye

Übungen _____

A.   Haben Sie verstanden? (P, H)

Richtig oder falsch? Wenn die Antwort **falsch** ist, geben Sie bitte die **richtige** Antwort!

1. Definition: Ein Feinschmecker ist eine deutsche Wurstsorte.
2. Es gibt über 1 000 deutsche Wurstsorten.
3. Die Wurstsorten unterscheiden sich nicht voneinander.
4. Es gibt nicht überall dieselbe Wurst.
5. Deutsche reagieren nicht, wenn man versucht, das Rezept einer Wurst zu ändern.
6. Man ißt seit Jahrhunderten in den deutschsprachigen Ländern Wurst.
7. Würste werden nur aus Kalbfleisch oder Rindfleisch gemacht.
8. Der Durchschnittsdeutsche ißt im Jahr relativ viel Wurst.
9. Die meisten Familien kaufen mehr als eine Wurstsorte.
10. Man ißt nur zum Frühstück Wurst.

B.   Eßgewohnheiten (P, CC)

Fragen Sie Ihren Nachbarn/Ihre Nachbarin,

1. ob er/sie gern Wurst ißt.
2. welche Mahlzeiten er/sie mit der Familie zusammen ißt.
3. wann er/sie Frühstück ißt.
4. ob er/sie viel Brot ißt und welche Sorten.
5. was er/sie auf das Brot tut. (Butter, Margarine, Marmelade, Honig, Käse, Erdnußbutter usw.)
6. ob er/sie glaubt, daß Brot gesund ist. Und Wurst?
7. ob er/sie jetzt Lust hätte, ein schönes belegtes Brot (vielleicht mit Blutwurst) zu essen?

C.   Essen Sie ein deutsches Frühstück! (H)

Zum Frühstück essen "typische Deutsche" Brot, Brötchen oder Toast mit Butter, Marmelade oder Honig. Manchmal kommt dazu ein gekochtes Ei, vielleicht auch Aufschnitt (*assorted cold cuts*) und Käse. Man trinkt entweder Kaffee, Tee oder Kakao. Versuchen Sie einmal ein deutsches Frühstück!

D. **Beschreiben Sie ein typisch amerikanisches Frühstück!**
(CC, H)

Was essen Sie zum Frühstück? Woraus besteht ein gesundes Frühstück? Auch wenn Sie selbst kein Frühstück essen, beschreiben Sie ein typisch amerikanisches Frühstück!

E. **Bestellen Sie ein Frühstück in einem deutschen Restaurant!**
(CC, P)

Sie haben großen Hunger, aber nur DM 7.— in der Tasche. Lesen Sie die Speisekarte, dann bestellen Sie ein Frühstück.

Frühstück 9.00–12.00 Uhr

Kleines Frühstück
1 Haferl Kaffee, Tee oder Schokolade
2 Semmeln, Butter, Marmelade oder Honig ——————————— 4.60

Rischart-Frühstück
1 Haferl Kaffee, Tee oder Schokolade
1 Semmel, 1 Bamberger, 1 Scheibe Vollwertbrot
Butter, Marmelade,
1 Ei, 1 Scheibe Schinken oder Käse ——————————— 8.50

Kleine Ergänzungen
1 gekochtes Ei ————————————————— 1.00
2 Eier im Glas ————————————————— 2.20
1 Portion Butter ———————————————— 0.90
1 Portion Marmelade oder Honig ———————————— 0.90
1 Scheibe Schinken ————————————————— 1.30
1 Scheibe Käse ————————————————— 1.30

F. **Das ist mir Wurst!** (P)

Important concepts in a culture are often reflected in its proverbs and idiomatic expressions. Many such expressions place food in an unexpected context. Below is a list of such food-oriented proverbs and idioms. Try to guess their meanings with the help of the English equivalents. As you will see, a literal translation can often be humorous or nonsensical.

1. Das ist mir Wurst. (*colloquial*)
2. Der Apfel fällt nicht weit vom Stamm.
3. Sie/er ist eine treulose Tomate.

4. Ich habe so eine Birne!
5. Das ist nicht mein Bier. (Das ist dein Bier.)
6. Ich muß in den sauren Apfel beißen.

a. I have a hangover.
b. I don't care.

c. A chip off the old block. (Like father like son.)
d. She's no real friend.
e. I'll have to bite the bullet.

f. That's none of my concern. (That's your problem.)

G.   Was sagt man in diesen Situationen? (CC, P)

1. Sie möchten mit Ihren Freunden tanzen gehen, aber Sie haben am nächsten Morgen eine Deutschprüfung und müssen dafür noch viel lernen. Was sagen Sie?
   a. Die Prüfung ist mir Wurst! Ich gehe mit euch!
   b. Ich muß in den sauren Apfel beißen und heute abend lernen.
   c. Wenn ich heute mit euch gehe, habe ich morgen so eine Birne.
2. Was sagen Sie. . .
   a. einem Freund/einer Freundin, der/die nie anruft?
   b. nach einer wilden Party mit zu viel Alkohol?
   c. über ein junges Mädchen, das—wie ihre Mutter—sehr gut Tennis spielen kann?
   d. einem Freund, der sich immer beschwert (*complains*), weil er keine Freundin findet?
   e. wenn Ihr Vater Sie zum zehnten Mal bittet, endlich Ihr Zimmer aufzuräumen (*tidy up*)?
   f. Ihrer Mutter, wenn sie fragt, ob Sie Spaghetti oder Makkaroni essen möchten?

LESETEXT 2

Die deutsche Küche

Neben der Wurst gibt es in deutschsprachigen Ländern noch viele andere Spezialitäten. Diese kommen oft aus bestimmten Regionen oder Städten, wie man an den Namen sehen kann: Frankfurter Kranz, Berliner Pfannkuchen, Schwarzwälder Kirschtorte,

Nürnberger Lebkuchen, Kasseler Rippenspeer, Rheinischer Sauerbraten, Pfälzer Zwiebelkuchen oder, in der DDR, Dresdner Christstollen, Leipziger Allerlei, Thüringer Klöße oder Schlesische Hefeklöße. Österreich ist bekannt für Kuchen und Torten (z. B. Sachertorte oder Salzburger Nockerln) und natürlich das bekannte Wiener Schnitzel. In der Schweiz gibt es viele Arten von Fondue und die guten Rösti.[1] Im allgemeinen liebt man im deutschsprachigen Teil Europas Suppen, Salate, Klöße, Fleisch- und Fischgerichte.

Suppen	**Salate**
Nudelsuppe	Kopfsalat (*head lettuce*)
Kartoffelsuppe	Kartoffelsalat
Leberknödelsuppe (*liver dumpling*)	Gurkensalat
Ochsenschwanzsuppe (*oxtail*)	Tomatensalat
Grießnockerlsuppe (*semolina dumpling*)	Krautsalat
Tomatensuppe	Ochsenmaulsalat (*ox muzzle salad*)
Blumenkohlsuppe, usw.	Heringssalat, usw.

Fleischgerichte

Rouladen (*thin steak slices seasoned with mustard, rolled and filled with pieces of bacon, onions and pickle*)

Sauerbraten (*marinated beef roast*)

Gulasch (*a spicy meat stew*)

Schnitzel (*a slice of veal or pork, fried and prepared with many different garnishes*)

Eisbein (*boiled pork hocks*)

Kalbshaxe (*calf hocks roasted on a grill*)

Rippchen (*smoked pork chops*)

[1] a potato dish similar to hash browns

Kalbshaxe mit Knödeln (calf hocks with dumplings)

Spargel mit Schinken (asparagus with ham)

Spargel mit Schinken (*asparagus with ham*)
Brathähnchen oder Grillhähnchen (*roasted or grilled chicken*)
Ente oder Gans (*duck or goose*)
Wildbraten (*game*),
   z. B. Hasenbraten (*roasted rabbit*)
      Rehbraten (*venison*)
      Wildschweinbraten (*wild boar roast*) usw.

Fischgerichte

Forelle (*trout*)
Karpfen
Aal (*eel*)
Hering
geräucherter Lachs (*smoked salmon*)
Rollmops (*rolled, marinated herring filet, filled with pieces of pickle
  and onion*) usw.

Klöße (auch Knödel) und Spätzle

Kartoffelklöße
Thüringerklöße
Semmelknödel (*made from dry* Brötchen)
Zwetschgenknödel (*plum-*)
Hefeklöße (*flour and yeast-*)
Grießklöße oder Grießnockerln (*semolina-*)
Spätzle (*a small dumpling made from flour, water, eggs and
  salt*), usw.

Vor dem Lesen: Die Speisekarte, bitte!

Ein deutsches Festessen hat vier Gänge: **die Suppe, die Vorspeise, das Hauptgericht** und **der Nachtisch.** Wie viele Gänge hat ein amerikanisches Festessen?

Speisekartenterminologie

Sehen Sie sich kurz die Speisekarte auf Seite 123 an! Was bedeuten folgende Wörter?

1. -gerichte   a. food, dish
2. Gedeck   b. additional vegetables
3. Beilagen   c. restaurant meal (without drinks)
4. -speisen   d. dish, course
5. Geflügel   e. stewed or preserved fruit
6. Kompott   f. poultry

LESETEXT 3

Die Speisekarte, bitte!

Auerbachs Keller

Abendkarte

WEINABTEIL · RESTAURANT

Wir bitten Sie, in der Zeit von 11.00–14.00 Uhr nicht zu rauchen

VORSPEISEN   **M**
²/₂ Eier, sc. remoulade, Seehasenkaviar, Toast   4,25
Böhmer Schinkencocktail mit Brot   2,60
Gefüllte Tomate mit pikantem Eiersalat, Butter, Brot   5,20

GEDECK
Klare Brühe mit Fleischklößchen
Schweinsrückenmedaillons mit Champignons,
Grilltomaten, Pommes frites
Eiskrem mit Sahne und Delikat-Eierlikör   15,70

SUPPEN
Legierte Champignonsuppe   2,10
Soljanka „ukrainische Art" mit Brot   2,75
Ox-tail Cleare mit Wachtelei   2,95

EIERSPEISEN und FISCHGERICHTE *(11.00–15.00 Uhr)*
✴ Salatplatte mit 2 Spiegeleiern und Röstkartoffeln   ✚ 3,90
Sauer eingelegte Bratheringe mit Röstkartoffeln   3,05
Heringsfilet „Strindberg", Pommes frites, Rohkost   5,50
Heilbuttfilet mit Champignons, Pommes frites,
Tomatensalat   15,20

TAGESGERICHTE
✴ Zwiebelquark mit Butter und Kartoffeln   ✚ 2,85
Schmorippchen, Sauerkraut, Kartoffeln, Apfelmus   ✚ 5,10
Hacksteak in Sahnesauce, Mischgemüse, Kartoffeln   ✚ 5,65
Schweinebraten, Mischgemüse, Kartoffeln,
Kirschkompott   ✚ 6,05
Gek. Rindfleisch, Meerrettichcreme, Klöße, Krautsalat   5,95
Geschnitzeltes vom Schwein, Möhrengemüse,
Pommes frites   7,25
Ausgelöstes Eisbein, Sauerkraut, Meerrettichcreme, Klöße   8,45
Schweizer Sahnegulasch mit Spaghetti und Gurkensalat   8,70
Pilzrostbraten, verschiedene Gemüse, Pommes frites   8,75
Schweinekammschnitzel „Wiener Art" mit Röstkartoffeln
und frischem Gurkensalat   ✚ 8,90
Kaninchenbraten, Apfelrotkraut, Kartoffeln   ✚ 11,–

GEFLÜGELGERICHTE
¹/₄ Broiler, Apfelrotkraut, Salzkartoffeln   ✚ 5,10
✴ Hühnerfrikassee mit Risotto und Rohkost   6,65
Geflügelleber in Rotweinsauce, Champignons,
Kartoffelpüree, Tomatengarnitur   ✚ 8,70

KINDERPORTIONEN
Brühreis mit Geflügelkleinfleisch   1,35
Schweinebraten, Mischgemüse, Kartoffeln   ✚ 3,–
Römerbraten, Tomatensc., Spaghetti, Rohkost   3,05

BEILAGEN, KOMPOTTE, SALATE, NACHTISCH
Röstkartoffeln   –,65   Gemischter Salat   –,95
Risotto   –,80   Fruchtpudding
Pommes frites   1,05   mit Sahne   1,60
fr. Gurkenscheiben   Gemischtes Eis,
mit saurer Sahne   2,60   Früchte, Sahne   4,50
Tomatensalat   2,95   Eiskrem mit Sahne
   und Delikat-Eierlikör   3,45

✴ Für gesunde Ernährung besonders zu empfehlen!
✚ In diesen Gerichten sind –,15 M Kartoffelzuschlag enthalten.

F. d. Richtigkeit d. Preise, Kalkulationen, d. Gewichtes zeichnen
Küchenmeister *Kurt Hensch*   Gaststättenleiter *Gerd Petz*

Speisekarte, Auerbachs Keller, Leipzig

Übung

Im Restaurant (CC, P)

Benutzen Sie die Speisekarte auf Seite 123 und bestellen Sie für sich und Ihren Begleiter/Ihre Begleiterin etwas zu essen. Sie haben großen Hunger.

LESETEXT 4

Rezept für Kartoffelpuffer

Hier ist ein Gericht, das man in allen deutschsprachigen Ländern gern ißt: Kartoffelpuffer, auch Kartoffelpfannkuchen oder Reibekuchen genannt.

Kartoffelpuffer

(Kartoffelpfannkuchen oder Reibekuchen)

Zutaten

1 kg Kartoffeln	30 g. (ca. 2 Eßlöffel) **Mehl**	*flour*
1 TL (Teelöffel) Salz	1 **geriebene** Zwiebel	*grated*
2 Eier	Fett zum Backen	

Die Kartoffeln waschen, **schälen, reiben** (mit einer Küchenmaschine geht das *peel/grate* sehr schnell), sofort mit den anderen Zutaten vermischen, sonst wird die Kartoffelmasse braun. Fett in der Pfanne heiß werden lassen. Mit einem großen Löffel kleine **dünne** Pfannkuchen in die Pfanne **streichen** und auf *thin/spread* beiden Seiten goldgelb backen. Heiß mit Apfelbrei (*apple sauce*) servieren.

Guten Appetit!

Übungen

A.   Planen Sie eine "Kartoffelpufferparty"! (P, H)

B.   Schreiben Sie die deutsche Version eines Ihrer Lieblingsrezepte! (H)

Wie schmeckt's?

Was gibt's heute in der Mensa

MENSAPLAN

Speiseplan der Mensen I und II vom 20.6.—25.6.88

Montag
Menü I . . Suppe, Gef. Kohlroulade**, Specksauce, Röstkart., Salat
Menü II   Suppe, Putenspieß „Mexikan. Art", Risotto, Rohkostsalat
Eintopf . . . . Graupeneintopf, Brötchen
Abends . . . . Jägerschnitzel mit Pilzen**, Spätzle, Kopfsalat

Dienstag
Menü I .   Suppe, Räucher-Tofu, Petersiliensauce, Tomatenreis, Salat
Menü II . Suppe, Gebrat. Schweinerücken, Weißkraut, Kart.-Knödel
Eintopf . . . Weißer Bohneneintopf, Rindswürstchen, Mischbrot
Abends . Rindergulasch mit Paprika, Spiralnudeln, gem. Blattsalat

Mittwoch
Menü I Suppe, Kalbsbratwurst**, pommes, Karotten- u. Erbs.-Gem.
Menü II   Suppe, Gebrat. Hähnchenbrust, Curryfruchtsauce, Risotto
Eintopf . . . . . . Mayonnaisensalat mit gek. Ei*, Vollkornschnitte
Abends . Schweinesteak natur, Kräuterbutter, Bratkartoffeln, Salat

Donnerstag
Menü I . . Suppe, Gemüsegulasch m. Tomaten*, Vollkorn-Spaghetti
Menü II Suppe, Rinderschmorbraten, Kohlrabigemüse, Kart.-Plätzch
Eintopf . . Indischer Reiseintopf, Geflügelfleischeinlage, Mischbrot
Abends . . Leberle sauer, Rotweinsauce, Muschelnudeln, Kopfsalat

Freitag
Menü I . Suppe, geb. Kabeljau, Sauce tartare, Kartoffelsalat, K-Salat
Menü II . . . . Suppe, Kalbsfrikassee, Bandnudeln, Eissalat, Gebäck
Eintopf . . . . Milchreis mit Apfelmus, Zucker und Zimt
Abends Fleischküchle**, Calvadossauce, pommes, Kopf-Rett.-Salat

Samstag
(nur Mensa II) Suppe, Schweinesteak natur, Pfeffersauce, Spiralnudeln, Kopfsalat, Banane

*) fleischlose Kost   **) mit Schweinefleisch

KAPITEL 8

"Ja, ja, der Wein ist gut..."

(deutsches Lied)

Wörter im Kontext

das Erfrischungsgetränk, -e (*soft drink*)
(die Erfrischung/das Getränk)

Mineralwasser   der Fruchtsaft, ⸚e (*fruit juice*)
(die Frucht/der Saft)

DAS GETRÄNK
(*beverage*)

der Sekt   koffeinfreie Getränke
(*champagne*)

alkoholfreie Getränke

schlucken//der Schluck, ⸚e (*to swallow//swallow*)—Man merkt beim ersten **Schluck**, ob ein Wein gut ist oder nicht.

genießen/genoß/genossen (*to enjoy*)—Wenn es sehr heiß ist, **genießt** man ein eisgekühltes Getränk.

schmecken (*to taste* [*good*])—Deutscher Wein schmeckt mir.

probieren//die Probe, -n (*to try, to taste//tasting, trial, rehearsal*)—Bei einer Weinprobe kann man oft verschiedene Weine **probieren**. Man trinkt aber nicht viel von jedem Wein—nur einen Schluck.

vergleichen, verglich, verglichen//der Vergleich, -e (*to compare//comparison*)— Wir vergleichen die Preise von kalifornischen Weinen mit den Preisen von

127

deutschen Weinen. Bei dem Vergleich finden wir, daß deutsche Weine nicht immer teurer sind.

die Flasche, -n (*bottle*)——Bier kann man in Flaschen oder in Dosen kaufen.

das Etikett, -en (*label*)—Auf dem Etikett steht, woher der Wein kommt und wie alt er ist.

das Weinanbaugebiet, -e (der Wein, -e/der Anbau/ das Gebiet, -e) (*wine-growing region*)—Das Rheinland ist ein bekanntes **Weinanbaugebiet**.

sich freuen//die Freude, -n (*to enjoy, to be pleased//joy, delight, pleasure*)—Die **Freude** war groß, als die Mutter mit dem neuen Baby nach Hause kam.

dichten//der Dichter, -, die Dichterin, -nen (*to write//writer, poet/ess*)—Johann Wolfgang von Goethe ist ein bekannter Dichter der deutschen Klassik.

die Mahlzeit, -en (*meal*)—Die meisten Deutschen, Österreicher und Schweizer essen am Tag drei **Mahlzeiten**: das Frühstück, das Mittagessen und das Abendessen.

schaden//der Schaden- (*to do damage to//damage, defect*)—Viele Babys werden mit gesundheitlichen **Schäden** geboren, weil ihre Mütter alkoholsüchtig sind.

die Gesundheit (*health, to your health*)—''Haaaatschi!'' ''**Gesundheit!**'' Zuviel Alkohol schadet der Gesundheit.

Drogensucht	Alkoholsucht
(*drug addiction*)	(*alcohol dependency*)

DIE SUCHT, ⸚e
(*addiction, dependency*)

alkoholsüchtig	alkoholkrank
(*alcohol dependent*)	(*alcoholic*)

Vor dem Lesen: "Ja, ja, der Wein ist gut..." _____

German wine and viticulture assume a special position among the wine-growing nations. The northernmost vineyards in the world are located in the Federal Republic and in the GDR. To compensate for climatic disadvantages, vineyards are established on the slopes of mountains and hills (**Weinberge**), where the sun's rays reach the vines from a southerly direction. In this chapter, we will consider the significance of wine and other potables in modern life.

A.   Was wissen Sie schon? (CC)

1. In welchen US Staaten gibt es Weinanbaugebiete?
2. Können Sie auch deutsche Weinanbaugebiete nennen?
3. Welche amerikanischen Weine kennen Sie?

4. Kennen Sie auch einige deutsche Weine?
5. Wann trinkt man Wein?

B.   Richtig oder falsch? Was glauben Sie? (CC, P)

Wenn die Antwort Ihrer Meinung nach falsch ist, bitte geben Sie die richtige Antwort!

1. Die Amerikaner trinken mehr Wein als die Deutschen.
2. Deutsche Studenten trinken gern Wein.
3. Alle deutschen Weine kommen in den gleichen Flaschen.
4. Man trinkt nur beim Essen Wein.
5. Deutsche Weißweine sind bekannter als deutsche Rotweine.
6. Moselwein kauft man in grünen Flaschen.

Ein Weinberg

C.   Welche Wörter kennen Sie schon? (P)

Lesen Sie kurz die Anzeige für Badenweine und machen Sie eine Liste von allen Internationalismen (*cognates*), die Sie kennen!

LANDESKUNDLICHE INFORMATIONEN

In spite of its significant position in German gastronomy, over 20 percent of German vintage goes abroad, and wine is consumed at only one-fifth the rate of beer. Non-alcoholic beverages make up 73 percent of total beverage consumption in the FRG. Per capita consumption of alcoholic beverages is less in the Federal Republic of Germany now than it was five years ago, with only the consumption of beer increasing (146.8 liters per person, per year). Beer is now tied with coffee as the most popular beverage.

A decree issued by Munich's Duke Albrecht IV in 1487, and still enforced in the Federal Republic, assures that beer is made only from malt, hops and water. Although the European Economic Community considers the 1487 decree an unfair restraint on trade, Bavarians insist on retaining the standard, arguing that beer has traditionally been one of the basic foodstuffs, and can thus fall under the same purity restrictions as food.

By law, every wine label gives at least the following information:

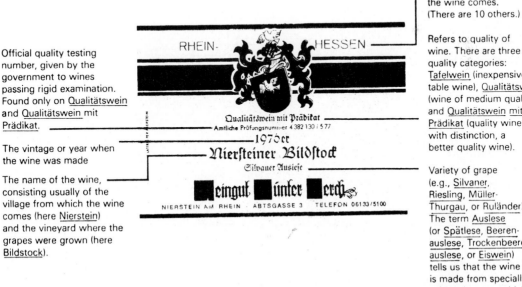

The region from which the wine comes. (There are 10 others.)

Refers to quality of wine. There are three quality categories: Tafelwein (inexpensive table wine), Qualitätswein (wine of medium quality) and Qualitätswein mit Prädikat (quality wine with distinction, a better quality wine).

Official quality testing number, given by the government to wines passing rigid examination. Found only on Qualitätswein and Qualitätswein mit Prädikat.

The vintage or year when the wine was made

The name of the wine, consisting usually of the village from which the wine comes (here Nierstein) and the vineyard where the grapes were grown (here Bildstock).

Variety of grape (e.g., Silvaner, Riesling, Müller-Thurgau, or Ruländer). The term Auslese (or Spätlese, Beerenauslese, Trockenbeerenauslese, or Eiswein) tells us that the wine is made from specially selected grapes which have been picked after the regular harvest.

LESETEXT 1

"Ja, ja, der Wein ist gut ..."

Was hatten der Bundeskanzler Konrad Adenauer, der Komponist
Richard Wagner, Johann Wolfgang von Goethe und der Physiker
Albert Einstein **gemeinsam**? Sie tranken alle gern den guten deut-   *in common*
schen Wein. Schon seit hunderten von Jahren bringt der deutsche
Wein Dichtern, Musikern, Philosophen, Politikern und besonders
Lehrern und Studenten Freude und Inspiration. Das zeigen die
vielen Lieder, die es über den Wein gibt, zum Beispiel:

Wenn das Wasser im Rhein ...

Die Europäer trinken mehr Wein als die Amerikaner. Der **"Durch-**   *average German*
schnittsbundesbürger" zum Beispiel trinkt **ungefähr** zehnmal so   *approximately*
viel Wein im Jahr wie der "Durchschnittsamerikaner." Man trinkt
Wein beim Essen, aber auch zwischen den Mahlzeiten, nachmittags oder abends gemütlich mit Freunden zu Hause oder im
Gasthaus.   *restaurant*

    In der Bundesrepublik gibt es elf Weinanbaugebiete. Die
bekanntesten sind das Rheinland (Rheinhessen, Rheingau, die
Rheinpfalz und der Mittelrhein), Baden, die Mosel (mit den **Neben-**   *tributaries*
flüssen Saar und Ruwer) und das Frankenland.

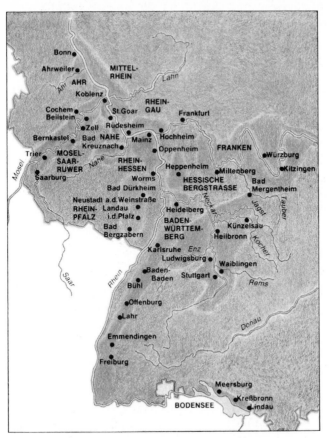

Die elf Weinanbaugebiete der Bundesrepublik

Rheinwein und Badener Weine werden gewöhnlich in **lang-** *long-necked*
halsigen braunen Flaschen verkauft, Moselwein in langhalsigen
grünen Flaschen, Frankenwein kauft man in einer besonderen
Flasche, dem Bocksbeutel.

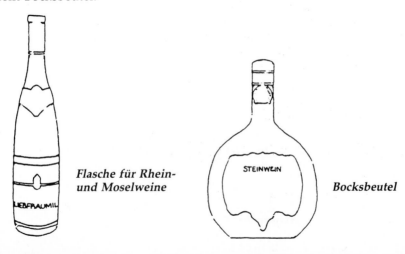

Flasche für Rhein-   *Bocksbeutel*
und Moselweine

Besonders bekannt sind deutsche Weißweine, aber es gibt auch Rotweine.

Viele Deutsche glauben, daß ein Gläschen Wein gut für die Gesundheit ist. Sie **betrachten** den Wein als ein Geschenk Gottes. *consider*
Der erste Schluck ist zeremoniell. Man **hebt** das Glas aus feinem *lifts*
Kristall und **bewundert** die klare Farbe des Weines. Wenn man mit *admires*
Freunden trinkt, **stößt man an** und sagt "zum Wohl," "Prost" oder *one clinks glasses*
"Prosit." Dann genießt man das Aroma (die Blume) des Weines.
Zuletzt nimmt man einen kleinen Schluck und läßt ihn langsam *Finally*
über die Zunge laufen. Mhmmmmmmm! Das schmeckt wunderbar!

Übungen

A.   Haben Sie verstanden? (H, P)

Füllen Sie die Lücken ein!

Nebenflüsse   Rotwein   Wasser   "Zum Wohl!"
Weinanbaugebiete   schmeckt   mehr   Gesundheit   Bocksbeutel
Essen   weniger   nie

1. Saar und Ruwer heißen die zwei _____ der Mosel.

2. Frankenwein kauft man in einem _____.

3. Der deutsche Weißwein ist bekannter als der deutsche _____
   _____.

4. Wenn man mit Freunden beim Trinken anstößt, sagt man _____
   _____.

5. Gewöhnlich trinkt man Wein beim _____.

6. Der Deutsche trinkt _____ Wein als der Amerikaner.

7. Das Rheinland, das Frankenland, Baden und die Mosel sind die bekanntesten _____ der Bundesrepublik.

8. Viele Menschen glauben, daß Wein gut für die _____ ist.

B. **Können Sie ein Etikett (*wine label*) lesen?** (CC, P, H)

Suchen Sie auf jedem Etikett...

1. wie der Wein heißt.
2. wie alt der Wein ist.
3. woher der Wein kommt.
4. die Qualität des Weines.

C.   Partnerarbeit (CC, P)

Wählen Sie mit einem Partner den passenden (*appropriate*) Wein! Benutzen Sie die drei Etiketten auf Seite 135!

1. Sie möchten einen trockenen Wein kaufen. Welchen Wein wählen Sie?
2. Sie haben viel Geld, und Sie kaufen gern guten Wein. Welcher Wein ist wahrscheinlich am teuersten? (Wie wissen Sie das?)
3. Sie möchten einen Rheinwein von mittlerer Qualität als Mitbringsel kaufen. Welchen Wein wählen Sie?
4. Ihre Eltern trinken gern Badenweine. Gibt es unter diesen drei Weinen einen Wein für sie?
5. Sie suchen einen halbtrockenen Wein. Welchen Wein kaufen Sie?
6. Wie alt ist der "Auggener Burg Neuenfels"?

D.   Rot- oder Weißwein? (CC, P)

Eine einfache Regel sagt: zu dunklem Fleisch (z. B. Rind, Hammel, Wild) serviert man roten Wein, zu hellem Fleisch (z. B. Geflügel, Schwein, Kalb, Fisch, Wurstaufschnitt (*cold cuts*)), Eierspeisen und zum Nachtisch serviert man weißen Wein. Sie haben Gäste zum Essen. Welchen Wein servieren Sie,

1. wenn es Hähnchen, Nudeln und Karottensalat gibt?
2. wenn es Rinderbraten, Kartoffeln und Kopfsalat gibt?
3. wenn es Aufschnitt und Brot gibt?
4. wenn es Fisch, Kartoffeln und gemischten Salat gibt?
5. wenn es Sauerbraten, Klöße und Rotkohl gibt?
6. wenn es Schweinekoteletts, Reis und Bohnen gibt?
7. wenn es Kalbsbraten, Nudeln und Erbsen gibt?

Vor dem Lesen: Was die Deutschen trinken _____

Was meinen Sie—welches Getränk ist das Lieblingsgetränk der Bundesdeutschen? Trinkt man in Amerika so viel Kaffee (oder Milch) wie in der Bundesrepublik? Was ist der Verbrauch pro Kopf von Wein—und von Fruchtsäften? Wann (bei welcher Gelegenheit) trinkt man Sekt (*champagne*)? Was ist ein Erfrischungsgetränk? Suchen Sie so schnell wie möglich die Antworten auf diese und die folgenden Fragen in der Tabelle "Was die Deutschen trinken."

LESETEXT **2**

Was die Deutschen trinken

Getränkemarkt in der BRD	
Pro-Kopf-Verbrauch: 567,3 Liter, davon:	
Kaffee	155,0
Bier	147,8
Milch	91,6
Erfrischungsgetränke	88,9
Tee	30,8
Wein	20,5
Fruchtsäfte	13,4
Kaffee-Ersatz	8,9
Spirituosen	7,5
Sekt	2,9

Aus: IFO-Institut für Wirtschaftsforschung

Übungen

A.   **Haben Sie verstanden?** (CC, P)

1. Welches Getränk ist das Lieblingsgetränk der Bundesdeutschen?
2. Wie viele Liter Erfrischungsgetränke (z. B. Mineralwasser, Limonade, Coca Cola) trinkt der Durchschnittsdeutsche im Jahr?
4. Trinkt man lieber Kaffee oder Tee? Wein oder Bier?
5. Trinkt man mehr Milch oder mehr Fruchtsäfte?
6. Sind Spirituosen (Whiskey, Rum, Branntwein, Likör usw.) sehr beliebt?
7. Schließen Sie das Buch, und nennen Sie so viele Getränke wie möglich!
8. Was trinken Sie am liebsten? Und Ihr(e) Lehrer(in)?

Deutscher Wein, deutsches Bier und deutsche Burgen

B.   Marktforschung (H)

Gehen Sie in die Weinabteilung (*wine department*) eines Supermarkts oder in ein Spezialgeschäft und machen Sie eine Marktforschung (*consumer survey*) über alle deutschen Weine, die Sie finden. Dann beantworten Sie die folgenden Fragen:

1. Finden Sie mehr deutsche Weißweine oder Rotweine?
2. Finden Sie mehr Tafelweine, Qualitätsweine oder Qualitätsweine mit Prädikat?
3. Finden Sie mehr Rhein-, Mosel- oder Frankenweine?
4. Finden Sie auch Weine aus anderen deutschsprachigen Ländern? Aus welchen?
5. Sind deutsche Weine billiger oder teurer als amerikanische Weine? als französische Weine?
6. Kosten ältere Weine mehr als jüngere Weine?
7. Wie heißt der älteste deutsche Wein?
8. Wie heißt der teuerste deutsche Wein?
9. Wie heißt der billigste deutsche Wein?
10. Wie hoch ist der Alkoholgehalt (*alcohol content*) von deutschen Weinen? Vergleichen Sie den Alkoholgehalt von deutschen und amerikanischen Weinen!
11. Wo sind die bekanntesten Weinanbaugebiete in Amerika? Und in der Bundesrepublik?
12. Machen Sie eine Liste von amerikanischen Weinen, die deutschklingende (*German-sounding*) Namen haben.

KOBLENZ AN RHEIN UND MOSEL

historisch · romantisch · modern · lebendig · attraktiv · die Stadt für jung und alt

Stadt Koblenz, Presse- und Fremdenverkehrsamt, Jesuitenplatz 2a, Postf. 2080. Tel. 1292228 u. 31304

Vor dem Lesen: Alkohol ist Nr. 1 ────────────

Not everything connected with the topic of wine is positive. Many people have difficulty controlling their intake of alcoholic beverages. Read the title and first sentence of Lesetext 3, then select the sentence that you think sums up this article:

1. Heute rauchen mehr Menschen Haschisch als früher.
2. Alkoholische Getränke sind wieder populär.
3. Kokain ist gefährlicher als Alkohol.
4. Der Nikotinverbrauch steigt.

LESETEXT **3**

Alkohol ist Nr. 1

Der Haschisch-Joint ist "out"—die Bierflasche ist "in." Diesen
Trend sehen die Drogenspezialisten der **Jugendämter**. Für viele   *youth welfare offices*
Jugendliche ist der Alkohol die Droge Nr. 1, und sogar alkohol-
kranke Kinder sind keine **Seltenheit** mehr. In Radio, Fernsehen   *rarity*
und Presse spricht man zur Zeit sehr viel über das Problem Alko-
hol. Rund 8–10% der ungefähr 1,5 Millionen Alkoholsüchtigen in
der BRD sind **minderjährig**. Vier Prozent der 14 bis 29 Jahre alten   *under age*
Männer sind **alkoholgefährdet**. Bei den Frauen ist es 1 Prozent.   *susceptible to alcoholism*
Jährlich werden ungefähr 1 800 Babys mit gesundheitlichen
Schäden geboren, weil ihre Mütter alkoholsüchtig sind.   *defects*

Die Jugendlichen folgen dem Beispiel der Erwachsenen. Der
Alkoholkonsum steigt immer mehr. Nach der Statistik konsu-
miert jeder Bundesbürger im Jahr 588 Glas Bier, 34 Flaschen Wein
und 11 Flaschen **Branntwein**. **Vorbilder**—auch für die Erwach-   *hard liquor/models*
senen—sind die Fernseh-Serien-Helden. Western-Stars und Kri-
mi-Helden zeigen immer wieder, wie ein echter Mann seinen
Durst **löscht**—mit Alkohol. In fast jedem Fernsehfilm wird Alko-   *quenches*
hol getrunken. Darum hat der Alkohol auch immer noch ein
positives Image. In der **Werbung** sind Alkoholtrinker immer fröh-   *advertising*
liche, lustige Leute.

Die Jugendlichen sehen fast nur diese gefährlichen Vorbilder.
Sie glauben, Sie konnen mit dem Alkohol ihre Probleme **verdrän-**   *suppress*
gen. Aber die **Sorgen** werden in Wirklichkeit durch Alkohol oft   *worries*
schlimmer als besser. Nur sehr wenige Leute halten den Alkohol
für eine "echte Droge." Wer Haschisch raucht, ist in den Augen
der meisten Leute ein "**Verbrecher**." Wer viel Alkohol verträgt,   *criminal*
ist ein "**ganzer Kerl**."   *tough guy*

Die Alkoholindustrie verdient dabei gut—und der Staat auch.
Er bekommt pro Jahr etwa fünf Milliarden Mark an Alkohol-
steuern. Allerdings muß der Staat dieses Geld auch gleich wieder   *taxes*
ausgeben. In der Bundesrepublik gibt as nämlich 18 **Beratungsstel-**   *counseling centers*
len für Alkoholkranke. Und der Staat zahlt für die Beratung und
Behandlung von Alkoholkranken im Jahr rund 5 Milliarden DM.

(Aus: *Scala*, Nr. 3, 1980.)

Alkoholismus

*Bundeseinnahmen aus
Alkoholsteuern in der BRD**

Jahr	Einnahmen (Mio DM)
1984	4933
1985	4837

*Summe aus Branntweinabgabe und Schaumweinsteuer

*Landeseinnahmen aus
Biersteuern in der BRD*

Jahr	Einnahmen (Mio DM)
1984	1255
1985	1254

Aus: **Statistisches Jahrbuch**, 1986.

(Aus: **Aktuell '88: Das Lexikon der Gegenwart.** Harenberg LEXIKON VERLAG, Dortmund, 1987.)

Übungen

A. Haben Sie verstanden? (H, CC,P)

1. Wo spricht man über das Alkoholproblem?
2. Warum hat der Alkohol für viele Jugendliche ein positives Image?
3. Warum ist dieses Image gefährlich?
4. Wer profitiert vom Alkoholkonsum?

B. Diskussion (CC, H)

Diskutieren Sie über folgende Fragen in der Klasse. Schreiben Sie einen Aufsatz zu **einer** der Fragen.

1. Der Alkoholkonsum ist ein Problem in allen westlichen Ländern. Warum?
2. Sollten Minderjährige (*minors*) alkoholische Getränke kaufen dürfen? Warum? Warum nicht?

Bierreklame

3. In welchem Alter sollten junge Leute alkoholische Getränke kaufen dürfen? Begründen (*justify*) Sie Ihre Meinung!
4. Glauben Sie, daß das Fernsehen etwas mit dem wachsenden (*increasing*) Alkoholkonsum zu tun hat? Begründen Sie Ihre Meinung!
5. Glauben Sie, daß Alkohol eine Droge ist? Warum (nicht)?
6. Was sagen Sie zu Ihren Freunden, wenn sie auf einer Party "zu viel" trinken? Was ist für Sie "zu viel"?

Lesetip: German Word Order

You have probably already noticed that word by word translation from German to English can lead you astray because of the different word order patterns in the two languages. You are, of course, not expected to have mastered German syntax at this time. But to increase your reading comprehension, it is very useful if you have some anticipation of where to find the various grammatical elements in the German sentence. Remember that German sentence structure is much more flexible than English, which follows predominantly a subject/verb/object pattern. The following general rules for simple declarative sentences (i.e., sentences without subordinate clauses) may help your comprehension:

1. Practically any element (except the verb phrase) can begin a German declarative sentence.

For instance, the sentence from Lesetext 3, "**Aber die Sorgen werden in Wirklichkeit durch Alkohol oft schlimmer als besser.**" could be rendered as:

> **Die Sorgen werden aber in Wirklichkeit durch Alkohol oft schlimmer als besser.** OR
> **In Wirklichkeit werden aber die Sorgen durch Alkohol oft schlimmer als besser.** OR
> **In Wirklichkeit werden die Sorgen aber durch Alkohol oft schlimmer als besser.** OR
> **Durch Alkohol werden aber die Sorgen in Wirklichkeit schlimmer als besser.** OR
> **Durch Alkohol werden die Sorgen aber in Wirklichkeit oft schlimmer als besser.** OR
> **Oft werden durch Alkohol die Sorgen aber in Wirklichkeit schlimmer als besser.** OR
> **Oft werden aber durch Alkohol die Sorgen in Wirklichkeit schlimmer als besser.** OR
> **Oft werden in Wirklichkeit die Sorgen aber durch Alkohol schlimmer als besser.** etc.

2. The conjugated verb MUST stand in the second meaning slot. The subject can precede or follow this verb. (A meaning slot is a component of a sentence—consisting of one or more words—which answers the question who/what/where/when/how to or for whom/why, etc. In other words, it is a grammatical unit such as a subject, predicate, object, prepositional or adverbial phrase, etc.) For instance, the sample sentence under number 1 has six meaning slots: **Die Sorgen//werden//aber/in Wirklichkeit/durch Alkohol/oft//schlimmer als besser**. Note that the predicate verb phrase: **werden schlimmer als besser** is separated, and that it is the only element whose placement remains constant (i.e., conjugated verb in second slot and remainder of predicate at end, as in rule number 3).

3. If the verb phrase (predicate) consists of more than a simple verb form, then the verb and the remainder of the predicate verb phrase encircle other components (e.g., objects, prepositional phrases, etc.) which may be part of the sentence. This so-called **Umklammerungsprinzip** (*encircling principle*) is

characteristic of German syntax. (It also explains the sentence construction with the so-called separable prefix verbs and that of sentences in the future or perfect tenses, or in the passive or subjunctive moods.) For examples of this principle study the sentences under number 1.

Übung

Syntaxübungen (H, P)

1. Read *Lesetext 3* and identify all sentences which do not begin with the subject.
2. Find a minimum of two sentences in *Lesetext 3* which demonstrate the **Umklammerungsprinzip**.
3. Try to speak English with German word order. The following sentences serve as examples.

    I would like an apple to have.
    We have tomorrow a test.
    Every day study I German.
    I have 20 years in Austria lived.
    I give on this stupid exercise up.

KAPITEL 9

Die Liebe ist eine Himmelsmacht

Wörter im Kontext

lieben
(*to love*)

der/die Geliebte
(*the loved one*)

der Liebling
(*darling*)

DIE LIEBE
(*love*)

der Liebesbrief
(*love letter*)

verliebt
(*in love*)

sich verlieben
(*to fall in love*)

---

heiraten
(*to marry*)

verheiratet
(*married*)

DIE HEIRAT
(*marriage*)

das Heiratsinstitut
(*marriage agency*)

die Heiratsanzeige
(*advertisement for marriage,
marriage announcement*)

die Heiratsvermittlung
(*marriage brokerage*)

der Heiratsvermittler
(*marriage broker*)

sich verloben//verlobt//die Verlobung, -en (*to become engaged//engaged// engagement*)—Meine Schwester ist seit vergangenem Wochenende mit meinem Lehrer **verlobt**.

verwitwet//die Witwe, der Witwer (*widowed//widow, widower*)—Frau Müller ist seit 1944 **verwitwet**, denn ihr Mann ist im Krieg gestorben.

sich scheiden lassen//geschieden//die Scheidung, -en (*to get divorced//divorced// divorce*)—Erst waren sie verliebt, dann verlobt, dann verheiratet, und jetzt, nach acht Kindern, sind sie **geschieden**. Sie haben sich letzte Woche **scheiden** lassen.

die Umfrage, -n (*survey, opinion poll*)—Eine **Umfrage** ergibt, daß Männer blonde Frauen lieben.

sich kennenlernen (*to meet, get acquainted*)—Herr Weber hat seine Frau im Krankenhaus **kennengelernt**.

träumen//der Traum, ⸗e (*to dream//dream*)—Liebling, du bist so schön wie ein **Traum**.

männlich (*male, masculine*)—Heute spricht man nicht mehr von **männlichen** oder weiblichen Berufen. Alle Berufe (außer Soldat und katholischer Priester) stehen beiden Geschlechtern (*sexes*) offen.

weiblich (*female, feminine*)—Die neue Wintermode ist dieses Jahr betont **weib-lich**.

die Ehe, -n (*marriage, matrimony*)—Die **Ehe** ist eine wichtige gesellschaftliche Institution.

herzlich, herzlichst (*cordially, most cordially*)—Ein **herzlicher** Brief endet mit dem Wort "**herzlichst**, ..."

die Anrede (*salutation*)—Die beste **Anrede** für einen privaten Brief ist "Liebe/r. . . ."

die Schlußformel, - (*ending [of a letter]*)—Welche **Schlußformel** ziehen Sie bei Geschäftsbriefen vor?

der Briefwechsel, - (*exchange of letters*)—Friedrich Schiller und Johann Wolfgang von Goethe führten einen regen (*extended*) **Briefwechsel**.

Vor dem Lesen: Liebe, was ist das? _____

How do you feel when you are in love? Do people of the German-speaking world feel or act any differently when they are in love? How does romance differ from country to country, and how do you express romantic notions in German? This chapter presents some answers to these intriguing questions.

A.   Bilden Sie Sätze! (P)

Wie fühlen Sie sich, wenn Sie verliebt sind? Und nachdem die Liebe vorbei ist?
Machen Sie Sätze aus folgenden Satzteilen:

A.	B.
Wenn man verliebt ist, Wenn die Liebe vorbei ist,	kann man nicht gut schlafen. hat man keinen Appetit. ist man un/glücklich. liest man gern Liebesromane. hört man gern Musik. ist man glücklich. ist man enttäuscht (*disappointed*). weint man oft. schreibt man viele Liebesbriefe. kann man nicht gut arbeiten. ist man verrückt. hat man keinen Hunger. will man mit niemand sprechen. ???

B.   Wählen Sie! (CC, P)

Welche Antwort beschreibt am besten Ihre Meinung?

1. Am wichtigsten im Leben ist...
   a. Geld.
   b. ein glückliches Familienleben.
   c. Erfolg.
   d. ?
2. Die große Liebe kann man...
   a. mehrmals erleben (*experience*).
   b. nur einmal erleben.
   c. vielleicht nie erleben.
   d. ?
3. In der Liebe kann man oft...
   a. Wunder (*miracles*) erleben.
   b. enttäuscht werden.
   c. glücklich sein.
   d. ?
4. Auf Parties spricht man oft über...
   a. Liebe.
   b. Sport.
   c. Mode.
   d. ?

5. Die meisten jungen Menschen wollen, daß der Partner...
   a. attraktiv ist.
   b. intelligent ist.
   c. reich ist.
   d. ?
6. Wenn man verliebt ist, sollte man es...
   a. nur dem besten Freund oder der besten Freundin sagen.
   b. den Eltern sagen.
   c. niemand(em) sagen.
   d. ?
7. Wenn man verliebt ist, sollte man...
   a. sofort heiraten.
   b. zusammen leben, bevor man heiratet.
   c. sich näher kennenlernen, bevor man zusammen lebt oder heiratet.
   d. ?

LESETEXT 1

Liebe, was ist das?

"Ich liebe dich." Das hört man oft in **Schlagern**. Aber im täglichen *hit songs*
Leben ist von Liebe nicht oft die **Rede**. Auf Parties zum Beispiel *talk*
spricht man eher über das Auto als über die Freundin oder über
den Freund. Ist Liebe unmodern? Oder ist die Liebe wichtiger
als **je**?   *ever before*

Man merkt, wie wichtig die Liebe heute noch ist, wenn man in
einer deutschsprachigen Zeitung oder Zeitschrift **blättert**. Denn *leafs through*
dort liest man, wie viele Leute mit Hilfe einer Anzeige einen
Ehepartner suchen. Es gibt in jeder Stadt der Bundesrepublik
Heiratsvermittlungen oder Heiratsinstitute, die mit oder ohne
Computer versuchen, Leuten bei der **Partnerwahl** zu helfen. *selection of a partner*

Welche Menschen suchen einen Ehepartner durch eine
Heiratsvermittlung? Es gibt keinen bestimmten Typ. Alte und
junge Menschen, nie verheiratete, geschiedene und verwitwete,
Arbeiter, Beamte, **Landwirte**, Lehrer, Ärzte, **Geschäftsleute**,—alle *farmers/*
kann man in diesen Anzeigen finden. Früher waren die Kunden *business people*
dieser Heiratsinstitute **hauptsächlich** ältere Frauen, aber heute *predominantly*
findet man mehr und mehr junge Männer, die durch ein Heiratsinstitut einen Partner fürs Leben suchen. In der Bundesrepublik gibt
es nämlich in der Altersgruppe zwischen 18 und 25 etwa 130 000
mehr Männer als Frauen.

Warum brauchen manche Leute die Hilfe einer Heiratsvermittlung, um eine Frau oder einen Mann zu finden? Vielleicht sind sie
schüchtern, vielleicht haben sie wenig **Gelegenheit**, andere Män-   *shy/opportunity*
ner oder Frauen kennenzulernen, vielleicht finden sie sich nicht
sehr attraktiv, vielleicht sind sie **erfolgreiche** Geschäftsleute, die zu   *successful*
wenig Zeit haben, intensiv nach einem Partner zu suchen, oder
vielleicht glauben sie, daß ein Computer den idealen Partner für sie
finden kann.

Wieviel kostet der Versuch, durch eine Heiratsvermittlung
einen Partner zu finden? In letzter Zeit zum Beispiel verdienten
Heiratsvermittler 270 Millionen D-Mark pro Jahr. 200 000 Kunden
bezahlten jährlich zwischen DM 500.—und DM 3 500.—an Heiratsinstitute. Heiratsvermittler **behaupten**, daß 55 bis 60 Prozent   *claim*
ihrer Kunden erfolgreich sind, und daß **jährlich** ungefähr 50 000   *annually*
Ehen vermittelt werden.

*Verliebt in einer
Großstadt*

Übungen

A.   ### Haben Sie verstanden? (CC, H)

Richtig oder falsch? Wenn die Antwort falsch ist, bitte geben Sie die richtige Antwort!

1. Zur Zeit gibt es mehr junge Frauen als junge Männer in der Bundesrepublik.
2. Viele junge Menschen suchen die Hilfe einer Ehevermittlung bei der Partnerwahl.
3. Die Suche nach einem Ehepartner kann über $1000 kosten.
4. Ungefähr 50 Prozent der Kunden eines Heiratsinstituts finden einen Ehepartner.
5. In Schlagern wird oft von Liebe gesungen.
6. Liebe ist unmodern.

B.   ### Partnersuche (CC, P)

Machen Sie eine Liste der potentiellen Treffpunkte für die Partnersuche. Wo kann man einen künftigen (*future*) Partner/eine künftige Partnerin kennenlernen? z. B. im Studentenheim, im Supermarkt, im Schulbus, usw...

C.   ### Berufe (CC, P)

In welchen Berufen lernt man leicht Menschen kennen? Machen Sie eine Liste! Z. B. als Polizist(in), als Lehrer(in), als Musiker(in), als Arzt/Ärztin usw.

D.   ### Im Heiratsinstitut (CC, P)

Sie arbeiten für ein Heiratsinstitut in Frankfurt. Machen Sie ein Interview mit einem möglichen Kunden oder einer Kundin (natürlich jemand aus der Klasse), um herauszufinden, was für ein Partner diese Person interessiert.

E.   **Was ist Liebe?** (CC, H)

Was meinen Sie? Reagieren Sie auf folgende Behauptungen über die Liebe. Sie können so anfangen:

Ich stimme zu, denn. . .   Ich bin nicht sicher, ob. . .
Das stimmt nicht, weil. . .   Ich weiß nicht, denn. . .

1. Eifersucht (*jealousy*) ist ein Zeichen von Liebe.
2. Mit Liebe kann man die Probleme der Welt lösen.
3. Wer Liebe zeigt, zeigt auch Schwäche.
4. Die "echte" Liebe gibt es nicht.
5. Alte Leute denken über die Liebe anders als junge Leute.
6. Es ist gut, einen festen Freund (eine feste Freundin) zu haben.

F.   **Aufsatzthema** (H)

Schreiben Sie einen kurzen Aufsatz zum Thema Liebe. Auf welche der Behauptungen in Übung E möchten Sie antworten?

Lesetip: Abbreviations

A dictionary listing of only the most common German abbreviations covers several pages. German is a language that relies frequently upon shortened forms. Biographical writing alone offers a range of abbreviations that delineate stages in life or name titles—**geb.** for **geboren, verh.** for **verheiratet, gest.** for **gestorben, Frl.,** for **Fräulein,** and many others.

Rely upon context to help you deduce the meaning of the most commonly used abbreviations. You may have already seen the following:

zum Beispiel = z. B. (e.g.)	Kilometer = km	Gramm = g
Montag, Mittwoch, und Freitag =	Kilogramm = kg	Stunde = Std.
Mo., Mi. u. Fr.	Meter = m	inklusiv = inkl.
Familie = Fam.	Liter = l (ltr)	Volkswagen = VW
Personenkraftwagen = Pkw	Firma = Fa.	circa = ca.
Bayerische Motorenwerke = BMW	das heißt = d.h.	(Lateinisch, un-
à (Französisch: pro Stück)	(i.e.)	gefähr)

Übung

Versuchen Sie, die Bedeutung dieser Abkürzungen (*abbreviations*) aus Heirats- und Bekanntschaftsanzeigen zu erraten (*guess*)!

ehrl.	Tel.	Str.	gr.	So.	Zuschr.
u.	J.	Sa.	usw.	unt.	od.

Vor dem Lesen: Heirats- und Bekanntschaftsanzeigen

In vielen deutschen Zeitungen und Zeitschriften findet man Heirats- und Bekanntschaftsanzeigen, denn es ist in deutschsprachigen Ländern durchaus respektabel, mit einer Zeitungsanzeige einen Partner zu suchen. Welche Menschen schreiben solche Anzeigen? Was halten Sie davon? Wollen Sie es auch einmal versuchen? Wir garantieren keinen Erfolg, aber man kann ja nie wissen...

LESETEXT 2

Heirats- und Bekanntschaftsanzeigen

Wir veranstalten einen

SOMMERBALL

an dem Sie gleich mehrere Partner(innen) kennenlernen können.

Anmeldungen unter
Tel. 07627 / 8791

Sind Sie noch allein, das muß nicht sein, wir arbeiten seriös, diskret, schnell

und sehr erfolgreich auch am **Wochenende**
Tel. 07627 / 8791

Heinz, 26, ledig

ein fleißiger, anständiger junger Mann, groß u. schlank, er verdient sehr gut, deshalb darfst Du gerne ein Kind haben, wenn Du treu, ehrl. u. anschmiegsam bist, nach großer Enttäuschung legt er darauf größten Wert.
Tel. 07627 / 8791

**Frau Martha, 50 J.,
Verkäuferin**

möchte nach großer Enttäuschung noch einmal glücklich werden. Ihre Söhne sind erwachsen u. sie fühlt sich sehr verlassen. Sie ist eine gute Mutter u. Hausfrau. Sie tanzt u. wandert leidenschaftlich gerne. Mit einem ehrl., treuen Mann würde sie gerne eine neue Zukunft aufbauen.
Tel. 07627 / 8791

Renate, 45 J.

möchte nach großer Enttäuschung endlich wieder glücklich werden, eine sehr sympath., gutauss. Frau. Sehr häusl. u. sportl. Welch treuer Mann möchte sich gerne umsorgen lassen u. ihr Liebe u. Geborgenheit schenken.
Tel. 07627 / 8791

und viele mehr

**Rufen Sie einfach an:
Zentrale:
Telefon 07627 / 8791
Postf. 1236, 7853 Steinen
S · S Partner-Vermittlung**

Ich suche eine natürl., sportl. Freundin, die keinen vorübergehenden Flirt sucht, sond. eine dauerhafte Partnerschaft wünscht. Heiße Markus, bin 26 J., groß, schlk., sportl. u. angeblich ein flotter, gutausseh. Typ. Durch meinen guten Beruf kann ich Dir vieles bieten. Darf ich Dich bald treffen? K 110 Die menschliche Brücke, Ensisheimer Str. 4, 7800 Freiburg, Tel. 0761/85899

Welche liebe u. treue

Frau zwischen 40 u. 48 darf ich zum kennenlernen einladen. Nachdem wir irgendwo schön gespeist haben, fahren wir zu meinem Besitz im Schwarzwald. Ich, 53 J. Handwerksmeister, selbständig bin nach Schicksalsschlag sehr einsamm. Hab Mut und schreibe mir mit Bild. Du kannst nichts verlieren aber viel gewinnen. Zuschr. erb. u. Nr.669182 an BZ Lahr

Der Akademiker Cirkel

Sind Sie Akademiker oder suchen Sie einen Partner mit adäquatem Lebensstil, fordern Sie Unterlagen an:
78 Freiburg, Bertoldstr. 61, 0761/7 55 75

Heirats- und Bekanntschaftsanzeigen

Übungen_____

A.   **Haben Sie verstanden?** (CC, P, H)

Wie beschreiben die Anzeigen den perfekten Partner? Machen Sie eine Liste der positiven Eigenschaften (*qualities*). Welche negativen Eigenschaften werden erwähnt, die man vermeiden (*avoid*) sollte? Schreiben Sie sie auch auf und vergleichen Sie die beiden Listen.

B.   **Finden Sie einen Partner!** (H)

Suchen Sie in den Anzeigen einen Partner für Sie selbst! Warum haben Sie diese Person gewählt? Beschreiben Sie die Person, die die Anzeige geschrieben hat. Vielleicht finden Sie sogar ein passendes Bild!

C.   **Sind Sie ein guter Ehepartner?** (CC)

Ehepartner aus USA beliebt

Laut (*according to*) Statistik sind Amerikaner die populärsten ausländischen Ehepartner der Bundesbürgerinnen, denn 2567 deutsche Frauen heirateten 1985 einen US-Bürger.

Aus: *Deutschland-Nachrichten*, 22. April 1987, German Information Center, New York, S. 7.

---

1. Warum, meinen Sie, heiraten so viele Deutsche Amerikaner? Gibt es typische und positive amerikanische Eigenschaften? Welche?
2. Möchten Sie auch einen Ausländer heiraten? Welche Nationalitäten finden Sie interessant?

D.   Heiratsanzeige (CC, P, H)

Entwerfen Sie (*Design*) eine Heiratsanzeige für Sie selbst oder für einen Freund oder eine Freundin. Sie können das folgende Format benutzen.

Suche eine(n) _____ Partner(in) fürs Leben. Ich bin _____
                    Adjektiv

_____, _____ Meter groß, wiege _____
   Beruf   Größe   Gewicht

kg, habe _____ Augen, _____ Haare, und eine
              Farbe   Farbe

_____ Figur. Ich interessiere mich für _____,
      Adjektiv   Substantiv

_____, _____ und _____. Der
   Substantiv   Substantiv   Substantiv

Mann/Die Frau meiner Träume sollte nicht über _____ Jahre
                                                    Alter

alt sein. Er/Sie muß _____, _____ und _____
                          Adjektiv   Adjektiv

_____ sein und muß gern _____, _____
    Adjektiv   Verb   Verb

und _____.
        Verb

Vor dem Lesen: Traum-Mann/Traum-Frau _____

Welche Eigenschaften sollte der ideale Partner oder die ideale Partnerin für Sie haben? Machen Sie eine Liste!

Der ideale Partner/die ideale Partnerin (CC, P, H)

Welche Eigenschaften suchen Ihre Klassenkameraden in einem idealen Partner? Machen Sie eine Umfrage zum Thema! Einige mögliche Antworten:

schön	natürlich	tolerant	ruhig
jung	kinderlieb	reich	intelligent
schwarzhaarig	stark	sportlich	gesprächig
ordentlich	romantisch	humorvoll	treu
aggressiv	einfach	praktisch	nett

lustig	sensibel	temperamentvoll	ehrlich
sauber	(*sensitive*)	zärtlich	sparsam
erfolgreich	zuverlässig	gebildet	(*frugal*)
fromm	(*dependable*)	anständig	fleißig
tierlieb	gesund	(*respectable*)	blond

LESETEXT **3**

Traum-Mann/Traum-Frau

Wie sieht er aus, der Mann, von dem Deutschlands Frauen träumen? Der Traum-Mann der deutschen Frauen ist zwischen 180 und 184 Zentimeter groß, dunkelblond, blauäugig, schlank, bartlos, dazu noch zärtlich, **verantwortungsbewußt**, sensibel, kinderlieb und treu. Das ergab eine **Umfrage**, die das Sample-Institut im Auftrag von BUNTE bei einem repräsentativen **Querschnitt** der deutschen Frauen durchgeführt hat.   *responsible*
  survey
  sample

Ob junges Mädchen oder **reife** Frau, ob verheiratet, geschieden oder noch auf der Suche—was früher den idealen deutschen Mann **kennzeichnete**, rangiert heute auf der Wert-Skala ganz weit unten: Mut und Kampfgeist, **Ehrgeiz** und das Pfadfinder-Motto, "Ein Indianer kennt keinen Schmerz."   *mature*
  constituted
  ambition

Da es einen Traum-Mann gibt, muß es auch den **Alptraum** von einem Mann geben. Und der sieht so aus: Er ist größer als zwei Meter und unter 19 Jahre alt, hat blasse Haut, grüne Augen, langes rotes Haar und einen Vollbart. Er ist ein Haustyrann, der seine Abende vor dem Fernseher verbringt.   *nightmare*

BUNTE wollte auch wissen, was Männer nun unter **weiblicher Schönheit** verstehen. Der **Teint** sollte gebräunt sein (61 Prozent), die Augenfarbe blau und das Haar blond, mittellang und **wellig**. Außerdem sind gute Proportionen deutlich bevorzugt. Lesen Sie weiter, um zu erfahren, was sich der Mann bzw. die Frau unter der Bezeichnung "IDEAL" vorstellt!   *feminine*
  beauty/complexion
  wavy

Aus: **Illustrierte BUNTE**, Nr. 29 und Nr. 30, 11. und 18. 7. 1985, S. 110–12, S. 26–31.

Was Männer an Frauen schätzen

	%
Zärtlichkeit	
Finde ich gut	93%
Finde ich nicht gut	3%
Ohne Angabe	4%
Hobby: Flirt	
Finde ich gut	19%
Finde ich nicht gut	76%
Ohne Angabe	5%
Eifersucht	
Finde ich gut	25%
Finde ich nicht gut	70%
Ohne Angabe	5%
Liebesbriefe schreiben	
Finde ich gut	84%
Finde ich nicht gut	11%
Ohne Angabe	5%
Verantwortungsbereitschaft	
Finde ich gut	77%
Finde ich nicht gut	4%
Ohne Angabe	19%
Treue	
Finde ich gut	92%
Finde ich nicht gut	4%
Ohne Angabe	4%

Worauf Männer bei Frauen fliegen

	%
Haarfarbe	
hellblond	30%
dunkelblond	30%
rot	3%
braun	17%
schwarz	13%
grau	2%
Ohne Angabe	5%
Augenfarbe	
blau	53%
grün	14%
braun	28%
Ohne Angabe	5%
Körpergröße	
bis 159 cm	2%
160–164 cm	16%
165–169 cm	38%
170–174 cm	30%
175–179 cm	8%
180–184 cm	2%
185–189 cm	0%
190 cm und mehr	1%
Ohne Angabe	5%

Worauf die Frauen heutzutage fliegen

	%
Haarfarbe	
hellblond	11%
dunkelblond	30%
rot	1%
braun	21%
schwarz	24%
grau	5%
Ohne Angabe	8%
Haarlänge	
lang	2%
mittellang	41%
kurz	48%
Ohne Angabe	9%
Haarform	
gelocktes Haar	16%
welliges Haar	52%
glattes Haar	24%
Ohne Angabe	8%
Figur	
sehr schlank	30%
schlank-muskulös	42%
kräftig	18%
dick	2%
deutliches Übergewicht	0%
Ohne Angabe	8%
Bart	
Vollbart	10%
Schnurrbart	24%
Bartlos	59%
Ohne Angabe	7%
Körpergröße	
bis 169 cm	3%
170–174 cm	14%
175–179 cm	21%
180–184 cm	35%
185–189 cm	14%
190–194 cm	4%
195–199 cm	1%
200 cm und mehr	1%
Ohne Angabe	7%
Augenfarbe	
blau	47%
grün	6%
braun	38%
Ohne Angabe	9%
Teint	
hell	16%
gebräunt	75%
Ohne Angabe	9%

Was der Mann tun – und was er lassen sollte

	%
Treue	
Finde ich gut	93%
Finde ich nicht gut	2%
Ohne Angabe	5%
Zärtlichkeit	
Finde ich gut	93%
Finde ich nicht gut	3%
Ohne Angabe	4%
Kinderliebe	
Finde ich gut	93%
Finde ich nicht gut	2%
Ohne Angabe	5%
Offenheit in sexuellen Problemen	
Finde ich gut	86%
Finde ich nicht gut	8%
Ohne Angabe	6%
Mut zu Liebesbriefen	
Finde ich gut	78%
Finde ich nicht gut	17%
Ohne Angabe	5%
Wehleidigkeit	
Finde ich gut	5%
Finde ich nicht gut	90%
Ohne Angabe	5%
Fernsehfans	
Finde ich gut	15%
Finde ich nicht gut	73%
Ohne Angabe	12%
Allein in den Urlaub	
Finde ich gut	8%
Finde ich nicht gut	87%
Ohne Angabe	5%
Hobby: Flirt	
Finde ich gut	10%
Finde ich nicht gut	84%
Ohne Angabe	6%

Übungen

A.   ## Haben Sie verstanden? (H)

Beschreiben Sie in einem kurzen Aufsatz den idealen Partner/die ideale Partnerin der **BUNTE**-Leser! Wie sieht er/sie aus? (Größe, Figur, Haarfarbe, Augenfarbe, Alter, usw...) Was ist er/sie von Beruf? Welche Interessen muß er/sie haben? Für welche Sportarten muß er/sie sich interessieren? Welche Hobbys hat er/sie?

B.   ## Machen Sie eine Umfrage! (CC, P, H)

Mit einem Partner, schreiben Sie die Fragen auf, die Sie gern in einer Umfrage "Liebe heute" sehen möchten. Stellen Sie die Fragen an zehn deutschsprachige Leute (nicht nur aus der Klasse!) und beschreiben Sie die Ergebnisse (*results*) auf deutsch.

Vor dem Lesen: Liebesbriefe aller Art

Vor der Erfindung des Telefons und der Computer-Technik, waren Liebesbriefe jahrhundertelang das häufigste (*most common*) Verständigungsmittel zwischen Geliebten. Durch Briefe leben auch heute noch Beziehungen und Freundschaften trotz großer Entfernung (*distance*) zwischen Menschen weiter. Es ist aber nicht nur wichtig, **daß** man schreibt, sondern auch **wie** man schreibt. Wie (in welcher Form), wann (bei welcher Gelegenheit), und zu welchem Zweck (*reason*) schreibt man Liebesbriefe?

Die Briefform

Hier finden Sie, wie ein Mann an die geliebte Frau schreibt. Identifizieren Sie die Teile dieses Briefes, d.h. finden Sie

> den Briefkopf (*letterhead*)
> die Anrede (*salutation*)
> den Brieftext (*text of the letter*)
> den Briefschluß (*closing of the letter*)
> das Postskriptum (*the post script*).

Berlin, den 12. Dezember

Meine geliebte Marianne,

Du hast mir eine Ewigkeit nicht mehr geschrieben—und ich
werde von Tag zu Tag **verzweifelter**. Du weißt, wie sehr ich   *more desperate*
Dich liebe, und ich kann mir einfach nicht denken, daß es Dir
leichtfällt, so lange zu schweigen. Du weißt auch oder solltest
wissen, daß ich mich über jeden Deiner Briefe freue.
Was auch immer der Grund Deines Schweigens ist, melde
Dich—bitte!

Liebe Grüße
Dein Jochen

P.S. Ich zähle die Tage, bis ich ein Lebenszeichen von Dir
bekomme!

LESETEXT 4

Liebesbriefe aller Art

I.

Hamburg, den 4. Februar

Liebling,

Ich freue mich ehrlich über Deinen Brief, und freilich freue ich mich über Deinen
Heiratsantrag. Du erwartest natürlich eine Antwort—hier ist sie: Liebling, bitte
nicht böse sein, aber ich will nicht heiraten. Dich nicht, den Kaiser von China
nicht und einfach nie und nimmer. Ich habe einen regelrechten Horror davor.
Auch meine Freunde ermutigen mich nicht, die allesamt unglücklich verheiratet
sind.
Laß uns glücklich sein. Warum sollen wir uns denn diesen Streß antun?

Deine Inge

II.

Zürich, den 3. Mai

Hallo Fritz,

Du machst es Dir leicht, Du schreibst einfach nicht. Ich kann bitten, betteln, interessant schreiben, ausflippen—nichts geschieht.
Allmählich neige ich zu dem Gedanken, es könne Dir etwas zugestoßen sein, aber Freunde sagen mir, Du seiest frisch und munter.
Ich muß Dich also bitten, mir gegenüber fair zu sein. Lebe ruhig Deinen Stil, wenn Du meinst, aber erkläre endlich dieses Schweigen. Ich schreibe nicht bösartig, sondern verbittert, denn wir waren doch gute Freunde, oder?

Käthe

III.

Dresden, den 6. Juni

Meine liebe Angelika,

Bevor Du diesen Brief liest, sei bitte **gefaßt**, denn ich habe Dir etwas   *prepared*
Schmerzliches mitzuteilen. Es tut mir so leid, Dir weh tun zu müssen, aber ich habe keine andere Wahl. Wir müssen uns trennen. Ich muß
Dir **eingestehen**, daß ich die Frau kennengelernt habe, die für mich   *admit*
die einzige richtige ist.
   Angelika, bitte bedenke, daß eine Trennung auch für Dich am besten ist. Du brauchst sowieso einen ganz anderen Partner als mich. Einen, der unkompliziert ist. Solltest Du irgendwelche Probleme haben, werde ich immer für Dich da sein. Bitte, versuche mich zu verstehen.

Dein Ludwig

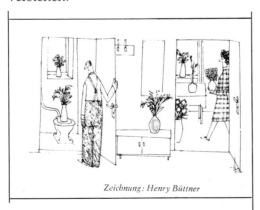

Zeichnung: Henry Büttner

IV.   Liebesbriefe für eilige Partner

Telegramm

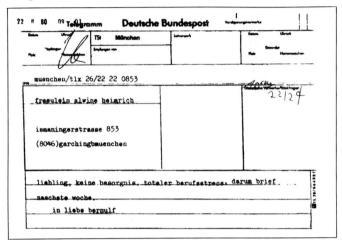

Der Liebesbrief von morgen – Telex?

```
765419
173651                          ...*      ...**
Liebe rosemarie, setze dich an den telex und
schreibe anschliessend gleich zurueck. die post
dauert zu lange.
liebst du mich? wann sehen wir uns? ich vermisse dich.
dein peter
173651
765419
```

```
173651
765419                          ...*      ...**
hallo peter, alles klar. liebe dich auch. wann
gibt es einen telex mit fernsehschirm?
komme in zwei wochen.
hoechste zeit.
kuesschen rosemarie
765419
173651
```

*Hier Datum einfügen.
**Hier Uhrzeit einfügen.

Übungen _____

A. **Schreiben wir einen Liebesbrief!** (CC, P, H)

Mit den folgenden Formeln (*set phrases*) können Sie den perfekten (persönlichen) Brief schreiben. Wählen Sie eine Situation und schreiben Sie den passenden Brief. Sie können allein oder mit einem Partner arbeiten.

Anreden **für einen Liebesbrief**	**Schlußformeln** **für einen Liebesbrief**
Mein Liebster/Meine Liebste	Dein(e)
Liebe(r) _____	Liebe Grüße
Sehr verehrte(r) _____	Viele Grüße
Mein Süßes/	Herzlichst
Meine Süße/Mein Süßer	Leidenschaftlich
Mein Schatz	(*passionately*)
Beste(r) _____	Mit den besten Grüßen
	Herzliche Grüße
	In Treue
	Gruß und Kuß
	Bis bald

Situation 1

Sie haben gerade einen sehr attraktiven jungen Mann/eine sehr attraktive junge Frau bei einer Party kennengelernt und möchten ihn/sie wiedersehen. Einige Vokabeln:

interessiert	sympathisch	fasziniert
uns treffen	einen Tag zusammen verbringen	
gemeinsame Interessen entdecken		seltenes Gefühl

Situation 2

Sie haben sich mit Ihrem Freund/Ihrer Freundin gestritten (*quarreled*). Welche Wörter gebrauchen Sie, um sich zu versöhnen (*make up*)?

unglücklich	diskutieren	der Streit (*quarrel*)
traurig sein	verzeih' mir	verständnisvoll

Situation 3

Sie haben die Liebe Ihres Lebens gefunden und möchten heiraten. Schreiben Sie Ihren Eltern einen überzeugenden (*convincing*) Brief, in dem Sie den Geliebten/die Geliebte beschreiben.

eine gemeinsame Welt aufbauen   Respekt   Liebe
binden   Zweisamkeit   die Zukunft zusammen verbringen

Situation 4

Ihre Freundin/Ihr Freund muß Sie verlassen, denn ihre/seine Familie zieht in eine andere Stadt um. Sie fühlen sich wegen dieser Trennung sehr allein. Wie schreiben Sie Ihrem Freund/Ihrer Freundin?

verlassen   traurig sein   einsam ohne Dich
neuen Kontakt suchen   Deine Umgebung beschreiben

B.   Briefwechsel (H)

Schreiben Sie an einen Studenten/eine Studentin, die Sie näher kennenlernen möchten. Was möchten Sie dieser Person über sich selbst schreiben? Was möchten Sie über die andere Person wissen?

Vor dem Lesen: Zwei Liebesgedichte

Love has been celebrated extensively in poetry, and many readers of German literature consider the poet Heinrich Heine (1797–1856), author of the poem "Im wunderschönen Monat Mai," a master of this genre. Others, critics and readers alike, recognize the ironic treatment of romantic themes as characteristic of Heine's work. Perhaps because Heine wrote during the height of the German Romantic movement is his poetry so closely identified with the topic of love. The poem "Trauriger Abzählreim" is by the modern author Ernst Ginsberg and presents an entirely different aspect of love. Based on their titles, write one sentence about the aspect of love which you think the poems address:

1. "Im wunderschönen Monat Mai"
2. "Trauriger Abzählreim"

LESETEXT **5**

Zwei Liebesgedichte

Im wunderschönen Monat Mai

Im wunderschönen Monat Mai,
Als alle **Knospen** sprangen,   *buds*
Da ist in meinem Herzen
Die Liebe **aufgegangen**.   *blossomed*

Im wunderschönen Monat Mai,
Als alle Vögel sangen,
Da hab' ich ihr **gestanden**   *admitted, confessed*
Mein **Sehnen** und **Verlangen**.   *longing/desire*

VON HEINRICH HEINE

Aus: Heinrich Heine, *Werke*, Insel Verlag, Frankfurt, 1968, S. 40.

Trauriger Abzählreim   *a sad count-off rhyme*

Ich liebe dich
Du liebst mich nicht
Ich bin die Nacht
Du bist das Licht
Ich bin der **Schmerz**   *pain*
Du bist das Glück
Drum schaue nie   *therefore/look*
zu mir zurück
Ich weiß und fühl es
bitterlich
Du liebst mich nicht
Ich liebe dich.

VON ERNST GINSBERG

Aus: Ernst Ginsberg, *Abschied, Erinnerungen, Theateraufsätze, Gedichte*. Die Arche,
Zürich, 1965.

• • •
Liebe macht blind.
(nach Platon)

Übungen

A.   **Was meinen Sie?** (CC, H)

1. Welches Gedicht ist froh? Welches ist traurig? Warum?
2. Welcher Dichter zeigt in seinem Gedicht nicht viel Selbstvertrauen (*self-confidence*)?
3. Warum heißt das Gedicht von Ernst Ginsberg wohl "Abzählreim"? Sehen Sie Ähnlichkeiten mit den Abzählreimen in Kapitel 6?
4. Finden Sie andere deutsche Liebesgedichte oder Liebeslieder und lesen Sie sie der Klasse vor!

B.   **Schreiben wir ein Liebesgedicht!** (H, P, CC)

Entweder allein oder mit einem Partner, schreiben Sie ein Liebesgedicht. Es kann froh, lustig, traurig, tragisch oder dumm sein. Hier sind einige Vokabelvorschläge.

die Liebe	in meinem/deinem Herzen	lieben
das Licht	im Monat Mai, Juli, Dezember, usw.	küssen
die Nacht	Tag und Nacht	umarmen
der Schmerz		hoffen
das Glück		warten
das Verlangen		weinen

treu	die Blumen
traurig	die Vögel
verrückt	die Blätter
einsam	das Herz
allein	die Augen
bitter	der Kuß
glücklich	das Lächeln
	der Traum
	die Musik
	das Wunder

* * *

Wer lacht mit?

Ein Verliebter sitzt mit seiner neuen Freundin auf der Parkbank. Er fragt sie: ,,Würdest du um Hilfe rufen, wenn ich dich jetzt küsse?" ,,Warum sollte ich das? Schaffst du es nicht allein?"

* * *

Liebe im Winter

Vor dem Lesen: Die Frau macht meist den ersten Schritt

Viele Leute glauben, daß es der Mann ist, der bei der Partnerwahl den ersten Kontakt sucht, und daß es der Mann ist, der im allgemeinen die aktivere Rolle bei der Partnersuche spielt. Stimmen Sie mit dieser Beobachtung überein? Warum? Warum nicht?

1. Ihrer eigenen Erfahrung (*experience*) nach, wer macht den ersten Schritt, wenn Mann und Frau sich kennenlernen? Können Sie konkrete Beispiele geben? Denken Sie auch an Beispiele aus Filmen und Romanen!
2. Lesen Sie den ersten Absatz des Lesetextes! Welcher Satz faßt das Resultat der Studie über sexuelle Verhaltensweisen am besten zusammen?

<u>LESETEXT</u> **6**

Die Frau macht meist den ersten Schritt. US-Forscher: Männer bei der Partnersuche ungeschickter

New York. Seit Beginn der abendländischen Geschichte gilt és als üblich, daß bei der Partnersuche der Mann den Ton angibt. Zumindest in den USA stimmt das nicht mehr. Der Anthropologe Timothy Perper von der Rutgers Universität in New Jersey fand in einer Studie über sexuelle Verhaltensweisen heraus: In zwei Drittel aller Fälle wählten sich die Frauen ihre Partner und wurden als erste aktiv. Sie waren geschickter als Männer, die Fühler zum anderen Geschlecht auszustrecken.

,,Es ist ein weitverbreiteter Mythos, daß es der Mann ist, der sich eine Partnerin sucht'', erläutert Perper im Gespräch, ''aber das stimmt einfach nicht.'' Jahrelange Beobachtungen, vor allem an bevorzugten Plätzen und Gelegenheiten der Partnersuche—in Gaststätten für Alleinstehende, in entsprechenden Klubs, bei Partys und auch auf Bahnhöfen—führten zu dieser Erkenntnis, die Perper in einer Dokumentation veröffentlicht hat.

Wenn der Mann einmal die Initiative ergreife, ,,dann sagt er meist etwas Sinnloses'', erzählt Perper. ,,Die Folge: Der Mann ist sehr zufrieden mit sich selbst, aber die Frau findet nichts an ihm. Eine Frau tritt dagegen meist sehr gewinnend auf und ist sich genau bewußt, was sie tut.'' Er ergänzt mit einem Beispiel aus dem Alltag: ,,Wenn sie bei einer Party ihr Auge auf einen Mann geworfen hat und der steht an einem Selbstbedienungsbuffet, dann knüpft sie dort einen Kontakt etwa mit den Worten an: ,Der Kartoffelsalat sieht ja großartig aus. Können Sie mir etwas davon geben?' ''

Frauen verstehen es laut Perpers Beobachtungen im allgemeinen meisterhaft, Gespräche zu beginnen und in Gang zu halten. Dabei studierten sie meist auch genau die Körpersprache des anvisierten Partners und seine Reaktion auf Augenkontakte, um herauszufinden, ob er Interesse zeigt. Männer müßten nur selten mit diesen Signalen etwas anzufangen, stellte der Experte fest.

,,Ein Mann hat oft Schwierigkeiten herauszufinden, ob eine Frau an ihm interessiert ist oder nicht'', sagt Perper. ,,Das habe ich oft genug bestätigt gefunden: Entweder glaubt der Mann, eine—für jeden erkennbar desinteressierte—Frau sei von seinen Worten gefesselt, oder aber er gibt sein Bemühen um die andere Person auf, weil er annimmt, sie wolle von ihm nichts wissen—obwohl genau das Gegenteil der Fall ist.''

Aus: *New York Staats Zeitung und Herold*, 23.–24. April 1988, S. A-4.

Übungen

A.   Haben Sie verstanden? (CC, P, H)

1. Was sagt der Anthropologe Timothy Perper über Frauen? Machen Sie eine Liste!
2. Was sagt er über Männer? Machen Sie eine Liste!
3. Mit welchen Behauptungen (*assertions*) stimmen Sie überein? Mit welchen nicht? Warum?

B.   Zusammenfassung (H)

Schreiben Sie in Ihren eigenen Worten eine Zusammenfassung des Artikels!

BRD/DDR

Innerdeutscher Reiseverkehr in 1000

Reisen aus der DDR in die Bundesrepublik Deutschland [3]

- Rentnerreisen
- Reisen in dringenden Familienangelegenheiten

1) Ohne Besuche in Berlin (West) in dringenden Familienangelegenheiten.
2) Ab 1964 fast nur noch Rentner, außerdem eine kleine Zahl von Funktionären, Geschäftsreisenden, Lkw-Fahrern etc.
3) Bis 1961 ohne Reisende nach Berlin (West).

Quellen: 81; 82

Reisen aus der Bundesrepublik Deutschland in die DDR [1]

Der Reiseverkehr zwischen beiden Teilen Deutschlands wird von der DDR durch politisch motivierte Beschränkungen in wechselndem Umfang behindert. Das gilt in ganz besonderem Maße für den Reiseverkehr aus der Sowjetischen Besatzungszone und späteren DDR in den Westen.
Besuchsreisen in die DDR waren für Westdeutsche – wenn auch unter zum Teil schwierigen Bedingungen – immer möglich, zeitweise jedoch nur, wenn man Verwandte in der DDR hatte. So fuhren zum Beispiel 1957 2,7 Millionen Reisende in die DDR; 1970 nur mehr 1,25 Millionen. Nach dem Abschluß des Verkehrsvertrages und des Grundlagenvertrages von 1972 stieg die Zahl bis 1978 auf 3,18 Millionen Reisen an; sank jedoch später durch die Erhöhung des Mindestumtausches wieder ab. Die Bundesregierung mißt der Verbesserung des innerdeutschen Reiseverkehrs besondere Bedeutung bei.

Für den Reiseverkehr aus der Bundesrepublik in die DDR gibt es bis 1961 keine detaillierten Angaben. Zwischen 1961 und 1966 waren es jährlich etwa 2 Millionen Reisende. Die hier dargestellten Zahlen sind Annäherungswerte und zeigen den Trend an.

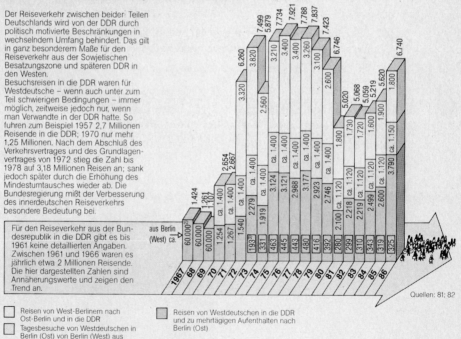

- Reisen von West-Berlinern nach Ost-Berlin und in die DDR
- Tagesbesuche von Westdeutschen in Berlin (Ost) von Berlin (West) aus
- Reisen von Westdeutschen in die DDR und zu mehrtägigen Aufenthalten nach Berlin (Ost)

Quellen: 81; 82

1) Ab 1967 ohne etwa 1,4 Millionen Tagesaufenthalte jährlich von Bewohnern der Bundesrepublik Deutschland in Berlin (Ost) von Berlin (West) aus.

2) Reisen von Bewohnern von Berlin (West) nach Berlin (Ost) mit Genehmigung der Passierscheinstelle für dringende Familienangelegenheiten ab Oktober 1966.
3) Davon im grenznahen Verkehr (ab Juli 1973).

KAPITEL 10

Berlin—Symbol einer Teilung

Wörter im Kontext

die deutsche Frage (*the German Question*)—Sie kennen das Substantiv "die Frage" und das Verb "fragen." Was könnte "die deutsche Frage" bedeuten? (Hinweis: Gab es schon immer zwei deutsche Staaten, die Bundesrepublik und die Deutsche Demokratische Republik? Viele Deutsche und Nicht-Deutsche fragen sich, ob es zwei deutsche Staaten geben sollte.)

teilen//die Teilung, -en//der Teil, der Stadtteil, -e (*to separate, divide// separation//part, sector of a city*)—West-Berlin liegt in dem **Teil** des früheren Deutschlands, den man heute die Deutsche Demokratische Republik nennt.

die Mauer, -n (*wall*)—Eine **Mauer** teilt seit 1961 Ost-Berlin von West-Berlin. Diese Mauer heißt die Berliner Mauer.

der Ausländer, - die Ausländerin, -nen (*foreigner*)—Österreich ist nicht mein Heimatland. Ich bin dort **Ausländer**, denn ich habe keinen österreichischen Paß.

der Bewohner, - die Bewohnerin, -nen//bewohnen (*the inhabitant//to inhabit*)— Die **Bewohner** der beiden Teile Berlins sind an Krisen gewöhnt.

die Gedächtniskirche, -n (*memorial church*)—Die Ruine der Kaiser-Wilhelm-**Gedächtniskirche** (*Emperor William Memorial Church*) ist das Wahrzeichen (*symbol*) der Stadt Berlin.

der Kurfürstendamm (*the name of a famous boulevard*)—Eine große, berühmte Straße in West-Berlin heißt **Kurfürstendamm**. Sie ist mit der Fifth Avenue oder dem Broadway in New York zu vergleichen. In der Straße gibt es viele Geschäfte, Restaurants, Hotels und Theater.

die Fußgängerzone, -n (*pedestrian zone*)—Viele europäische Städte haben in der Innenstadt verkehrsfreie (*free of traffic*) Straßen, in denen man ungestört von Autos einkaufen kann. **Fußgängerzonen** sind oft sehr schön angelegt, mit Straßencafés und schönen Boutiquen.

Kaiser-Wilhelm-Gedächtniskirche

Vor dem Lesen: Berlin—Symbol einer Teilung _____

Welche deutsche Stadt ist in den letzten dreißig Jahren von drei amerikanischen Präsidenten besucht worden? Welche Stadt wurde 1948 blockiert und elf Monate durch eine "Luftbrücke" von den westlichen alliierten Siegermächten (*victors*) mit Lebensmitteln versorgt? Welche deutsche Stadt wird seit 1945 von vier Mächten geschützt (*protected*) und hat einen französischen, einen britischen, einen sowjetischen und einen amerikanischen Stadtteil? Welche deutsche Stadt hat einen außerordentlichen politischen Status im Bundestag und Bundesrat? Welche deutsche Stadt ist eigentlich eine "Doppelstadt," mit einem Teil der Stadt seit 1949 die Hauptstadt der DDR? Welche Stadt ist seit 1961 durch eine Mauer geteilt, eine Mauer, die die Teilung Deutschlands symbolisiert?

Die Antwort auf alle diese Fragen ist BERLIN.

Was wissen Sie schon über Berlin? (P, CC)

Sind folgende Aussagen über diese Stadt richtig oder falsch?

1. Berlin ist eine der wichtigsten deutschen Industriestädte.
2. Berlin liegt in der Bundesrepublik.
3. Ost-Berlin ist die größte Stadt der DDR.
4. Man kann Berlin nur mit dem Zug erreichen.
5. Checkpoint-Charlie ist eine berühmte Bar in Ost-Berlin.
6. Man muß durch die DDR reisen, um nach Berlin zu kommen.
7. Das Schloß Charlottenburg ist in West-Berlin.
8. Berlin ist die Hauptstadt der Bundesrepublik.
9. Die West-Berliner Symphonie ist weltbekannt.
10. Berlin ist eine Insel.

Punkers in Berlin-Kreuzberg

LESETEXT 1

Berlin—Symbol einer Teilung

Deutsche Schriftsteller und Politiker in Ost und West sind seit dem
Zweiten Weltkrieg mit einem wichtigen Thema **beschäftigt**, mit
der **Teilung** Deutschlands. Die Identität der Deutschen ist durch
"die deutsche Frage," die Existenz zweier deutscher Staaten, selbst
in Frage gestellt. Die Stadt Berlin symbolisiert diese **Spaltung** und
charakterisiert den Ost-West-Konflikt. Hier einige politische und
literarische **Zitate** zum Thema BERLIN:

concerned

division

separation

quotations

"Alle freien Menschen, wo immer sie leben mögen, sind Bürger
dieser Stadt West-Berlin, und deshalb bin ich **stolz** darauf, sagen zu
können: "Ich bin ein Berliner."

proud

JOHN F. KENNEDY, 26. JUNI 1963 VOR DEM
SCHÖNEBERGER RATHAUS IN BERLIN

U.S. Präsident John F. Kennedy in Berlin (1963)

Reiner Kunze

DER VOGEL SCHMERZ

Nun bin ich dreißig Jahre alt
und kenne Deutschland nicht:
Die **grenzaxt** fällt in Deutschlands wald   *border axe*
O land, das **auseinanderbricht**   *breaks apart*
im menschen

Und alle brücken **treiben pfeilerlos**   *float/without piers*

Gedicht, steig auf, flieg himmelwärts!
Steig auf, gedicht, und sei
der vogel **Schmerz**   *pain*

      VON REINER KUNZE, 1963

Aus: Reiner Kunze, *Gespräch mit der Amsel*, S. Fischer Verlag, Frankfurt/Main, 1984.

Reiner Kunze war bis 1959 wissenschaftlicher Assistent an der
Leipziger Universität. Wegen politischer **Angriffe** brach er diese   *attacks*
Laufbahn ab. Er zog in die Tschechoslowakei um, wo er Gedichte   *career*
und Übersetzungen veröffentlichte. Seit 1977 lebt Kunze in Bayern.

Berliner Mauer am Trafalgar Square?

Stellen Sie sich vor, daß unweit des Trafalgar Square, unweit der
Place Vendôme, unweit des Times Square, des
Schwarzenbergplatzes, der Piazza Venezia eine Mauer London,
Paris, New York, Wien, Rom in zwei Teile teilt, daß den
Bewohnern des einen Teils das **Betreten** des anderen Teils verboten   *entry into*
ist, Bewohnern des anderen Teils das Betreten des einen Teils nur
gelegentlich auf Grund besonderer Formalitäten **gestattet** ist.   *occasionally/allowed*

VON HANS WEIGEL, 1978

Hans Weigel wurde 1908 in Wien geboren. 1938 emigrierte er in die
Schweiz, seit 1945 ist er wieder in Wien. Er ist Kabarettist, Schriftsteller und Essayist.

Mauersprüche   *wall graffiti*

Diese Mauer kann uns nicht trennen.
Axel und Tina haben sich **trotzdem** lieb.   *nevertheless*

· · ·

Phantasie hat keine **Grenzen**.   *boundaries*

· · ·

Next Coke, 20,000 miles.

· · ·

Laßt uns die Mauer **einreißen**.   *pull down*

· · ·

An der Mauer **auf der Lauer**.   *(to lie) in wait*

· · ·

Größtes Kunstwerk aller Zeiten.

· · ·

Was **guckt** ihr so—?   *stare*
Noch nie eine Mauer gesehen?

LANDESKUNDLICHE INFORMATIONEN

"Die Berliner Mauer" is for many Americans an incomprehensible phenomenon. Freedom of movement or freedom to travel is considered a basic right in the western world, and most states are trying to control who enters their territory—not who leaves it.

Few countries have gone to the extent of the German Democratic Republic in trying to restrict the mobility of their citizens. Even the other great wall—the Chinese Wall—was built to prevent invaders from the outside, not emigration.

Die Berliner Mauer

Yet, taken in the context of August 1961, "**die Mauer**" can be justified—at least from a GDR perspective.

While the Marshall Plan of the United States, initiated in 1947, contributed immensely to West Germany's (now the Federal Republic of Germany) rapid economic recovery, East Germany (now the German Democratic Republic) had no such economic help. On the contrary, with 45% of its industrial capacity destroyed (versus about 20% destruction in the territory occupied by the western allies), the Soviet occupied territory was saddled with huge reparation payments to the Soviet Union—continuing until 1954—which made economic recovery after the Second World War slow and difficult.

In 1961, East and West Germany had become two separate autonomous countries—both created in 1949. One was closely linked to the Soviet Union with a socialist government and economy; the other was closely linked to the United States, following western style democratic traditions and capitalist economic practices.

Before August 1961 the borders between the two newly created German states were still relatively open. An estimated 60,000 East Berliners, for instance, crossed the border on a daily basis to work in the better paying western section of the city. Between 1949 and 1961, a total of about 2.6 million refugees (about 1/6 of the population) left the GDR. About half of them used the relatively open borders between East and West Berlin to flee what they considered a repressive system and to settle permanently in the West. In July 1961 alone, 30,000 GDR citizens left their homeland. There was a regular exodus of professionals, trained and educated in the GDR, which looked for better economic opportunities in the Federal Republic or in the United States.

The traffic was not only one-way. Thousands of West Berliners crossed into the eastern section of the city on a daily basis. Few of these, however, came to work or settle. Most came to buy the cheap food and energy products which were subsidized by the socialist state in order to enable its citizenry to have enough to eat. (Basic foods and survival goods and services are still heavily subsidized by the GDR government, to ensure at least a very basic survival level for all its people.)

While the 120 km long wall has never completely stopped the flight of GDR citizens to the West, the fear of death greatly curtailed the number of refugees. (During the first 20 years of its existence, "the wall" witnessed at least 71 deaths and 112 people injured while trying to escape.) Many GDR leaders believe that the economic progress of the GDR, including its development into one of the leading export nations of the world, would not have been possible without some measure such as "die Mauer," which prevented the flight of the country's workers and intelligentsia and kept subsidized consumer goods for the people they were intended for. One can only wonder when economic and political conditions in the GDR will be attractive enough for its citizenry to make a wall superfluous.

Übungen

A.   Haben Sie verstanden? (CC, P, H)

1. Warum sagte Präsident Kennedy, "Ich bin ein Berliner?"
2. Das Gedicht "DER VOGEL SCHMERZ" ist in unkonventioneller Orthographie geschrieben. Welche Wörter müßten anders geschrieben werden, um das Gedicht in konventioneller Schreibart umzusetzen? Machen Sie eine Liste!
3. Welche Länder oder Städte werden im Gedicht "Berliner Mauer am Trafalgar Square" erwähnt?
4. Welcher der Mauersprüche wurde wahrscheinlich vom einem Liebespaar geschrieben, wo der eine Partner im westlichen Teil und der andere Partner im östlichen Teil Berlins lebte?
5. Erfinden Sie eine kleine Geschichte, die Axel und Tina aus beiden Teilen Berlins wieder zusammenbringt. Wie haben sich die jungen Leute kennengelernt? Wie verständigen sie sich? Wie kommen sie wieder zusammen? Ein happy End, bitte!

B.   Lückentext (H, P)

Setzen Sie das passende Wort an die passende Stelle!
Bürger/Schriftsteller/Spaltung/Konflikt/Teilung/Weltkrieg/"die deutsche Frage"/Stadt/Zitate

Deutsche _____ in Ost und West sind seit dem Zweiten _____

_____ mit einem wichtigen Thema beschäftigt—mit der _____

_____ Deutschlands. Die Identität der Deutschen ist durch _____

_____—die Existenz zweier deutscher Staaten—selbst in Frage gestellt.

Die _____ Berlin symbolisiert diese _____ und

charakterisiert den Ost-West- _____. Es gibt viele politische und

literarische _____ zum Thema Berlin. Kennedy, zum Beispiel

sagte, daß alle freien Menschen, wo immer sie leben mögen, _____

_____ der Stadt West-Berlin sind.

C.   Assoziationen (P, H)

Welche Worte assoziieren Sie mit dem Thema Berlin? Bilden Sie mit jedem Begriff einen Satz!

politische Insel

die Mauer   die Hauptstadt

Ost-West Konflikt   Checkpoint Charlie

BERLIN

DDR   Industriestadt

kulturelle Metropole   die Teilung

D.   Partnerarbeit (P, H)

Entwerfen (*create*) Sie Mauersprüche aus der Sicht von Bürgern der BRD sowohl als auch von Bürgern der DDR! Sie dürfen politisch, romantisch, ernst oder lustig sein! Die besten Sprüche können an die Tafel oder auf ein "Graffiti-Poster" geschrieben werden.

Vor dem Lesen: Wie komme ich dorthin?_____

Being able to give or understand directions is important in any language. Below you will find a conversation with directions based upon the city map on page 179. Study the directions carefully and familiarize yourself with the following useful terms:

geradeaus, *straight ahead*
Wir gehen weder links noch rechts, sondern immer **geradeaus**.

links, *on the left, to the left*
Auf der **linken** Seite finden Sie die Kirche. Gehen Sie **links** um die Ecke!

rechts, *on the right, to the right*
Rechts neben dem Dom ist das Museum.

an etwas vorbeigehen (*dative*), *to go past something*
Er **geht** am Kino **vorbei**.

gegenüber (*dative*), *opposite, across from*
Gegenüber der Post finden Sie das Hotel. ODER
Der Post **gegenüber** finden Sie das Hotel.

die Straße entlang, *along the street*
Die alte Dame geht langsam **die Straße entlang**.

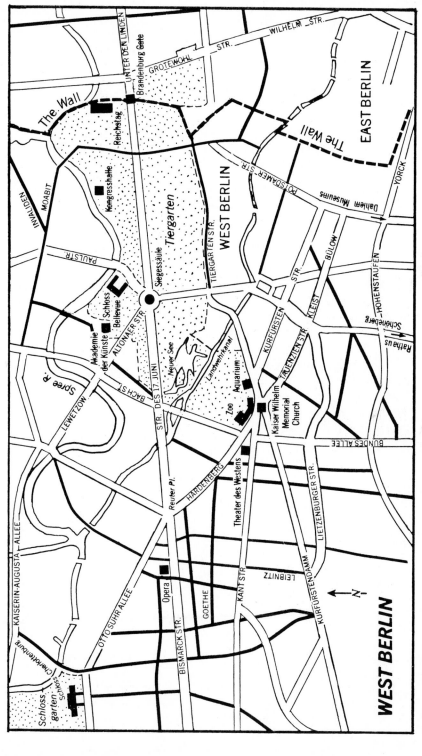

Berlin—Stadtplan

LESETEXT **2**

Wie komme ich dorthin? Ein Gespräch

Kurt und Elke sind mit dem Zug am Bahnhof Zoo in Berlin angekommen. Im Bahnhof fragen sie einen alten Herrn nach dem Weg zu ihrem Hotel am Kurfürstendamm.

KURT: "Entschuldigen Sie, bitte! Wir sind hier fremd. Können Sie uns sagen, wie wir zum Kurfürstendamm kommen? Wir suchen dort in der Nähe von der Kaiser-Wilhelm-Gedächtniskirche das Hotel 'Drei Bären.'"

DER HERR: "Ja, gewiß, junger Mann! Ich kenne das Hotel. Es ist nicht weit. Haben Sie einen Stadtplan?"

ELKE: "Hier, ich habe ihn **bereits** ausgepackt. Bitte schön." *just*

DER HERR: "Gehen Sie durch diesen **Ausgang** aus der Bahnhofs- *exit* halle hinaus, dann sind Sie in der Hardenberg Straße. Gehen Sie links und dann immer geradeaus. Links ist der Hardenbergplatz, und rechts können Sie schon die Kaiser-Wilhelm-Gedächtniskirche sehen. Gehen Sie über den Breitscheidplatz zum Kurfürstendamm, dann rechts den Ku-Damm entlang. Das Hotel ist nicht weit von der Gedächtniskirche."

ELKE: "Ja, das Hotel ist **sogar** auf der Karte **eingezeichnet**. *even/shown* Vielen Dank!"

Übungen

A.   Information (CC, P, H)

Lesen Sie folgende Situationen und geben Sie Anweisungen (mündlich oder schriftlich) mit Hilfe der Stadtkarte auf Seite 179.

1. Ein Herr ist im Tiergarten und will zum Brandenburger Tor. Wie kommt er dorthin?
2. Sie sind im Schloß Bellevue und wollen zu der Kaiser-Wilhelm-Gedächtniskirche. Beschreiben Sie Ihren Weg!

3. Ihr Freund studiert an der Akademie der Künste. Sie wohnen in einem Hotel in der Kurfürsten Straße. Wie fährt er zu Ihnen?
4. Eine Dame steht vor der Siegessäule und will zum Schloß Charlottenburg. Wie muß sie fahren?

B.   Tourist in Berlin (CC, P, H)

Sie sind gerade mit einem Freund in Berlin angekommen. Sie verbringen aber leider nur diesen einen Tag in der Stadt an der Spree. Sehen Sie sich den Stadtplan nochmal an. Was gibt es in Berlin zu sehen? zu tun? Wohin möchten Sie gehen? Planen Sie mit einem Partner fünf Ausflüge (excursions) für den Tag! Vergessen Sie nicht, daß Sie auch Hunger haben werden.

C.   Diskussionsfragen (CC, H)

1. Welche Sehenswürdigkeiten gibt es in der Gegend, wo Sie wohnen? Was kann ein Tourist in Ihrer Stadt machen?
2. Welche öffentlichen Verkehrsmittel gibt es in Ihrer Stadt? Fahren Sie gern mit dem Bus, oder fahren Sie lieber mit dem Auto? Warum? Was sind die Vorteile eines Privatautos? Was sind die Vorteile öffentlicher Verkehrsmittel? (Wie steht es z. B. mit dem Parken?)
3. Viele deutsche Städte haben in der Innenstadt verkehrsfreie Straßen, in denen man ungestört von Autos einkaufen kann. Diese Fußgängerzonen sind oft sehr schön angelegt, mit Straßencafés und schönen Boutiquen. Gibt es in Ihrer Nähe eine Fußgängerzone? Seit wann? Was halten Sie davon? Glauben Sie, daß mehr Menschen in die Stadt zum Einkaufen fahren, wenn das Zentrum für den Verkehr gesperrt (blocked off) ist? Warum, oder warum nicht?
4. Was hält man in Ihrer Stadt von Traditionen? Gibt es z. B. alte Gebäude, die man renoviert? Sollte man nur an Fortschritt (progress) denken, oder sollte man Traditionen bewahren (preserve)? Warum, oder warum nicht? Welche Traditionen sollte man weiterführen? Welche nicht?

Lesetip: The Passive Voice _____ ·

In your readings you will often encounter the passive voice. The passive voice directs reader attention from the subject or the doer, to the object, or the recipient of the action. The passive is often used when the subject (the doer of the action) is unknown or irrelevant. Note the example:

ACTIVE—After the war, the four allied powers occupied Berlin.
PASSIVE—After the war, Berlin was occupied (by the four allied powers).

The direct object of the active sentence takes the role of subject for the passive. The doer or subject of the active sentence is incorporated in a prepositional phrase, "by the four allied powers." The verb of the active sentence, "occupied" becomes part of a verb phrase, with a passive auxiliary joining the participle, "was occupied." Here are the sentences in German:

> ACTIVE—Nach dem Krieg besetzten die vier alliierten Mächte Berlin.
> PASSIVE—Nach dem Krieg wurde Berlin von den vier alliierten Mächten besetzt.

Many passive constructions do not name a doer, and would thus be difficult to formulate in the active voice. Here are two examples from your text:

> 1961 wurden West und Ost Berlin geteilt.
> Der Text der DDR Nationalhymne wird nicht gesungen.

Übung

Look through *Lesetext* 3 for occurrences of the passive voice. You will recognize it by the combination of some form of **werden** and a past participle. (The past tense of **werden** is **wurden**.) Make a list of all passive constructions you encounter. Translate the sentences into English and for each sentence:

1. identify the subject, if one is named,
2. identify the tense and number of the verb, and
3. look for the object of the preposition **von** or **durch**.

Vor dem Lesen: Zwei deutsche Nationalhymnen

The national anthems of various countries often resemble each other in their themes. They refer to historic events, or to geographic, religious, philosophical or ideological concepts that have become symbolic for a nation. What are some words and concepts that you expect in national anthems? Make a list.

> z. B. Fahne (*flag*)
>   Friede (*peace*)
>   Freiheit (*liberty*)

LESETEXT **3**

Zwei deutsche Nationalhymnen

Die Geschichte der Nationalhymnen der Bundesrepublik Deutsch-
land und der Deutschen Demokratischen Republik ist ein Beispiel
dafür, was Teilung bedeutet. Aus politischen und historischen
Gründen kann keine von den beiden Hymnen mit dem ganzen
Originaltext gesungen werden. Hier ist die Nationalhymne der
Bundesrepublik Deutschland:

Das Deutschland lied

Worte: H. Hoffmann v. Fallersleben (1841)   Weise: J. Haydn (1797)

Ei - nig-keit und Recht und Frei-heit für das deut-sche Va-ter-land!

Da - nach lasst uns al - le stre - ben brü-der-lich mit Herz und Hand!

Ei - nig-keit und Recht und Frei-heit sind des Glük - kes Un - ter-pfand.

Blüh im Glan-ze die - ses Glük-kes, blü - he, __ deut - sches__ Va - ter - land.

Aus: Elisabeth Schmidt, *Zum Singen und Tanzen*, National Textbook Co., 1972, s. 2.

Die bundesdeutsche Nationalhymne ist die dritte Strophe des
"Deutschlandliedes," gedichtet von August Heinrich Hoffmann
von Fallersleben. Die Melodie **entstammt** dem Kaiserquartett   *originates from*
(op. 76 Nr. 3) von Joseph Hayden. Am 18. November 1922 wurde
"Das Deutschlandlied" zur Nationalhymne des Deutschen Reiches
erklärt, aber nach dem Zweiten Weltkrieg wurde das Lied von der
Besatzungsregierung verboten. Als Hymne der Bundesrepublik   *occupying powers*

Deutschland wurde 1952 nur die dritte Strophe des Deutschland-
liedes wieder offiziell **zugelassen**.   *permitted*

Hier ist der vollständige Text des "Deutschlandliedes."
Warum, glauben Sie, wurden die erste und zweite Strophe von
den Siegermächten verboten?

Deutschland, Deutschland über alles

Deutschland, Deutschland über alles,
über alles in der Welt,
wenn es stets zu **Schutz** und **Trutze**   *protection/defense*
brüderlich zusammenhält,
von der Maas bis an die Memel,
von der Etsch bis an den Belt,
Deutschland, Deutschland über alles,
über alles in der Welt.

Deutsche Frauen, deutsche Treue,
deutscher Wein und deutscher Sang
sollen in der Welt behalten
ihren alten schönen **Klang**,   *sound*
uns zu **edler** Tat begeistern   *noble*
unser ganzes Leben lang.
Deutsche Frauen, deutsche Treue,
deutscher Wein und deutscher Sang!

Einigkeit und Recht und Freiheit   *unity*
für das deutsche Vaterland!
Danach laßt uns alle **streben**   *strive*
brüderlich mit Herz und Hand!
Einigkeit und Recht und Freiheit
sind des **Glückes Unterpfand**.   *guarantee of happiness*
Blüh im **Glanze** dieses Glückes,   *flower (v)/glow*
blühe, deutsches Vaterland!

VON HOFFMANN VON FALLERSLEBEN

Note: At the time of its composition in 1841, "Deutschland,
Deutschland über alles" was a call for national unity, sorely
needed in post-Napoleonic Europe, when the German Empire was
still a conglomeration of over one hundred relatively independent
princedoms.

Die Nationalhymne der DDR

Der Text der Nationalhymne der DDR wurde 1949 von Johannes R. Becher **geschaffen** und von Hans Eisler **vertont**. Ihr erster Vers lautet:

> **Auferstanden** aus Ruinen
> und der Zukunft **zugewandt**,
> laß uns dir zum Guten dienen,
> Deutschland, einig Vaterland.
> Alte **Not** gilt es zu **zwingen**,
> und wir zwingen es **vereint**,
> denn es wird uns doch **gelingen**,
> daß die Sonne schön wie nie
> über Deutschland scheint.

created/put to music

resurrected
turned toward

need/conquer
unified
succeed

Da diese Strophe die **Einheit** der deutschen Nation erwähnt (Zeile 4, 6 und 9), wird der Text der Hymne nicht gesungen. Nur die Melodie wird gespielt. Die DDR ist deshalb einer der wenigen Staaten in der Welt, mit einer Nationalhymne ohne Worte.

unity

is expressed

Aus: *Kursbuch Deutschland 85/86* und *PZ*, Nr, 38, S. 17.

Und hier zum Vergleich sind die österreichische Nationalhymne und die deutsche Version der schweizer Nationalhymne.

Österreichische Bundeshymne

1. Land der Berge, Land am **Strome**,
   Land der **Äcker**, Land der Dome,
   Land der Hämmer, **zukunftsreich**!
   Heimat bist du großer Söhne,
   Volk, **begnadet** für das Schöne,
   viel**gerühmtes** Österreich,
   vielgerühmtes Österreich.

   der Strom-river
   fields
   rich in promise for
      the future
   blessed
   -praised

2. Heiß **umfehdet**, wild umstritten,
   liegst dem Erdteil du inmitten
   einem starken Herzen gleich.
   Hast seit frühen **Ahnentagen**
   hoher Sendung Last getragen,
   vielgeprüftes Österreich,
   vielgeprüftes Österreich.

   fought over

   ancestral times
   carried the burden of a
      noble mission

3. Mutig in die neuen Zeiten,
   frei und gläubig sieh uns **schreiten**,

   stride

arbeitsfroh und hoffnungsreich.
Einig laß in Brüderchören,
Vaterland, dir **Treue schwören**,   *loyalty/pledge*
vielgeliebtes Österreich,
vielgeliebtes Österreich.

Text von Paula von Preradovic
Musik von W.A. Mozart

Schweizerpsalm

1. **Trittst** im Morgenrot **daher**,   *step out*
   seh' ich dich im **Strahlenmeer**,   *sea of (sun) rays*
   dich, du Hocherhabener, Herrlicher!
   Wenn der Alpen **Firn** sich rötet,   *eternal snow*
   betet, freie Schweizer, betet.
   Eure fromme Seele ahnt,   *your devout soul senses*
   eure fromme Seele ahnt
   Gott im **hehren** Vaterland,   *majestic*
   Gott, den Herrn, im hehren Vaterland!

2. Kommst im Abendglühn daher,
   find ich dich im **Sternenheer**,   *multitude of stars*
   dich, du Menschenfreundlicher, Liebender!
   In des Himmels **lichten** Räumen   *bright*
   kann ich froh und selig träumen;
   denn die fromme Seele ahnt,
   denn die fromme Seele ahnt
   Gott im hehren Vaterland,
   Gott, den Herrn, im hehren Vaterland!

3. Ziehst im **Nebelflor** daher,   *mist*
   such' ich dich im **Wolkenmeer**,   *sea of clouds*
   dich, du **Unergründlicher, Ewiger**!   *unfathomable/eternal*
   Aus dem grauen Luftgebilde
   bricht die Sonne klar und milde,
   und die fromme Seele ahnt,
   und die fromme Seele ahnt
   Gott im hehren Vaterland,
   Gott, den Herrn, im hehren Vaterland!

4. Fährst im wilden Sturm daher,
   bist du selbst uns **Hort und Wehr**,   *refuge and protection*
   du, **allmächtig Waltender, Rettender**!   *all powerful ruler, saviour*
   In Gewitternacht und Grauen
   lasst uns kindlich ihm **vertrauen**!   *trust*

Ja, die fromme Seele ahnt,
ja, die fromme Seele ahnt
Gott im hehren Vaterland,
Gott, den Herrn, im hehren Vaterland!

P. Alberich Zwyssig (1808–1854)

Übungen

A. Haben Sie verstanden? (CC, P, H)

1. Wie heißt die bundesdeutsche Nationalhymne?
2. Wer hat sie gedichtet? Wann?
3. Wer hat die Nationalhymne der DDR gedichtet?
4. Welcher Komponist hat die DDR-Hymne vertont?
5. Wird die Nationalhymne der BRD gesungen? Welche Strophe(n)?
6. Wird die Nationalhymne der DDR gesungen?

B. Zur Diskussion (CC, P, H)

1. Aus welchem Grund kann nur die dritte Strophe der Nationalhymne der Bundesrepublik gesungen werden?
2. Warum wird die Nationalhymne der DDR nicht gesungen?
3. Lesen Sie die Hymnen laut vor! Wie finden Sie diese Texte? Vergleichen Sie die Motive, die besungen werden! In welcher Hymne wird die Natur oder Landschaft besungen? In welcher spielt die Geschichte eine Rolle? In welcher werden menschliche Ideale erwähnt? In welcher Hymne wird Hoffnung für die Zukunft ausgedrückt?
4. Vergleichen Sie die vier Nationalhymnen deutschsprachiger Länder mit der U.S. Nationalhymne! Versuchen Sie, die Musik der Hymnen auf Platten oder Tonbänder zu bekommen.

Vor dem Lesen: Seitenwechsel

In recent years, it has become increasingly evident that the city of Berlin is the cultural metropolis of **both** Germanies, with cultural influence often travelling from East to West. Recently, a lively cultural exchange has started between the two Germanies and the two Berlins, but as little as a decade ago, Berlin (West) became the involuntary new home of several GDR writers and artists who had to leave because they refused to follow the GDR party line. These authors, actors, sculptors, and musicians were victims of the **Berufsverbot**, the government-imposed denial of their right to work as artists because of their political beliefs.

Einflußreiche (influential) Berufe (CC, P)

Welche Berufe können direkt oder indirekt gegen die Regierung eines Staates arbeiten? Wieso?

z. B. Ein Journalist kann direkt gegen die Regierung arbeiten. Er schreibt (veröffentlicht) kritische Artikel.

Schriftsteller   Maler   Professor   Komponist
Künstler   Schauspieler   Architekt   Historiker
Lehrer   Handwerker   Soldat   ???

LESETEXT **4**

Seitenwechsel

Kultur-Transfer, Emigration oder wie nennt man das, was in den siebziger Jahren **geschah**? Künstler aus der DDR, **Liedermacher**, Schauspieler, Schriftsteller, Musiker, Maler und **Bildhauer verließen** ihre Heimat—und das war die Welt zwischen Rostock und Erzgebirge[1]—und zogen in "den anderen Teil Deutschlands." Nicht freiwillig. Die Partei[2] wollte es so. Denn damals war es der Partei wichtiger, "immer recht" zu haben, als für verschiedene Meinungen Raum zu geben.

happened/song-writers
sculptors
left

Im Herbst 1976 wurde Wolf Biermann **ausgebürgert**. Biermann **faßte** im Westen **Fuß**. Er erklärt sein heutiges Leben so: "In der DDR habe ich Brot gebacken für Leute, die **sich** selbst nicht öffentlich **äußern** können. Hier im Westen komme ich mir vor wie einer, der Kuchen bäckt. Nichts gegen Kuchen. Und es ist gut, in einem Land zu leben, in dem man nicht Angst haben muß, wenn **es klingelt**, ob es der Milchmann oder die **Staatssicherheit** ist."

expatriated
settled....down
express themselves

the doorbell rings/ security service

[1] Rostock ist der Name einer Stadt im Norden der DDR, und das Erzgebirge ist ein Gebirge im Süden der DDR.
[2] Die Partei bedeutet die Sozialistische Einheitspartei Deutschlands (SED). Obwohl andere politische Parteien in der DDR existieren, nimmt die SED die Führungsposition im politischen System ein.

Wolf Biermann

Gegen die **Ausbürgerung** von Biermann solidarisierten sich Dutzende seiner Kollegen. Die DDR **erlebt** die größte **Ausreisewelle** von Künstlern. Hier die Namen und Daten einiger Seitenwechsler:

1977 wurden Liedermacher wie Gerulf Pan und Christian Kunert vor die Alternative gestellt, in den Westen zu reisen oder eine langjährige **Haft** in der DDR **auf sich zu nehmen**. Sie traten den Weg in den Westen an.

Der Schriftsteller Reiner Kunze **trat** 1968 aus der SED[3] **aus** wegen des **Einmarsches** der Warschauer-Pakt-Truppen in die Tschechoslowakei. 1977 ging auch er in den Westen.

expatriation

experienced/wave of departures

imprisonment/
zu akzeptieren

withdrew from

invasion

---

[3] Die SED ist eine Partei, die 1949 aus zwei Parteien geformt wurde, aus der Sozialistischen Partei und der Kommunistischen Partei Deutschlands.

1978 ist Schriftsteller Jurek Becker nach West Berlin **überge-** *emigrated*
siedelt.

Beispiele für den Seitenwechsel von West nach Ost gibt es
kaum. Der Autor Stefan Heym, der vor den Nazis emigrierte und *scarcely*
in der amerikanischen Armee kämpfte, ging nach dem Krieg nach
Ost-Berlin, wo er bis heute lebt. Heym **kehrt** von jeder Westreise *returns*
wieder in seine Wohnung nach Ost-Berlin **zurück**.

Seit den siebziger Jahren hat sich vieles geändert. Der welt-
bekannte DDR Autor Heiner Müller bekommt heute für seine
Theaterstücke Preise in beiden deutschen Staaten. Ruth Berghaus,
''Nibelungen''-Regisseurin aus Ost-Berlin, genießt hüben und
drüben **Anerkennung**. Auch die Schriftstellerin Christa Wolf ist in *recognition*
beiden deutschen Ländern bekannt.

Heute hoffen viele DDR-Künstler, daß Erich Honeckers Satz,
''Es gibt keine Tabus mehr.'' endlich Realität wird. Erst dann wird
der freidenkende Künstler nicht mehr **gezwungen**, ein ''Seiten- *forced*
wechsler'' zu sein.

Aus: *Wir*, Nr. 4, Juli 1987, s. 6–7.

Übungen

A.   Machen Sie eine Liste! (P, H)

Nennen Sie die Künstler, die in diesem Text als ''Seitenwechsler'' genannt
wurden! Welche Berufe üben sie aus?

B.   Zur Diskussion (CC, H)

1. Was ist ein Berufsverbot?
2. Warum wird manchen Menschen in manchen Staaten wohl der Beruf verboten?
3. Für welche Berufe ist künstlerische Freiheit besonders wichtig?
4. Warum sind Künstler wichtig für einen Staat? Ist es ein Verlust (*loss*), wenn
   Künstler auswandern?
5. Warum bleibt ein Künstler oder eine Künstlerin in einem Land, in dem man
   wenig Freiheit hat? Was für einen Einfluß kann er/sie auf den Staat ausüben
   (*exert*)?
6. Gibt es in den Vereinigten Staaten ein Berufsverbot? Gibt es Künstler, die
   aus Amerika auswandern oder ausgewandert sind? Warum (nicht)?

KAPITEL 11

Schulbildung und Studium

Wörter im Kontext

sich bilden//die Bildung, -en// (*to educate oneself//general education, refinement*)—Viele Erwachsene gehen in die Abendschule, um sich weiterzu**bilden**.

gebildet (*educated*)—Nicht alle Menschen, die an einer Universität studiert haben, sind gut **gebildet**.

sich ausbilden//die Ausbildung (*to be trained//training*)—Die **Ausbildung** ist die Bildung für einen spezifischen Beruf.

das Bildungssystem, -e (*educational system*)—Im **Bildungssystem** der Bundesrepublik gibt es verschiedene Arten von Schulen.

öffentlich (*public*)—Das Gegenteil von privat ist **öffentlich**.

besuchen//der Besuch, -e//der Besucher, -, die Besucherin, -nen (*to visit, attend//attendance//visitor*)—Welche Schule haben Sie als Kind **besucht**?

der Austauschstudent, -en, die Austauschstudentin, -nen (*exchange student*)—Ein **Austauschstudent** studiert an einer Universität im Ausland, während sein Studienplatz zu Hause von einem Studenten des Gastlandes belegt wird. In Berlin studieren viele amerikanische Austauschstudenten an der Freien Universität. Gleichzeitig gibt es aber auch Studenten aus Berlin, die an amerikanischen Universitäten studieren.

der Dozent, -, die Dozentin, -nen (*instructor*)—Ein **Dozent** unterrichtet an einer Universität.

lehren//der Lehrling, -e//die Lehre -n (*to teach//apprentice//apprenticeship*)—Es gab 1984 mehr als anderthalb Million **Lehrlinge** (auch Auszubildende [Auzubis] genannt) in der Bundesrepublik.

Wortgruppen zum Thema "Schule"

Hier sind einige Wörter zum Thema "Schule." Nennen Sie andere Wörter, die in diese Gruppen passen (*belong*)!

a. das Examen

???

das Abitur   die Abschlußprüfung
(*final exam*)

die Klausur
(*exam*)

???   **DAS EXAMEN**   ???

die Noten   das Ergebnis   die Prüfung
(*grades*)   (*result*)   (*test*)

???

b. der Unterricht

der Sprachunterricht   die Übung
(*language class*)   (*exercise*)

das Semester   **DER UNTERRICHT**   ???
(*instruction*)

der Kurs   die Vorlesung   der Stundenplan
(*course*)   (*lecture*)   (*class schedule*)

das Vorlesungsverzeichnis
(*catalog of courses*)

Vor dem Lesen: Das Bildungssystem in der Bundesrepublik

Dieses Kapitel erklärt einige Unterschiede zwischen dem Bildungssystem der Bundesrepublik Deutschland und dem Bildungssystem der Vereinigten Staaten. Erwähnt werden auch einige Aspekte der Jugendausbildung in der DDR, die sich von den anderen deutschsprachigen Ländern unterscheiden.

Im Hörsaal einer Universität

Erklären Sie das Bildungssystem in den USA! (CC, P, H)

1. Wie lange ist die Schulpflicht (d.h. Wie viele Jahre muß man in den USA in die Schule gehen)?
2. Wann beginnt die obligatorische Schulzeit? Wann endet sie?
3. Welche Arten von Schulen gibt es in den Vereinigten Staaten? Machen Sie eine Liste! z. B. Kindergärten, öffentliche Schulen usw.
4. Wer geht in die Grundschule oder Elementarschule? in die *Junior-High* Schule? in die *Senior-High* Schule? auf die Universität?
5. Welche Schule(n) besucht man nach dem *High School*-Abschluß in den USA, wenn man folgende Berufe erlernen will?

Bäcker/in	Apotheker/in
Mechaniker/in	Sekretär/in
Lehrer/in	Pfarrer/in
Friseur/Friseuse	Verkäufer/in

6. Was sind die minimalen Qualifikationen für den Universitätseintritt?
7. Wer finanziert die Schulbildung?
8. Wer finanziert die Universitätsbildung?

LANDESKUNDLICHE INFORMATIONEN

Secondary school students in the German-speaking world usually do not change classrooms for every subject. They remain in the same classroom throughout the day, except for those classes for which special facilities are required, e.g., music, chemistry, sports, etc. Teachers, rather than students, move from class to class. The course-work completed in these schools is highly standardized, with fewer electives offered than in American high schools. As seen in the sample course schedule below, not every subject is offered daily. Consequently the students are exposed to a wide variety of subjects, often over a longer period of time.

Unlike in the United States, religious instruction is an obligatory subject until age 14. For religious instruction, classes are separated according to religious denomination, either Protestant or Catholic. In the German Democratic Republic, religion is not taught in schools, but Marxism-Leninism and Russian are required subjects, even at the university level.

Gymnasium
Klasse 6A

STUNDENPLAN

	Montag	Dienstag	Mittwoch	Donners-tag	Freitag	Samstag
7.55–8.40	Latein	Zeichnen	Geschichte	Deutsch	Latein	Mathematik
8.40–9.25	Biologie	Mathematik	Deutsch	Englisch	Englisch	Erdkunde
9.40–10.25	Englisch	Religion	Englisch	Religion	Biologie	Sport
10.25–11.10	Deutsch	Chemie	Physik	Chemie	Deutsch	Sport
11.20–12.05	Geschichte	Latein	Mathematik	Mathematik	Zeichnen	
12.05–12.50	Physik	Erdkunde	Latein			

As this schedule indicates, the German school day is shorter than its American counterpart. The regular school day ends at about 1:00 in the afternoon. After that, special-interest elective courses are offered. As a result, schools seldom need cafeterias or study halls. However, homework is plentiful, and parents often spend hours helping their children study.

The German school system is highly competitive. Universities in the Federal Republic are extremely crowded, especially in medicine, pharmacology, biology, architecture, and psychology. It has become necessary to impose restrictions on the number of students admitted to each field of study. This selective admission, called **Numerus clausus**, is based upon grade-point average. University applicants must compete for a very limited number of openings and are selected according to their grade-point average on the **Abitur**. Sometimes a tenth of a point decides whether or not one is admitted to a restricted field of study.

Lesetip: Compound Nouns

As the *Worter im Kontext* indicate, many words in this chapter are compound nouns, formed by combining one or more words. The German language has many such compounds, combined from various parts of speech. Sometimes verbs pair up with nouns, other times two nouns combine to form one noun, and even adverbs and adjectives join nouns to form a compound noun. Decoding the meaning of these nouns can be quite easy, if you know the meaning of the parts of the compound. We will help you predict the meaning of the following compounds by "attacking" each word individually. Notice that the gender of the compound word is determined by the gender of the final noun component, which serves as "base" word for the combination.

Übungen

1. "Die Bildung" bedeutet *education*. Was bedeutet. . . die Universitätsbildung? die Ausbildung? die Schulbildung? das Bildungssystem?
2. Bilden Sie Wörter! z. B. (das) ?-fach (*field of study*)—das Hauptfach (*major*), das Nebenfach (*minor*), das Schulfach

ODER

_?_ Schul- ?—die Schulbildung (*formal eduction*), der Schulbus (*schoolbus*), das Schulfach (*school subject*), das Schulhaus usw.

(der)	?-unterricht	_?_ Unterrichts-?
(der/die)	?-lehrer/in	_?_ Lehrer-?
(der/die)	?-student/in	_?_ Studenten-?
(das)	?-studium	_?_ Studium-?
(die)	?-schule	_?_ Lieblings-?

3. Suchen Sie im folgenden Text die zusammengesetzten Wörter. Machen Sie eine Liste! Was bedeuten diese Wörter?

LESETEXT 1

Das Bildungssystem in der Bundesrepublik

Das Bildungssystem in der BRD ist komplexer als das Bildungssystem in den Vereinigten Staaten. In der BRD besteht die Schul-**pflicht** vom 6. bis zum 18. Lebensjahr, also für zwölf Jahre. Neun   *obligation*

Das Bildungssystem in der BRD

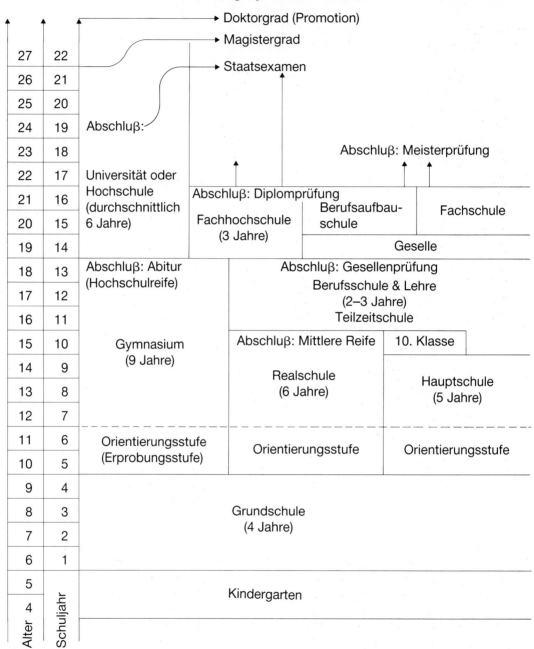

Das Bildungssystem in der BRD

Jahre davon (in einigen **Bundesländern** zehn Jahre) ist Vollzeit- *states in the Federal*
schule. Die Berufsschule ist eine Teilzeitschule. Der Besuch aller *Republic*
öffentlichen Schulen (**einschließlich** Universitäten) ist kostenlos. *including*
Der Kindergarten ist **freiwillig** und gehört nicht zum staatlichen *voluntary*
Schulsystem. Im allgemeinen wird die Hauptschule von den
Schülern besucht, die später ein Handwerk oder einen **kaufmän-**
nischen Beruf erlernen wollen. Die Realschule wird von den *business-related*
Schülern besucht, die später oft im mittleren **Staatsdienst**, *public service*
als technische Assistenten oder in kaufmännischen Berufen arbeiten. Das Gymnasium dient als **Vorbereitung** auf das Univer- *preparation*
sitätsstudium.

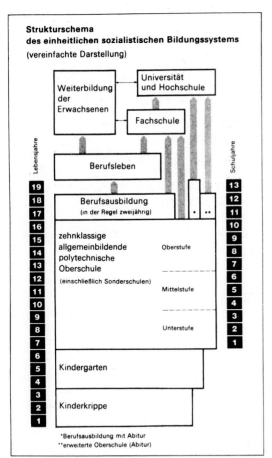

**Strukturschema
des einheitlichen sozialistischen Bildungssystems**
(vereinfachte Darstellung)

*Zum Vergleich—das Bildungssystem
in der DDR*

Wöchentliche Stundentafel
der zehnklassigen allgemeinbildenden polytechnischen
Oberschule

Fach	Klasse									
	1	2	3	4	5	6	7	8	9	10
Deutsch	10*	12	14	14	7	6	5	5	4	3
Russisch	–	–	–	–	6	5	3	3	3	3
Mathematik	5	6	6	6	6	6	6	4	5	4
Physik	–	–	–	–	–	3	2	2	3	3
Astronomie	–	–	–	–	–	–	–	–	–	1
Chemie	–	–	–	–	–	–	2	4	2	2
Biologie	–	–	–	–	2	2	1	2	2	2
Geographie	–	–	–	–	2	2	2	2	1	2
Werkunterricht	1	1	1	2	2	2	–	–	–	–
Schulgartenunterricht	1**	1	1	1	–	–	–	–	–	–
Polytechnischer Unterricht***	–	–	–	–	–	–	4	4	5	5
Geschichte	–	–	–	–	1	2	2	2	2	2
Staatsbürgerkunde	–	–	–	–	–	–	1	1	1	2
Zeichen	1	1	1	2	1	1	1	1	–
Musik	1	1	2	1	1	1	1	1	1	1
Sport	2	2	2	3	3	3	2	2	2	2
Insgesamt	**21**	**24**	**27**	**29**	**31**	**33**	**32**	**33**	**32**	**32**

* Im 1. Halbjahr 11 Stunden Deutsch

** Setzt erst im 2. Halbjahr ein

*** Wird unterteilt in die Fächer Einführung in die sozialistische
Produktion, Technisches Zeichnen und Produktive Arbeit

Fakultative Fächer:
Nadelarbeit in den Klassen 4 und 5 (je 1 Stunde)
2. Fremdsprache (in den Klassen 7 bis 9 je 3 Stunden,
in Klasse 10 2 Stunden)

Wöchentliche Stundentafel

Übungen _____

A.   **Haben Sie verstanden?** (CC, P, H)

Richtig oder falsch? Wenn die Information falsch ist, bitte, geben Sie die korrekte Information!

1. Alle deutschen Schüler besuchen ein Gymnasium.
2. Wenn man zehn Jahre alt ist, muß man entscheiden, in welche Schule man nach der Grundschule geht.
3. Sie wollen Automechaniker werden. Sie müssen für diesen Beruf die Berufsschule besuchen.
4. Das Abitur ist die große Prüfung am Ende des Universitätsstudiums.
5. In Amerika gibt es auch Lehrlinge wie in der Bundesrepublik.

B.   **Fragen** (CC, P, H)

Beantworten Sie diese Fragen mit Hilfe der graphischen Darstellung des bundesdeutschen Schulsystems!

1. Welche Schule(n) besuchen alle Kinder gemeinsam?
2. Wie alt sind die Kinder, wenn sie in die Grundschule kommen?
3. Wie heißt die Abschlußprüfung, die man nach neun Jahren Gymnasium macht, und die zur Aufnahme an einer Universität berechtigt? Mit wieviel Jahren machen die meisten Gymnasialschüler diese Prüfung?
4. In welchem Alter sind die meisten Lehrlinge?
5. In welche Schule(n) geht ein Konditorgeselle, der Konditormeister werden will?
6. Was sind die minimalen Qualifikationen für den Universitätseintritt?
7. Wer finanziert die Schulbildung?
8. Wer finanziert die Universitätsbildung?

C.   **Welche Schule für welche Berufe?** (CC, P, H)

Lesen Sie die LANDESKUNDLICHEN INFORMATIONEN, und entscheiden (*decide*) Sie, in welche Schule(n) man geht.

Ich möchte... werden und besuche..., ..., und...

Metzger(in)	die Grundschule
Lehrer(in)	die Hauptschule
Krankenpfleger(in)	die Realschule
Rechtsanwalt("in)	das Gymnasium
Postbeamter/-beamtin	die Gesamtschule

Sekretär(-in)   die Berufsschule und die Lehre
Ingenieur(-in)   die Universität oder die Hochschule
Bankangestellte(-r)
Automechaniker(-in)
Kaufmann/Kauffrau

D.   **Wofür interessiert man sich?** (CC, P, H)

Bilden Sie Sätze, die das Interesse für ein Fach und für einen Beruf beschreiben!

z. B. Katharina Witt interessiert sich für Theater, denn sie möchte Schauspielerin
Werden.

PERSON (EN)	FACH oder INTERESSENGEBIET	BERUF
Ich	Psychologie	Psychiater(in)
Meine Freundin	Religion	Arzt (÷in)
Mein Freund	Medizin	
Mein Bruder	Chemie	Ingenieur(in)
Meine Schwester	Mathematik	Künstler(in)
Einige Studenten	Kunst	Musiker(in)
Viele Studentinnen	Kinder	Journalist(in)
in dieser Klasse	Fremdsprachen	Lehrer(in)
?	Geschichte	Politiker(in)
	Politik	Wissenschaftler(in)
	Computer	Architekt(in)
	Geographie	Reiseagent(in)
	Physik	Tierarzt (÷in)
	Biologie	Krankenpfleger(in)
	Tiermedizin	Pfarrer(in)
	?	Computer Techniker(in)
		?

LESETEXT 2

Das Studium im Ausland

Jedes Jahr im September kommen viele Studentinnen und
Studenten aus den USA für ein Jahr in die Bundesrepublik, um an
einer deutschen Universität zu studieren. Oft nehmen sie
Sprachunterricht, denn sie müssen erst eine Sprachprüfung   *language classes*

schreiben, bevor sie sich offiziell **immatrikulieren** können. Natürlich machen sie auch Exkursionen, um **Landeskunde** selbst "zu
erleben."

    Die Studenten, die hier über ihre Erfahrungen berichten,
haben schon zwei Semester an einer deutschen Universität studiert.

register
culture

David Rogers, Evansville/Hamburg:

"Im September 1980 begann ich mein Studium in meiner Heimatstadt Evansville. Damals war ich 18 Jahre alt. Als *Freshman* in
Indiana bin ich schnell **zurechtgekommen**, denn die Universitäten
sind nicht sehr anders als die *High Schools*. Die Immatrikulation
und das **Belegen** von Kursen macht man vor dem Semesteranfang.
Hier in Hamburg muß man **Bekanntmachungen** an diversen
"Schwarzen **Brettern**" suchen, um Informationen über Kurse zu
bekommen. Bei uns stand alles im **Vorlesungsverzeichnis**.

    Positiv gesehen kann der Student in Hamburg, anders als in
unserem "**festen**" Immatrikulationssystem, in jede Vorlesung
hineingehen. Man kann sich **danach entscheiden**, welche Kurse
man **belegt**. Hier (in Hamburg) gibt es Vorlesungen, **Übungen** und
Seminare, und die **Unterschiede** zwischen ihnen sind größer als in
den USA.

    In Amerika wird das Studium **Teil für Teil** aufgebaut. Man
lernt für einen Kurs. **Unmittelbar** danach wird das gelernte Material geprüft. Ob man sich später an die gelernten Informationen
erinnert oder nicht, ist weniger wichtig als bei deutschen
Studenten, denn es gibt keine allgemeine Schlußprüfung nach
dem Studium. Vielleicht fehlt deswegen vielen amerikanischen
Studenten der große Zusammenhang ihrer Fächer.

    In Hamburg arbeiten nicht viele Studenten während des Stu-
diums. In Indiana sind Stipendien **knapp**, und viele Eltern können
sich die Studienkosten nicht **leisten**. Eine Teilzeitarbeit ist vielleicht keine schlechte Sache, denn sie bringt Erfahrung im Beruf.
Man lernt die Berufswelt schon an der Uni kennen.

    Eines **gilt** auf beiden Seiten—ohne **Anstrengung** beim Stu-
dium gibt es keinen Erfolg."

got on well

enrolling
announcements
bulletin boards
course catalog

set
decide accordingly
takes/introductory classes
differences

piece by piece
immediately

scarce
afford

is true/effort

Lisa Johnson, Dartmouth College/Heidelberg:

"Meine deutschen Freunde und Bekannten fragen oft, wie sich die
deutsche von der amerikanischen Universität unterscheidet. Das
erste, was mir anders **vorkommt**, sind die **Erwartungen** der Professoren. In den USA gibt es relativ viel **täglichen Druck** beim Studium. Die Professoren erwarten, daß die Studenten viel lesen und
schreiben, und daß sie täglich Hausaufgaben **abgeben**. Solche

appears/expectations
daily pressure

turn in

Arbeit wird nach meiner Erfahrung hier in Heidelberg nicht erwartet. Der Druck ist anders, aber gestreßt ist man immer noch. **Statt**   *instead of*
täglichen Druck gibt es die Erwartung auf Seiten der deutschen Professoren, daß die Studenten sich selbst informieren, wenn sie etwas nicht wissen. Das kann leider dazu **führen**, daß Studenten   *lead*
nur **das Notwendigste** tun, um durchzukommen. Andererseits,   *what is required*
was ich sehr positiv finde, informieren sich viele Studenten und werden immer **selbständiger**. Wir Amerikaner erscheinen im   *more independent*
Vergleich etwas passiv beim Studium.

Der zweite große Unterschied für mich zwischen deutschen und amerikanischen Universitäten ist, daß in den USA die Universität nicht nur ein akademisches Zentrum ist, sondern auch ein gesellschaftliches und kulturelles. Es ist in Heidelberg schwieriger, Studenten **außerhalb der Unterrichtszeit** kennenzulernen.''   *outside the classroom*

Barbara Dugelby, Austin/München:

''Für mich ist die Musik das Schönste an meiner Universitätsstadt, München. Das ganze Jahr über gibt es Möglichkeiten, Musik zu hören. Ich bin in so vielen Konzerten, Opern und Messen gewesen, daß meine Musikliebe fast zur **Leidenschaft** geworden   *passion*
ist.

München ist für seine große Universität und die große Studentenzahl bekannt. Große Seminare bin ich schon **gewohnt**,   *accustomed*
was ich aber nicht erwartete, waren die großen Unterschiede zwischen den deutschen und amerikanischen Studenten und Professoren. Die Studenten kommen und gehen, wann sie wollen. Der Dozent läßt sich dadurch nicht **stören**. **Es wird** geraucht und   *get bothered/people . . . talk*
geredet, und trotzdem **liest** der Dozent **weiter vor**.   *continues to lecture*

Aus: **Uni hh, Berichte und Meinungen aus der Universität Hamburg**, 15. Jahrgang, Nr. 4 Juni, 1984, S. 42–43; und **Gazette, Zeitschrift des Verbandes des Deutsch-Amerikanischen Clubs e.V.**, Juni, 1984 und September, 1985.

Übungen

A. Haben Sie verstanden? (CC, P, H)

Machen Sie eine Liste! Welche Vor- oder Nachteile (*disadvantages*) hat das deutsche Universitätssystem? das amerikanische Universitätssystem?

VORTEILE	NACHTEILE
Amerika/Bundesrepublik	Amerika/Bundesrepublik

B.   Zur Diskussion (CC, P, H)

Beschreiben Sie die ideale Universität! Ist die ideale Universität (Uni) eine Uni ohne Noten? Wieviel Freizeit gibt es? Ist die Anwesenheit (*attendance*) freiwillig? Wie viele Hausaufgaben würde es pro Tag geben? Welche Freiheiten haben die Studenten? Gibt es viel Mitbestimmung (*co-determination*)? Wie wichtig ist der Sport? Ist Respekt vor dem Professor/der Professorin wichtig?

C.   Ein Interview zum Thema "Schule" (CC, P, H)

Wie war/ist Ihre Schule? Erzählen Sie Ihrem Parter/Ihrer Partnerin über Ihre Schule. War sie gut oder schlecht? Wie waren die Lehrer? Wer war Ihr Lieblingslehrer/Ihre Lieblingslehrerin? Warum? Was war Ihr Lieblingsfach? Wie sah die Schule aus? Gab es viel Lärm (*noise*)?

Hier sind einige Hilfsmittel:

Meine Schule war prima/nicht sehr gut, denn...
Die Lehrer waren langweilig/interessant/zu alt/zu jung...
Bei uns war es ganz anders, denn...
Ich fand es auch gut, weil...
Es war nämlich so, daß...
Ich habe nicht sehr viel in der Schule gelernt, denn...

D.   Rollenwechsel—Lehrer/in sein (CC, P, H)

Stellen Sie sich vor, Sie sind jetzt der Lehrer/die Lehrerin Ihrer Klasse. Machen Sie eine Liste der Themen, die Sie gern mit der Klasse besprechen möchten. Entscheiden Sie sich für Themen, die Ihre Studenten oder Schüler auch interessant finden? Welche kulturellen Themen besprechen Sie? Werden die Studenten oder Schüler auch viel lesen, Aufsätze schreiben, oder nur sprechen? Worüber sollten sie sprechen? Sollten sie auch Grammatik lernen? Warum (nicht)?

E.   Lustig ist das Studentenleben ... (CC, P)

Studenten lernen nicht nur, sie haben auch Freizeit. Wann oder wie oft tun Sie folgendes?
    z. B.—Auto fahren—Ich fahre selten Auto.

Wann/wie oft?

nie/selten/manchmal/jedeWoche/oft/Samstags/am Wochenende/jeden zweiten Tag/sehr oft/jeden Tag/abends/nur während der Ferien/?

Welche Freizeitaktivitäten?

Rad fahren
spazieren gehen
sich mit Freunden unterhalten
fernsehen
zu einem Sportwettkampf (*sports event*) gehen
ins Kino gehen
ins Theater gehen
ins Konzert gehen
Radio oder Schallplatten hören
mit Freunden in eine Diskothek gehen
Briefe schreiben
Skilaufen gehen
Drachenfliegen (*hang-gliding*) gehen
zelten (*camping in tents*)
Karten spielen
ein Musikinstrument spielen
eine Party geben
eine Kur (*take a cure at a health resort*) machen
turnen (*do gymnastics*)
faulenzen (*laze around*)
schlafen
???

BAMBI
Telefon 28 40 30
Im Steinweg 12

13.00, 15.30, 18.00, 21.00 Uhr   ab 12 Jahre
Hope & Glory
„JOHN BOORMAN'S hope & glory beschreibt den
Krieg der Kinder Dawn, Bill, und Sue. Der 2. Weltkrieg
verändert ihr Leben in einem Londoner Vorort von
Grund auf!"

beta
Telefon 28 31 28
Weißfrauenstr. 12-16

15.00, 17.00, 19.00, 21.00 Uhr · Fr./Sa. auch 23.00 Uhr
„Intelligent und spannend." *(FR)* Der neue Film von
VOLKER SCHLÖNDORFF.   **3. Woche**
Ein Aufstand alter Männer
Mit LOUIS GOSSET Jr., RICHARD WIDMARK,
WOODY STRODE u. a.   **Prädikat: Bes. wertvoll**

cinema
Telefon 28 29 33
An der Hauptwache
Klimaanlage

13.00, 15.30, 18.00, 20.30 Uhr, Fr./Sa. auch 23,00 Uhr
„Ein Senkrechtstarter! Die Tanzszenen sind umwer-
fender als alles andere, was es in diesem Jahrzehnt im
Kino gab."   Rolling Stone Magazine
Dirty Dancing   ⌧ DOLBY STEREO
mit PATRIK SWAYZE (Superstar aus
„Fackeln im Sturm") und JENNIFER GREY.

cinemonde
Telefon 28 29 33
An der Hauptwache

13.15, 15.45, 18.15, 20.45 Uhr, Fr./Sa. auch 23.00 Uhr
Ein BLAKE-EWARDS-FILM   **Prädikat wertvoll**
Blind Date   **6. Wo.**
Verabredung mit einer Unbekannten ⌧ DOLBY STEREO
mit KIM BASINGER und BRUCE WILLIS

cinestar
Telefon 28 29 33
An der Hauptwache

13.15, 15.45, 18.15, 20.45 Uhr, Fr./Sa. auch 23.00 Uhr
Die Presse schreibt: „So schön kann Kino sein. Ein
wahrer Traum von einem Film!"
La Bamba   **3. Woche**
RICHIE VALENS — seine Karriere dauerte nur acht
Monate. Was er bewegte, überdauert Generationen.

Palette
Telefon 28 40 30
Im Steinweg 12

12.45, 15.15, 17.45, 20.15 Uhr   ab 6 Jahre
ROXANNE   2. Woche
Roxanne träumt von einem hübschen, intelligenten
und romantischen Mann. Bates (STEVE MARTIN in
einer Glanzrolle!) hat 2 dieser Eigenschaften — aber
Aussehen ist nicht das Wichtigste! Mit DARYL
„Splash" HANNAH und SHELLEY DUVALL!

Känguruh-Abendstudio, tägl. 22.30 Uhr
Do.: GNADENLOS; Fr.: DIE RITTER DER KOKOS-
NUSS; Sa.: HIGHLANDER; So.: DER MANN MIT DEN
2 GEHIRNEN; Mo.: LIEBE UND ANARCHIE; Di.: RU-
NAWAY TRAIN; Mi.: MACBETH

ROYAL
Telefon 28 78 74
Schäfergasse 10

⌧ DOLBY STEREO

12.30, 15.00, 17.45, 20.30 Uhr · Fr./Sa. 23.15 Uhr
          ab 12 J.
Beverly Hills Cop II   3. Woche
The Heat's back on! Axel Foley alias EDDIE MURPHY,
der einzige Polizist, der schneller spricht als schießt,
ist wieder da. Mit dem Kopf durch die Wand und
immer geradeaus.

Turm 1
Telefon 28 17 87
Am
Eschenheimer Turm

⌧ DOLBY STEREO

12.30, 15.00, 17.45, 20.30, Fr./Sa. auch 23.15 Uhr   ab 12 J.
James Bond 007 —   9. Woche
Der Hauch des Todes
Der neue James Bond — gefährlich wie nie:
TIMOTHY DALTON ist immer in Gefahr . . . seine Art
zu leben! Seit 25 Jahren unerreicht. Mit MARYAM
d'ABO, JEROEN KRABBE und JOE DON BAKER!

SENIOREN-VORSTELLUNG TURMPALAST: nur Do.,
8. 10. 87, 13.15 Uhr: **DAS LIED DER NACHTIGALL** mit
Margot Hielscher und Theo Lingen

KÄNGURUH — ABENDSTUDIO PALETTE: tgl. 22.30
Uhr, siehe Handzettel

Welche Filme möchten Sie sehen? Welche Filme kennen Sie schon?

Vor dem Lesen: DDR—Staat der Jugend

In the selection process for university study in the German Democratic Republic, academic achievement is only one of several considerations. Excellent grades, proof of good citizenship, and the social origin of the applicant are all evaluated as well. The percentage of university students coming from working class or farmers' families (40–60%) is far higher than in the Federal Republic, and the percentage of women in non-traditional fields (e.g., science and technology) is also impressive.

In the German Democratic Republic, 75% of all young men and women between 14 and 25 belong to the FDJ (**Freie Deutsche Jugend** or Free German Youth), and a similar youth organization called the Pioneers, **die Pioniere**, exists for boys and girls between the ages of 6 and 14. Belonging to the **FDJ** is helpful in getting into universities or other institutions of higher education and in furthering one's career. However, many youths join the **FDJ** out of conviction or because they are attracted by its activities. These include political indoctrinations, of course, but, similar to our boy and girl scout troups, activities also include social events, group travel, work on behalf of various social causes, attendance at concerts and plays, and group discussions.

Aus: Hirschbach, **Focus on East Germany**, AATG, 1979, S. 11.

LESETEXT 3

DDR—Staat der Jugend

In der DDR gibt es drei Millionen Jugendliche im Alter von 14 bis 25 Jahren. Nach dem Jugend**gesetz** werden alle Einwohner von der *law* Geburt bis zum 25. Lebensjahr als Jugendliche **bezeichnet**. Sechs *classified* Millionen Kinder und Jugendliche repräsentieren mehr als ein Drittel der **Gesamtbevölkerung** der DDR (etwa 36 Prozent). *total population*

Die Pionierorganisation

Viele Jugendliche in der DDR sind Mitglieder der Jungpioniere, die Kinderorganisation der Freien Deutschen Jugend (FDJ). Die Pionierorganisation wurde am 13. Dezember 1948 gegründet. Die Pioniere erhalten in der vierten Klasse ein rotes **Halstuch**, das *neckerchief* Symbol der Freundschaft der Pioniere der DDR mit den Leninpionieren der Sowjetunion und mit den Pionieren der anderen sozialistischen Länder.

Studium und Ausbildung

1972 hatte die **Zahl** der Studierenden mit 161 000 in der DDR ihren Höchststand. 1982 kamen auf 10 000 Einwohner in der DDR 78 Studenten, in der BRD waren es 195.

number, count

    Mehr als 1,2 Millionen Jugendliche in der DDR sind **berufstätig**. Weitere 500 000 Jungen und Mädchen befinden sich in der beruflichen Ausbildung.

employed, working

Friedrich-Schiller-Universität, Jena

Übung

Haben Sie verstanden? (P, CC, H)

Richtig oder falsch? Wenn die Information nicht stimmt, geben Sie bitte die korrekte Information!

1. In der DDR gibt es drei Millionen Jugendliche im Alter von 14 bis 25 Jahren.
2. Nach dem Jugendgesetz sind Einwohner bis zum 18. Lebensjahr Jugendliche.
3. Die Jugendlichen repräsentieren mehr als ein Drittel der Gesamtbevölkerung der DDR.
4. Nicht viele Jugendliche in der DDR sind Mitglieder der Jungpioniere.
5. Die Kinderorganization der Jungpioniere heißt die Freie Deutsche Jugend (FDJ).
6. Die Pionierorganization wurde im Jahre 1958 gegründet.
7. Das rote Halstuch der Pioniere ist ein Symbol der Freundschaft mit jungen Leuten in den anderen sozialistischen Ländern.
8. Viele Jungen und Mädchen in der DDR befinden sich heute in der beruflichen Ausbildung.

KAPITEL 12

Andere Länder, andere Sitten

Wörter im Kontext

Welches englische Wort trägt die Bedeutung des Wortes im Kontext?

die Sitte, -n—Jedes Land hat seine eigenen **Sitten** und Traditionen. (*sites, customs, dialects*)

das Benehmen//sich benehmen, benahm, benommen—Gutes **Benehmen** ist in jeder Gesellschaft wichtig—beim Tanzen, auf Parties und immer, wenn Menschen in Gruppen zusammenkommen. (*food, manners, attitude*)

es gehört sich—**Es gehört sich**, nur dort zu rauchen, wo Rauchen erlaubt (*permitted*) ist. (*it is appropriate, it belongs to him, it sounds like*)

einladen, lädt ein, lud ein, eingeladen//die Einladung, -en—Wenn man eine Party gibt, schickt man eine **Einladung** an die Gäste, die man auf der Party haben möchte. (*bill, announcement, invitation*)

der Krankenbesuch, -e//der/die Kranke, -n//der Besuch, -e—Beim **Krankenbesuch** bringt man oft Blumen mit. Viele **Krankenbesuche** finden im Krankenhaus statt. (*visits to someone who's ill, hospital stay, health insurance*)

das Geschenk, -e—Zum Geburtstag und zu Weihnachten bekommt man oft schöne **Geschenke**. (*gifts, purchases, vegetables*)

der Blumenstrauß, ⸚e//die Blume, -n//der Strauß, -e—Zum Muttertag schenke ich meiner Mutter einen großen **Blumenstrauß**. (*flower wreath, bouquet of flowers, coupon for flowers*)

das Besteck, -e—Das gewöhnliche **Eßbesteck** besteht aus einem Messer, einer Gabel und einem Löffel. (*table setting, silverware, china*)

die Regel, -n—In der **Regel** trinken die Deutschen beim Essen kein Wasser. (*rain, rule, ruler*)

der Glückwunsch, ⸚e//das Glück//der Wunsch, ⸚e—Wenn jemand Geburtstag hat, sagt man "Herzlichen **Glückwunsch** zum Geburtstag!" (*birthday, anniversary, congratulations*)

die Gesellschaft, -en//der Gesellschaftstanz//das Gesellschaftsleben—Jeder Mensch ist ein Mitglied einer **Gesellschaft**. (*society, business, country*)

der Gastgeber, -, die Gastgeberin, -nen—Ich gebe gern Parties. Meine Freunde sagen, daß ich eine gute **Gastgeberin** bin. (*parents, police, hostess*)

der/die Bekannte, -n//der Bekanntenkreis—Die meisten Menschen haben mehr **Bekannte** als Freunde. (*friends, acquaintances, parents*)

der Anruf, -e,—Telefonanrufe sind entweder privat oder Geschäfts**anrufe**. Man sollte privat nur zu bestimmten Zeiten anrufen und nie nach 11 Uhr abends. (*calls, shouts, bills*)

höflich//unhöflich—Es ist **unhöflich**, wenn man sich nicht entschuldigt, wenn man zu spät zur Deutschstunde kommt. (*considerate, impolite, foreign*)

Vor dem Lesen: Andere Länder, andere Sitten_____

Do you ever wonder what to do or say in social situations? Social situations can be even more difficult when cultural differences in manners exist! Check your "instincts" for manners in German-speaking countries with this quiz.

Richtig oder falsch? (CC, P)

1. Mit Leuten, die man nicht kennt, sollte man nicht tanzen.
2. Wenn man mit einer Gruppe von Leuten tanzen geht, tanzt man nur mit seinem Freund oder seiner Freundin (oder wenn man verheiratet ist, nur mit dem Ehepartner.)
3. Studenten sollten ihrem Lehrer/ihrer Lehrerin rote Rosen schicken, wenn er/sie Geburtstag hat.
4. Wenn man in einem deutschsprachigen Land eingeladen ist, sollte man immer ein kleines Geschenk mitbringen.
5. Im Zeitalter der Emanzipation kann auch eine Dame einen Herrn **zum Tanz auffordern** (*to ask for a dance*).
6. Im kleinen Bekanntenkreis sollte ein Mann versuchen, mit allen Frauen zu tanzen.
7. Man kann sowohl Männern als auch Frauen Blumen schenken.

LESETEXT **1**

Andere Länder, andere Sitten

In Amerika waren es Emily Post und Amy Vanderbilt, die ihren Landsleuten "das gute Benehmen" **vorschrieben**. In Deutschland versuchte Adolf Freiherr von Knigge schon im 18. Jahrhundert, die Deutschen zu lehren, **was sich gehört**. Im Zeitalter der Technik und der Emanzipation der Frau hat sich natürlich vieles **geändert**—auch viele Regeln für gutes Benehmen. Aber gute Manieren sind heute noch genau so wichtig wie zu Knigges Zeiten. Wer weiß, vielleicht werden Sie bald in einem deutschsprachigen Land reisen oder studieren, oder vielleicht arbeiten Sie einmal für eine amerikanische Firma im deutschsprachigen Teil Europas. Dann müssen Sie folgendes wissen:

dictated

what is proper

changed

Am Telefon

Geschäftsanrufe macht man nur während der Geschäftszeit. Privatanrufe ohne wichtigen Grund sollten nur zwischen 10.00 und 12.00 und zwischen 16.00 und 18.00 Uhr gemacht werden. Rufen Sie nicht während des Abendessens, während der **Fernsehnachrichten** oder während eines wichtigen Fußballspiels an!

TV-news

    Melden Sie sich kurz und bestimmt, wie z. B: "Hier Meier, guten Morgen! "Bitte kein "Hallo?" oder "Ja?" Der Hausherr meldet sich mit "Meier", seine Frau mit "Frau Meier", seine Tochter mit "Gisela Meier", sein Sohn mit "Wolfgang Meier" oder "Meier Junior", das Hausmädchen (oder ein Gast im Haus) mit "Hier bei Meier!"

identify yourself

    Möchte der Anrufer, daß jemand ans Telefon gerufen wird, sollte er höflich fragen, wie z. B.: "Guten Tag, Frau Meier! Hier Herbert Knauer. Darf ich bitte mit Ihrer Tochter sprechen?"

    Es ist unhöflich, ein langes Telefongespräch zu führen, wenn Sie Besuch haben. Sprechen Sie auch nicht all zu lange—jede Minute kostet Geld. (Schauen Sie unter LANDESKUNDLICHE INFORMATIONEN nach!)

Wer tanzen kann, hat mehr vom Leben!

Der Tanzkurs gehört in der deutschsprachigen Welt für viele junge Leute zur Vorbereitung auf das Gesellschaftsleben. Im allgemeinen gehen die Mädchen ab 15 Jahren und die Jungen ab 16 Jahren in die

Tanzschule. Dort lernen sie nicht nur Beat, Twist, Boogie und die neuesten Diskotänze, sondern auch die älteren Gesellschaftstänze wie Walzer, Tango, Foxtrott oder Rumba.

Wenn ein Herr mit einer unbekannten Dame tanzen will, fragt er: "Darf ich um diesen Tanz bitten?" Wenn die Dame, mit der er tanzen will, in **Begleitung** eines Herrn ist (vielleicht der Ehemann, Freund oder Vater), fragt er den Herrn: **"Gestatten Sie?"** bevor er die Dame zum Tanz führt.

company

"If you don't object..."

Bei privaten Partys sollten die Männer ihre **"Pflichttänze"** nicht vergessen. Zuerst tanzt der Herr mit seiner "Tischdame" (der Dame, die rechts neben ihm sitzt). Der nächste Tanz gehört der Hausfrau oder Gastgeberin. Wenn die Party klein ist, sollte der Mann versuchen, mit jeder Frau (ob **ledig, verliebt, verlobt, verheiratet**, jung oder alt) wenigstens einmal zu tanzen.

obligatory dances

single, in love, engaged, married

Unter Bekannten und Freunden kann auch die Dame **zum Tanz auffordern**.

to ask for a dance

Wenn ein Herr eine Dame zum Tanz auffordert, die Dame aber "nein" sagt, sollte sie diesen Tanz auch mit keinem anderen Mann tanzen. Das gleiche gilt natürlich auch für einen Mann, wenn eine Dame ihn zum Tanz auffordert.

Laßt Blumen sprechen!

Unter den Europäern geben die Deutschen das meiste Geld für Blumen aus. Blumen sind in jeder Situation richtig, in der man ein kleines **Geschenk** braucht. Bei einer **Einladung** außerhalb der Familie, beim Krankenbesuch, zur Begrüßung auf dem Flugplatz oder zum **Abschied** auf dem Bahnhof, zur **Taufe**, zum Geburtstag, zum Muttertag, zum Vatertag, zur Konfirmation oder Kommunion, zur **Verlobungsfeier**, Hochzeit—ja, auch zur **Beerdigung**. Sogar *eine* Blume ist oft genug als **"Mitbringsel."**

gift/invitation

farewell/baptism

engagement party/funeral small bring-along gift

Meistens schenkt man Blumen in ungeraden Zahlen, weil sich 3, 5, 7 oder 9 Blumen in einer Vase schöner arrangieren lassen als 2, 4, 6 oder 8. Traditionell sind rote Blumen (besonders rote Rosen) ein Symbol der Liebe. Denken Sie also über die Konsequenzen nach, bevor Sie Ihrer Professorin (oder Ihrem Lehrer) ein Dutzend rote Rosen zum Geburtstag schenken. Weiße Blumen waren traditionell ein Symbol des Todes. Heute achtet man nicht mehr so genau auf den Symbol**wert** der Farben. Aber vielleicht sollten Sie trotzdem niemandem Osterlilien oder weiße Chrysanthemen beim Krankenhausbesuch mitbringen.

value

Wenn Sie eine deutsche Familie besuchen, überreichen Sie der Hausfrau den Blumenstrauß *ohne* Papier, d.h. Sie packen die Blumen aus, bevor Sie an der Haustür klingeln. Andere Geschenke (z. B. eine Flasche Wein, Schokolade usw.) bleiben **eingepackt**.

wrapped

Auf dem Blumenmarkt

LANDESKUNDLICHE INFORMATIONEN

Telephone service in the Federal Republic of Germany is available through the **Bundespost** (*Federal Postal Service*). It is more expensive than in the United States (installation costs approximately DM 200.00), and a waiting period of from one to six months is not unusual before new telephone customers get their equipment. A monthly fee of approximately DM 30.00 includes 20 free local calls. After these free calls, a local phone call costs 23 Pfennig for every eight minutes. Long-distance calls cost extra.

Public phones are fully automated. Although you can call long distance from a public phone, overseas calls can only be made from the newer public phones, and you should check to see that you have sufficient change before you start. A light will indicate when you are to insert more coins, and if you do not do so immediately, you will be cut off. No change or refund is given if you insert more money than needed, but if you wish to make additional calls on money left in the phone, you can press the green button beside the receiver instead of hanging up. You will hear a dial tone and can then make another call.

Übungen

A.   Haben Sie verstanden? (P, H)

1. Wie hieß Deutschlands Emily Post?
2. Sie wollen die Mutter Ihrer Freundin zum Kaffee einladen. Wann rufen Sie an?
3. Sie sind auf Besuch bei Familie Wolf. Das Telefon klingelt. Niemand außer Ihnen ist zu Hause. Wie melden Sie sich am Telefon?
4. Sie rufen bei Kellers an, um mit Ihrem Schulfreund Peter zu sprechen. Frau Keller antwortet am Telefon. Was sagen Sie?
5. Wo kann man Gesellschaftstänze lernen?
6. Wie nennt man einen Tanz, den ein Mann auf einer Party mit einer Dame tanzen sollte?
7. Was kann man zu vielen Anlässen (*occasions*) schenken?
8. Was sollte man einer kranken Person in deutschsprachigen Ländern nicht schenken?

B.   Was sagen Sie? (P, H)

Was man sagt, und wie man sich benimmt, kommt auf die Situation an, in der man sich befindet. Also das **Wo, Wann** und **Mit wem** der Sprachsituation bestimmt, was und wie Sie etwas sagen. Der gleiche Satz kann in verschiedenen Situationen höflich, absurd oder sogar beleidigend (*offensive*) sein. Lesen Sie folgende Situationen, und wählen Sie die beste Antwort.

1. Am Frankfurter Hauptbahnhof ist Stoßverkehr (*rush hour traffic*). Ein Taxifahrer überholt (*passes*) einen Motorradfahrer, und es kommt fast zu einem Unfall (*accident*). Was ruft der Motorradfahrer wahrscheinlich?
   a. Bitte fahren Sie nicht so schnell!
   b. Du bist wohl verrückt! Willst du mich umbringen (*kill*)?
   c. Sie dürfen hier eigentlich nicht so schnell fahren.

2. Sie besuchen einen Freund. Ihr Freund hat einen großen Bernhardiner (*St. Bernard*). Sie möchten gern nach Hause gehen, aber der Hund liegt auf Ihrem Mantel. Was sagen Sie zum Hund?
   a. Stehen Sie auf!
   b. Bitte, stehen Sie auf!
   c. Los, steh auf!

3. Sie sind beim Einkaufen im Supermarkt und können die Sardinen nicht finden. Was fragen Sie die Verkäuferin?
   a. Wo sind die Sardinen?
   b. Bitte, sag mir, wo die Sardinen sind!
   c. Können Sie mir bitte sagen, wo ich die Sardinen finden kann?

4. Sie lernen den zehnjährigen Sohn Ihres Lehrers im Schwimmbad kennen. Was sagen Sie?
   a. Schöne Grüße an Deinen Vater!
   b. Bitte grüßen Sie Ihren Vater von mir!
   c. Sagen Sie Ihrem Vater, daß ich ihn grüße!

5. Sie wechseln Reiseschecks auf der Bank um. Der Bankangestellte (*employee*) gibt Ihnen zu wenig D-Mark. Was sagen Sie?
   a. Ich glaube, Sie haben mir nicht genug Geld gegeben. Würden Sie bitte noch einmal nachrechnen (*check*)?
   b. Du bist wohl verrückt! Das ist nicht genug Geld.
   c. Ich will mehr Geld. Du hast mir nicht genug gegeben.

6. Sie besuchen die Tante eines Freundes in Österreich. Was sagen Sie?
   a. Mein Freund hat mir viel von dir erzählt.
   b. Mein Freund hat mir viel von Ihnen erzählt.
   c. Ich freue mich, dich persönlich kennenzulernen.

C.   Wie sollte man sich in dieser Situation benehmen? (P, H)

1. Im Gasthaus sitzt Kurt beim Mittagessen mit unbekannten Leuten an einem Tisch. Nach dem Essen möchte er gern eine Zigarette rauchen, aber seine Tischnachbarn essen noch. Was tut er?
   a. Er fragt seine Tischnachbarn, ob er rauchen darf.
   b. Er raucht, denn er kennt die Leute nicht.
   c. Er wartet, bis seine Tischnachbarn mit dem Essen fertig sind, bevor er raucht.
   d. Er wartet, bis seine Tischnachbarn mit dem Essen fertig sind und fragt dann, ob er rauchen darf.

2. Der Student Michael Roth ist bei seiner Professorin und deren Mann zum Abendessen eingeladen. Er will einen besonders guten Eindruck (*impression*) machen. Was bringt er der Gastgeberin?
   a. eine Flasche Schnaps
   b. ein Dutzend rote Rosen
   c. eine Schachtel Pralinen (*box of candies*)
   d. eine hübsche seidene (*silk*) Bluse.

3. Herr Weißkopf kauft im Supermarkt ein. Dort trifft er seine alte Deutsch-
   lehrerin. Er will sie besonders herzlich begrüßen und ihr seinen Respekt
   zeigen. Wie begrüßt er sie?
   a. Er schüttelt ihr die Hand.
   b. Er küßt ihr die Hand.
   c. Er umarmt und küßt sie.
   d. Er klopft ihr auf die Schulter und sagt: "Wie schön, daß Sie noch leben."
4. Sigrid geht in einen Nachtklub zum Tanzen. Sie tanzt mit vielen jungen
   Männern. Ein junger Mann, den sie kennt, aber nicht mag, fordert sie zu
   einem Boogie auf. Sigrid will nicht mit ihm tanzen und sagt, daß sie zu
   müde ist. Kurz danach kommt ein bildschöner, junger Mann und bittet sie
   auch zum Tanz. Was macht Sigrid?
   a. Sie sagt sofort ja, denn so einen Mann trifft man nur einmal.
   b. Sie gibt ihm auch einen Korb (d.h. sie sagt "nein").
   c. Sie sagt ihm, er solle nicht böse sein, aber sie hätte einem anderen Herrn
      "nein" gesagt und möchte bis zum nächsten Tanz warten.

Welches Glas zu welchem Getränk?

Vor dem Lesen: **Tischdecken** _____ *Setting the Table*

Maureen Smith besucht ihre deutschen Verwandten in Hamburg. Ihr deutscher
Vetter (*cousin*) heiratet, und sie sitzen gerade beim Hochzeitsessen im Hotel zur
Post. Das Hauptgericht (*main course*) schmeckt Maureen nicht, und sie möchte
keine zweite Portion davon. Wie kann sie dem Kellner—ohne ein Wort zu
sagen—zeigen, daß sie nichts mehr essen will?

   a. Sie stellt ihr Glas auf den Teller.
   b. Sie kreuzt Messer und Gabel auf dem Teller.
   c. Sie legt Messer und Gabel nebeneinander auf den Teller.
   d. Sie stellt den Teller unter den Tisch.

Lesen Sie weiter, wenn Sie wissen wollen, wie man auch ohne Worte deutsch
"spricht!"

LESETEXT **2**

Tischdecken

1. Das kleine Gedeck—Gabel links, Messer und Suppenlöffel
   rechts vom Teller, Dessertlöffel oben **quer**, und das Glas (jedes   *sideways*
   Glas) oben rechts.

Das kleine Gedeck

2. Das Festtagsgedeck—Natürlich gibt es auch Variationen. Das
   Beispiel zeigt, daß es eine **Vorspeise**, einen Hauptgang und   *appetizer*
   einen Nachtisch gibt. Zum Hauptgang wird es Wein und zum
   Nachtisch wird es **Sekt** geben.   *champagne*

Das Festtagsgedeck

Ob Sie noch etwas zu essen wünschen oder **satt** sind, sieht Ihr Gastgeber oder Kellner daran, wie Sie Ihr **Besteck** auf den Teller legen. Legen Sie Messer und Gabel nebeneinander auf den Teller, so weiß jeder, daß Sie nichts mehr wollen. Möchten Sie jedoch mehr, dann **kreuzen** Sie Messer und Gabel auf dem Teller.

full, have eaten enough
silverware, cutlery

cross

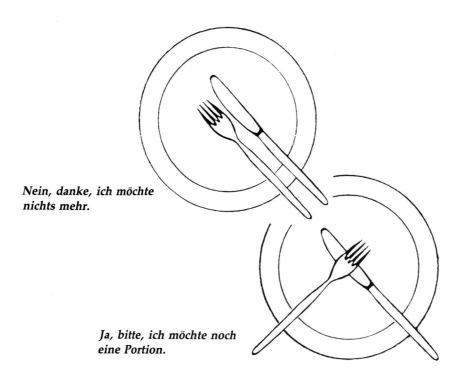

Nein, danke, ich möchte nichts mehr.

Ja, bitte, ich möchte noch eine Portion.

• • •

**Wir leben nicht, um zu essen;
wir essen, um zu leben.**

(Sokrates)

Für jede Gelegenheit bei Tisch gibt es das passende Eßwerkzeug. Wer gern Spezialitäten ißt, sollte auch die richtigen Bestecke haben.

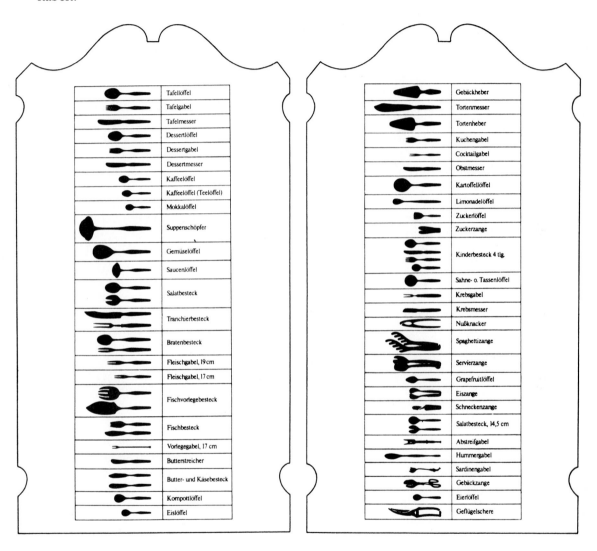

	Tafellöffel
	Tafelgabel
	Tafelmesser
	Dessertlöffel
	Dessertgabel
	Dessertmesser
	Kaffeelöffel
	Kaffeelöffel (Teelöffel)
	Mokkalöffel
	Suppenschöpfer
	Gemüselöffel
	Saucenlöffel
	Salatbesteck
	Tranchierbesteck
	Bratenbesteck
	Fleischgabel, 19 cm
	Fleischgabel, 17 cm
	Fischvorlegebesteck
	Fischbesteck
	Vorlegegabel, 17 cm
	Butterstreicher
	Butter- und Käsebesteck
	Kompottlöffel
	Eislöffel

	Gebäckheber
	Tortenmesser
	Tortenheber
	Kuchengabel
	Cocktailgabel
	Obstmesser
	Kartoffellöffel
	Limonadelöffel
	Zuckerlöffel
	Zuckerzange
	Kinderbesteck 4 tlg.
	Sahne- o. Tassenlöffel
	Krebsgabel
	Krebsmesser
	Nußknacker
	Spaghettizange
	Servierzange
	Grapefruitlöffel
	Eiszange
	Schneckenzange
	Salatbesteck, 14,5 cm
	Abstreifgabel
	Hummergabel
	Sardinengabel
	Gebäckzange
	Eierlöffel
	Geflügelschere

Übungen _____

A.   Bitte wählen Sie! (P)

Mit welchem Besteck ißt man diese Gerichte? Benutzen Sie die Illustration zur Hilfe!

z. B. Suppe ißt man mit dem Suppenlöffel.

1. Kartoffeln	ißt man mit	a. der Flasche.
2. Belegte Brote	trinkt man aus	b. dem Sektglas.
3. Rheinwein		c. Messer und Gabel.
4. Brötchen		d. der Gabel.
5. Spaghetti		e. dem Weinglas.
6. Steak		f. Löffel und Gabel.
7. Pfannkuchen (*pancakes*)		g. der Hand.
8. Tomatensalat		h. dem Kaffeelöffel.
9. Käsetorte		i. dem Suppenlöffel.
10. Gemüse		j. der Kuchengabel.
11. Pudding		k. dem Bierglas.
12. Eine Banane		l. dem Messer.
13. Ein Omelett		m. dem Fischbesteck.
14. Champagner		n. der Tasse.
15. Eis		o. dem Buttermesser.
16. Kaffee		p. dem Schnapsglas.
17. ???		q. ???

B.   Decken Sie den Tisch! (CC, P, H)

Welche Utensilien braucht man zum Essen? Machen Sie eine Liste! z. B.: Es gibt belegte Brote (*open-faced sandwiches*) und Bier. Man braucht dazu einen Teller, ein Messer, eine Gabel (manche Deutsche essen belegte Brote mit Messer und Gabel) und ein Bierglas.

1. Es gibt Kuchen und Kaffee.
2. Es gibt Suppe, Salat, Wiener Schnitzel, Kartoffeln, Weißwein und Mokka Creme.
3. Es gibt Käsebrötchen und Coca-Cola.
4. Es gibt Sardinen in Tomatensoße als Vorspeise, Nudeln und Schweine-braten, Obst, Gebäck, Weißwein und Sekt.

KAPITEL 13

Kinder, Küche, Kirche?

Wörter im Kontext

das Grundgesetz (*the constitution*)—Das Grundgesetz der Bundesrepublik garantiert Frauen die gleichen Rechte wie Männern.

"Kinder, Küche, Kirche" (*literally: children, kitchen, church; allegorically: hearth and home*)—Viele Frauen glauben heutzutage, daß es mehr im Leben gibt als **"Kinder, Küche und Kirche"**.

die Einstellung, -en//eingestellt//(*attitude//-minded, focused*)—Haben Sie eine emanzipierte **Einstellung** zur Ehe, oder sind Sie traditionell **eingestellt**?

das Geschlecht, -er (*sex, gender, species*)—Wer heute noch von den Frauen als "das schwächere **Geschlecht**" oder "das schöne **Geschlecht**" spricht, wird ausgelacht (*ridiculed*).

die Gleichberechtigung, -en//gleichberechtigt//das Recht, -e (*equal rights// legally equal//law, right*)—Nicht nur Frauen, ganze Rassen, Religionen und Nationalitäten haben für **Gleichberechtigung** gekämpft.

die Rolle, -n//die Rollenverteilung, -en (*role//division of roles*)—Spielt die Frau auch heute noch in der Familie eine wichtigere **Rolle** als der Mann?

die Sache, -n//Männersache//Frauensache (*thing//the "thing to do" for men//for women*)—Was in der Generation unserer Großeltern noch **Männersache** war, ist heute Männer- *und* Frauensache.

berufstätig (*employed*)—Es ist nicht leicht für eine alleinstehende (*single*) und berufstätige Person, eine Familie zu haben.

das Gehalt, ⸚er//der Lohn, ⸚e (*salary//wages*)—Bei seinem geringen (*modest*) **Gehalt** kann er sich nicht viel leisten.

die Stelle, -n//der Stellenbewerber, -die Stellenbewerberin (*position//job applicant*)—Meine Freundin sucht eine **Stelle** als Lehrerin in einer Privatschule.

die Umfrage, -n//die Meinungsumfrage, -n (*survey//opinion poll*)—Bei einer **Meinungsumfrage** gab es folgende Ergebnisse...

LESETEXT 1

Die Gleichberechtigung der Frau im Grundgesetz der BRD

Artikel 3

des Grundgesetzes für die Bundesrepublik Deutschland:

(1.) Alle Menschen sind vor dem Gesetz gleich.
(2.) Männer und Frauen sind gleichberechtigt.
(3.) Niemand darf wegen seines Geschlechtes,
seiner **Abstammung**, seiner Rasse, seiner Sprache, seiner Heimat und
Herkunft, seines Glaubens, seiner religiösen oder politischen
Anschauungen benachteiligt oder **bevorzugt** werden.

Stand: Januar, 1980

parental descent, origin
national origin
views/discriminated against/
granted special favors
as of

Vor dem Lesen: Kinder, Küche, Kirche?_____

Das Grundgesetz der Bundesrepublik garantiert Frauen die gleichen Rechte wie
Männern. Wie in anderen Ländern gibt es aber auch in den deutschsprachigen
Ländern viele verschiedene Auslegungen (*interpretations*) von Menschenrech-
ten. Viele Leute glauben immer noch, daß sich Frauen eigentlich mit Kindern,
Küche und Kirche beschäftigen (*occupy*) sollten. Was meinen Sie? Sind Sie für die
Emanzipierung der Frauen, oder sind Sie traditionell eingestellt?

A. **Stimmen Sie zu** (agree) **oder nicht?** (CC, P)

Wenn Sie zustimmen, beginnen Sie Ihre Antwort mit ''Ich stimme zu, denn. . .''
oder ''Der Meinung bin ich auch, weil. . .'' Wenn Sie nicht zustimmen, beginnen
Sie mit ''Ich stimme nicht zu, denn. . .'' oder ''Der Meinung bin ich nicht,
denn. . .'' Wenn Sie nicht sicher (*certain*) sind, beginnen Sie, mit ''Es kommt
darauf an, denn. . .'' (*It all depends, because. . .*)

1. Männer sind stärker als Frauen.
2. Frauen sind geduldiger (*more patient*) als Männer.
3. Frauen sind nicht so intelligent wie Männer.

Lehrlinge in der Werkstatt

    4. Männer sind pünktlicher als Frauen.
    5. Männer denken logischer als Frauen.
    6. Frauen sind launischer (*moodier*) als Männer.
    7. Frauen sind treuer als Männer.
    8. Frauen sind gefühlsvoller als Männer.
    9. Männer haben mehr Courage als Frauen.
  10. Frauen sind nicht so aggressiv wie Männer.
  11. Männer fahren besser Auto als Frauen.
  12. Frauen sprechen zu viel.
  13. Männer sind besser im Sport als Frauen.
  14. Wenn eine Frau Kinder hat, soll sie zu Hause bleiben.

Die Oma versorgt das Enkelkind, während die Eltern arbeiten.

B.   Was glauben Sie? (H)

Was ist "Männersache"? "Frauensache"? Sowohl Männersache als auch Frauensache? Weder Männersache noch Frauensache? Machen Sie Sätze, die Ihre
eigene Meinung ausdrücken! z. B. Waschen ist Männersache, denn. . .

Kindererziehung   Kinderkriegen (*-bearing*)   Gartenarbeit
Rasenmähen (*mowing the lawn*)   Einkaufen   Kochen   Boxen
Autoreparieren   Abwaschen (*washing the dishes*)   Flugzeugfliegen
Putzen   Kriegeführen (*fighting wars*)   im Restaurant bedienen
Abtrocknen (*drying the dishes*)   Taxifahren   Ringkampf (*wrestling*)
Fußballspielen   Töten (*killing*)   Nähen (*sewing*)   ???

Lesetip: Lexical Derivations_____

Knowing how words are related by derivation can help you predict the meaning of unfamiliar vocabulary. Nouns and verbs are often from the same root form, and many nouns are derived from verbs. One can transform almost any German verb into a noun by capitalizing the infinitive form and using **das** as the definite article. You can usually assume that this simple derivation is comparable to adding "ing" to verbs in English, so that if you know the verb, you automatically know its derived noun. Notice the simplicity of this type of noun formation as compared to others derived from the verb stem.

INFINITIVE	NOUN	MEANING
waschen	das Waschen	*washing*
	die Wäsche	*the laundry*
	die Wäscherei	*the laundromat*
kochen	das Kochen	*cooking*
	der Koch/die Köchin	*the cook*
studieren	das Studieren	*studying*
	das Studium	*the course of study*
	der Student/die Studentin	*the student*
tanzen	das Tanzen	*dancing*
	der Tanz	*the dance*
	der Tänzer/die Tänzerin	*the dancer*
einkaufen	das Einkaufen	*shopping*
	der Einkauf	*the purchase*
	der Einkäufer/die Einkäuferin	*the shopper*
küssen	das Küssen	*kissing*
	der Kuß	*the kiss*
wandern	das Wandern	*hiking*
	die Wanderung	*the hike*
	der Wanderer	*the hiker*
lieben	das Lieben	*loving*
	die Liebe	*love*
	der Liebhaber/die Liebhaberin	*lover*

Übung_____

Wie sagt man das auf englisch?

Das Kochen ist Frauensache.
Meine Schwester will das Tanzen lernen.
Das Studieren erfordert (*demands*) viel Zeit und Energie.
"Das Lieben bringt groß' Freud'." (*title of a folk song*)

Das Lieben bringt groß' Freud'

Text: 18. Jahrhundert (?)
Melodie: bei Friedrich Silcher (1789–1860)

1. Das Lie - ben bringt groß' Freud', es wis - sen's al - le Leut'. Weiß mir ein schö - nes Schätz - ze - lein mit zwei schwarz - brau - nen Äu - ge - lein, das mir, das mir, das mir mein Herz er - freut.

2. Ein Brieflein schrieb sie mir,
ich soll treu bleiben ihr;
drauf schickt' ich ihr ein Sträußelein
von Rosmarin und Nägelein,
sie soll, sie soll,
sie soll mein eigen sein.

3. Mein eigen soll sie sein,
kei'm andern mehr als mein.
So leben wir in Freud' und Leid,
bis daß der Tod uns beide scheid't.
Ade, ade,
ade, mein Schatz, o weh!

H.S.

Frage War der Autor dieses Liedes Chauvinist, oder hatte er eine emanzipierte Einstellung (attitude) zur Liebe?

224

LESETEXT **2**

Kinder, Küche, Kirche?

Wie der Dichter Friedrich Schiller im 19. Jahrhundert schrieb, so denken manche Deutsche (und Amerikaner) auch heute noch.

> Der Mann muß hinaus
> ins feindliche Leben,
> Muß **wirken und streben**...   *work and strive*

um das Geld für die Familie zu **verdienen**. Die Frau bleibt zu   *earn*
Hause und interessiert sich nur für Kinder, Küche und Kirche.

Aber langsam **ändern sich** die traditionellen Rollen von Mann   *change*
und Frau auch in der Bundesrepublik. Die Frauen verlangen, daß
auch sie "wirken und streben" dürfen, wo sie wollen. Nach einer
Meinungsumfrage im Jahre 1964 z. B. meinten nur 25 Prozent der
Männer und 28 Prozent der Frauen, daß eine berufstätige Frau
"normal" sei. 1975 glaubten schon 58 Prozent der verheirateten
Männer und 65 Prozent der Frauen, daß auch Frauen eine Rolle im
öffentlichen Leben spielen sollten. Und heute? Im Jahr 1985 waren   *public*
63 Prozent aller Frauen im Alter von 25 bis 45 Jahren berufstätig,
während im Jahre 1970 nur 48 Prozent der Frauen in dieser Altersgruppe beruflich arbeiteten. **Insgesamt** arbeiten heute 51,7   *altogether*
Prozent aller Frauen in der Bundesrepublik Deutschland, aber
nur 3,8 Prozent sind in **führenden Positionen**.   *leading positions*

In Anbetracht der relativ traditionellen Einstellung der Deut-   *considering*
schen sind einige **Tatsachen** überraschend. Über 80 Frauen   ***Fakten***
besitzen **Rennpferde**, und es gibt mehr als 100 weibliche Jockeys.   *racehorses*
Die Bundesrepublik hatte die ersten weiblichen **"Croupiers"** in   *cashiers at a gambling casino*
ganz Europa. Etwa drei Prozent der protestantischen **Pfarrer** sind   *pastors*
Frauen. (Über 50 Prozent dieser Frauen haben ihre eigene **Pfarr-**
gemeinde.) Seit dem 1. Oktober 1975 können auch Frauen in der   *parish*
Bundeswehr dienen, aber nur im **Sanitätsdienst** als Ärztinnen und   *armed forces/medical services*
Krankenschwestern. **Gegenwärtig** gibt es in der Bundeswehr rund   *at present*
150 Ärztinnen. 1986 waren 55,4% der **erfolgreichen** Stellenbewer-   *successful*
ber im **staatlichen Dienst** Frauen. Im **Gegensatz** zu den USA gibt   *federal employment/contrast*
es aber noch relativ wenige weibliche Professoren an den Universi-
täten.

Nach dem Grundgesetz von 1949 haben Frauen und Männer
die gleichen Rechte. In **Wirklichkeit** aber muß sich noch viel   *reality*
ändern, bis es zur völligen Gleichberechtigung kommt. Zum
Beispiel verdienen Arbeiterinnen heute immer noch weniger als
Männer, die dieselbe Arbeit leisten. Das durchschnittliche Jahresgehalt in der Bundesrepublik lag 1986 bei 29 161 Mark. Männer

Hausarbeit ist Männer- und Frauensache

verdienten **jedoch** durchschnittlich 34 400 Mark, also **erheblich** *however/considerably*
mehr als ihre Kolleginnen (21 300 Mark).

Manchmal kommt es noch vor, daß der Mann seiner Frau
"**erlaubt**," außerhalb des Hauses zu arbeiten. Da sie aber trotzdem *permits*
noch ihre traditionelle Hausarbeit ganz allein machen muß, hat sie
somit praktisch zwei Jobs. Ist das fair?

Allerdings ist die jüngere Generation mit dieser traditionellen *To be sure*
Rollenverteilung weniger **einverstanden**. Nach einer Meinungs- *in agreement*
umfrage meinten ungefähr 60 Prozent der Jungen und 75 Prozent
der Mädchen zwischen 14 und 16 Jahren, daß beide Ehepartner
einen Job haben sollten, und daß sie in dem Fall die Hausarbeit
unter sich teilen müßten. Aber die meisten dieser jungen Männer
glauben immer noch, daß Waschen, Kochen, Putzen und Einkaufen "Frauensache" sei. Nur mit den Kindern und beim Abtrocknen wollten die jungen Herren helfen.

Die Frauenemanzipation hat auch gesellschaftlich negative
Folgen. So gibt es z. B. heute mehr **Scheidungen** als früher, und die *consequences/divorces*
Frauenkriminalität hat auch **zugenommen**. Alles hat seinen Preis. *increased*

Übungen

A.   Haben Sie verstanden? (H, P, CC)

Richtig oder falsch? Sagen Sie auch, warum die Aussage richtig oder falsch ist!

1. Nach dem Grundgesetz der Bundesrepublik von 1949 haben Frauen und Männer die gleichen Rechte, und die volle Gleichberechtigung hat sich durchgesetzt.
2. Männer verdienen erheblich weniger im Jahr als ihre Kolleginnen.
3. Wenige Frauen haben heutzutage zwei Jobs.
4. Die Frauenemanzipation hat auch negative Folgen.
5. Es gibt heute mehr Scheidungen als früher, aber die Frauenkriminalität hat abgenommen.

B.   Lückenübung (H)

Setzen Sie die richtigen Wörter an die passende Stelle im Text!

traditionelle   Ärztinnen   Beamtinnen   öffentlichen   Prozent
Meinungsumfrage   berufstätige   Grundgesetz   Bundeswehr
Gleichberechtigung   typische   negative   typisch   Scheidungen

Nach einer _____ glauben über 50 _____ der

jungen Männer und Mädchen, daß Frauen eine Rolle im _____

Leben haben sollten. Heute gibt es viele _____ Frauen. Sie

arbeiten als _____, _____, sogar in der _____

_____, wenn auch als Nichtkombattanten. Das _____ der

BRD sagt, daß Männer und Frauen gleichberechtigt sind. Es gibt aber auch

_____ Folgen der Frauenemanzipation. Die Frauenkriminalität

hat zugenommen und es gibt mehr _____ als früher. Wie stellen

Sie sich zum Thema _____? Glauben Sie, daß es _____

_____ männliche Berufe gibt, oder daß es eine _____

Frauenrolle gibt?

C.   Möchten Sie eine traditionelle Ehe? (P, CC)

Der folgende Test zeigt Ihnen, ob Sie eine traditionelle oder eine "emanzipierte" Ehe vorziehen. Beantworten Sie jede Frage, indem Sie die passende Zahl ankreuzen. Frauen kreuzen die Zahlen auf der mit ♀ markierten Zeilen, Männer die Zahlen auf der mit ♂ markierten Zeilen.

			Ihre Meinung	
	Sie sind	Ja.	Ist mir egal.	Nein.
1. Möchten Sie, daß Ihre Frau/Ihr Mann größer ist als Sie?	♂	1	3	5
	♀	5	3	1
2. Möchten Sie, daß Ihre Frau/Ihr Mann älter ist als Sie?	♂	1	3	5
	♀	5	3	1
3. Möchten Sie, daß Ihre Frau/Ihr Mann mehr Geld verdient als Sie?	♂	1	3	5
	♀	5	3	1
4. Möchten Sie, daß Ihre Frau/Ihr Mann gebildeter ist als Sie?	♂	1	3	5
	♀	5	3	1
5. Möchten Sie, daß Ihre Frau/Ihr Mann einen Job hat?	♂	1	3	5
	♀	5	3	1
6. Möchten Sie, daß Ihre Frau/Ihr Mann attraktiv ist?	♂	1	3	5
	♀	5	3	1
7. Möchten Sie, daß Ihre Frau/Ihr Mann emanzipiert ist?	♂	5	3	1
	♀	5	3	1
8. Möchten Sie, daß Ihre Frau/Ihr Mann aus guter Familie kommt?	♂	5	3	1
	♀	5	3	1
9. Möchten Sie, daß Ihre Frau/Ihr Mann Nichtraucher ist?	♂	5	3	1
	♀	1	3	5
10. Möchten Sie, daß Ihre Frau/Ihr Mann in die gleiche Kirche geht?	♂	5	3	1
	♀	5	3	1
11. Möchten Sie viele Kinder haben?	♂	5	3	1
	♀	5	3	1

Resultat

Zählen Sie die angekreuzten Zahlen zusammen, und teilen Sie die Summe durch 11.
Wenn Sie 4,3 bis 5,0 haben, möchten Sie eine traditionelle Ehe.
Wenn Sie 2,2 bis 4,2 haben, sind Sie emanzipiert.
Wenn Sie 1,0 bis 2,1 haben, sind Sie vielleicht etwas ungewöhnlich.

D.   Zur Diskussion (CC, H, P)

1. Wie sehen Sie die traditionelle Rolle des Mannes?
2. Wie sehen Sie die traditionelle Rolle der Frau?
3. Was sagt das bundesdeutsche Grundgesetz über die Rechte von Mann und Frau? Was sagt das amerikanische Grundgesetz?
4. Welche Berufe sehen Sie als "typisch männlich"?
5. Welche Berufe sehen Sie als "typisch weiblich"?
6. Nennen Sie einige negative Folgen der Frauenemanzipation.
7. Können auch Frauen chauvinistisch sein? Was heißt für Sie "chauvinistisch"?
8. Kennen Sie einige Chauvinisten? Wen? (Autoren/Autorinnen? Politiker/Politikerinnen? Schauspieler/Schauspielerinnen?)

E.   Aufsatzthemen (H, P)

Wählen Sie ein Thema, und schreiben Sie einen kurzen Aufsatz darüber.

1. Viele Leute sind der Ansicht (*view*), daß "Muttersein" und Kindererziehen die wichtigsten Aufgaben der Frau sind, und daß eine Frau nicht arbeiten sollte, wenn sie kleine Kinder hat. Was meinen Sie? Welche Rolle spielt der Mann bei der Erziehung der Kinder?
2. Man spricht oft von der Emanzipation und Gleichberechtigung der Frau. Sollte man auch von der Emanzipation des Mannes sprechen? Warum (nicht)?
3. Sind Sie für oder gegen Gleichberechtigung? Sollten Mädchen und Frauen die gleichen Rechte haben wie Jungen und Männer? Wie steht es in Ihrer Schule? An der Universität? Bei Ihnen zu Hause?

LANDESKUNDLICHE INFORMATIONEN

Fräulein (*Miss*), the diminutive form of **Frau** (*Mrs.*) was traditionally used to address unmarried females. Married females were addressed as **Frau**. As in the United States, however, many women dislike having their identity so closely connected with their marital status, especially since this is not the case for men. Whether married or unmarried, men are addressed as **Herr** (*Mr.*). Because of growing objections to the use of **Fräulein, Frau** is becoming the prevalent form of address for adult women, regardless of their marital status, particularly in business interactions.

Vor dem Lesen: Frauen im Beruf—einige Meinungen_____

Wie denken erfolgreiche, berufstätige Frauen über Ehe und Familie? Bevor Sie diese Meinungen erfahren, schreiben Sie Ihre eigene Meinung oder die Meinung eines Partners/einer Partnerin auf. Nennen Sie drei Vorteile der beruflichen Tätigkeit. Dann nennen Sie auch drei Nachteile!

z. B. Wenn man Erfolg im Beruf hat, hat man wenig Freizeit. ODER Wenn man Erfolg im Beruf hat, kann man sich eine schöne Wohnung leisten.

LESETEXT 3

Frauen im Beruf—einige Meinungen

Anneliese S., Ärztin:

woman doctor

"Manchmal, wenn ich so richtig im **Druck** bin, und ich seh' morgens unterwegs eine Frau mit Kinderwagen, dann könnte ich verrückt werden. Ich sage mir: "Mensch, hat **die** es gut!" Aber wenn ich mich dann mit Freundinnen unterhalte, die genau das machen, **d.h.** mit den Kindern zu Hause bleiben, sagen diese: "Wir würden so gern machen, was du tust." **Allerdings** glaube ich, es ist ganz normal, daß man sich immer das wünscht, was man nicht hat."

Streß

das heißt, i.e.
Of course

Christiane G., Lehrerin an einer Berufsschule:

"Ich werde **häufig** gefragt, wie es eigentlich mit den Frauen ist. Meine Studenten sagen zum Beispiel: "Die Frauen bei uns **am Band heulen** immer so schnell. Warum eigentlich?" Ich denke zuerst an **Erziehungsmuster**, dann an die Psychologie, an **frühkindliche Einflüsse**. Wir sprechen über die Programme, die wir als Kinder mitbekommen. Ich hoffe, ich beeinflusse die Studenten auf eine positive Weise."

oft

at the assembly line/cry
behavior models
character development in
*   early childhood*

Lehrerin an einer Berufsschule

Brigitte W., Geschäftsfrau:

businesswoman

"Ich denke an Sonntage auf der Autobahn, Büroarbeit, Termine, Streß. Als **Ausgleich** exquisites Essen, Luxushotels und zur **Entspannung** klassische Musik. Ich hänge sehr an meinem Beruf und an der **Selbständigkeit**, die er mit sich bringt. Ich **genieße** die Freiheit sehr."

compensation
relaxation
autonomy/enjoy

Konstanze A., Professorin der Biologie:

"Nach der ersten **Überraschung**, die man schon immer auf den Gesichtern der Studenten sieht, stelle ich fest—sobald ich meine Kompetenz **beweise** (was normalerweise in den ersten zehn Minuten passiert) dann ist es kein Problem mehr, daß ich eine Frau bin."

surprise

prove

Augusta K., *Unternehmerin*:

entrepreneur

Viele deutsche Männer glauben, daß es eine **durch den Krieg bedingte Notlösung** war, die viele Frauen Unternehmerinnen werden ließ, und daß sie jetzt zu "**Haus und Herd**" zurückkehren sollten..."

an emergency solution determined by war

hearth and home

Aus: *Scala*, Nr. 7–8, 1983, S. 17–19.

Übungen _____

A.   Haben Sie verstanden? (CC, H)

Wählen Sie die beste Zusammenfassung für die Meinungen jeder Frau. Wie denkt...

Anneliese S., Ärztin?
Christiane G., Lehrerin an einer Berufsschule?
Konstanze A., Biologieprofessorin?
Brigitte W., Geschäftsfrau?
Augusta K., Unternehmerin?

1. Viele Männer halten berufstätige Frauen für eine durch den Krieg bedingte Notlösung.
2. Sobald ich meine Kompetenz beweise, ist es kein Problem, daß ich eine Frau bin.
3. Ich genieße die Freiheit und die Selbständigkeit, die mein Beruf mit sich bringt.
4. Ich hoffe, ich beeinflusse Studenten auf eine positive Weise.
5. Ich bin nicht sicher, daß ich nicht lieber etwas anderes machen könnte als arbeiten.

B.   Wie ist Ihre Meinung? (P, H)

1. Sie kennen bestimmt Frauen, die arbeiten. Welche Probleme haben berufstätige verheiratete Frauen? Wie ist es mit berufstätigen verheirateten Männern? Was für Folgen hat der Beruf für die Familie?

NEGATIV	POSITIV
Beruf/Familie	Beruf/Familie
Übermüdung	ein hohes Gehalt
Druck	Macht, Einfluß
Streß	Erfolg
???	???

2. Möchten Sie Ihr ganzes Leben lang arbeiten? Wenn Sie viel Geld hätten, würden Sie trotzdem arbeiten? Was würden Sie am liebsten tun?
3. Was ist Ihnen wichtiger, Erfolg im Beruf oder ein schönes Familienleben? Ist Ihre Meinung "typisch" für Ihr Geschlecht? Wollen z. B. alle Männer Erfolg im Beruf? Wollen alle Frauen ein Familienleben? Kann man beides haben?

Vor dem Lesen: Eine Frau ein Wort: Gleichberechtigung in der Sprache___

Lesetext 4 is excerpted from informational and consciousness-raising materials made available by the Office for the Equality of Women of the city of Freiburg. The text makes a case for equality of men and women not just on the job, but also in language.

Fragen (P)

1. Was ist Sprachsexismus?
2. Ist Sexismus in der Sprache auch im amerikanischen Englisch ein Problem? Warum (nicht)?
3. Machen Sie eine Liste von englischen/amerikanischen Sprachsexismen!
   z. B. . . . *all men are created equal/chairmen*
4. Nehmen Sie die erarbeitete Liste, und machen Sie Vorschläge, wie man die Sprachsexismen vermeiden könnte!
   z. B. . . . *all human beings are created equal/chair* oder *chairperson*

LESETEXT **4**

Eine Frau ein Wort: Gleichberechtigung in der Sprache

Vor rund 150 Jahren haben Frauen in verschiedenen Ländern begonnen, Menschenrechte für sich **einzufordern**, die für ihre *demand* männlichen Mitmenschen längst selbstverständlich waren. Und sie haben einiges erreicht: Bei uns besitzen die Frauen

seit 1900 das Recht an der Freiburger Universität zu studieren,
seit 1908 das Recht sich parteipolitisch zu engagieren,
seit 1919 das **Wahlrecht,**   *right to vote*
seit 1949 die **Verankerung der Gleichberechtigung** im Grund-   *here:guarantee of equality*
   gesetz,
seit 1977 die Gleichheit bei der **Zuständigkeit** für Haushalt und   *responsibility*
   Familie.

Und doch sind die Hoffnungen der Frauen zum großen Teil enttäuscht. Denn noch immer sind die Männer diejenigen, die die Gesellschaft **gestalten** und **lenken**, und nach wie vor gilt die untergeordnete Unterstützungs- und Zuarbeit im Haus, im Büro, in der Praxis und im Betrieb als Aufgabe der Frauen. *form/guide*

Frauen haben **Zutritt** erhalten zu Privilegien und Rechten der Männer. Sie dürfen an der Universität studieren, sie können für Lohn arbeiten und sie dürfen Hosen tragen. **Im Wesentlichen** aber ist unsere Gesellschaft geblieben, was sie war: *access* *in essence*

> ein einig Volk von BRÜDERN.

Nirgends zeigt sich das so deutlich wie in der Sprache: *nowhere*

> ,,Die Männer der ersten Stunde''
> ,,Der Glaube unserer Väter''
> ,,Der Kunde ist König''
> ,,Alle Menschen werden Brüder''.

Wo wir hinsehen, finden wir männliche Bezeichnungen: der Eigentümer, der Bewerber, der Schüler, die Arbeiter, die Experten... Frauen werden fast nie genannt, sie sind höchstens ,,mitgemeint''.

Unsere Sprache zeigt, daß in unseren Vorstellungen immer noch die Männer die eigentlichen Menschen sind, diejenigen, die zählen. Frauen, die wie Männer anerkannt und respektiert werden wollen, nennen sich deshalb oft: der Staatssekretär Frau..., der Minister Frau..., der Bürger, der Partner statt Bürgerin, Partnerin usw.

Frauen sind in unserer Sparche *unsichtbar*. *invisible*

Ist das eine **Lappalie**? KEINESWEGS! *matter of little importance*
Denn: DIE SPRACHE **PRÄGT** UNSER DENKEN. *forms*

Wußten Sie etwa, daß unter den ,,Vätern des Grundgesetzes'' vier Frauen waren?
Denken Sie an Frauen, wenn von den **Leistungen** der ,,Männer der ersten Stunde'' die Rede ist? *accomplishments*

Fühlt sich eine Frau angesprochen und darf sie sich angesprochen fühlen, wenn in einem Inserat ein Verkaufsleiter oder ein Chefarzt gesucht wird?

Auch die Organisator(inn)en eines **Ärztekongresses** haben die Ärztinnen nicht mitgedacht, als sie ein Unterhaltungsprogramm ,,für die mitgereisten Damen'' planten. *medical convention*

> „In der **Herrschaft** durch Sprache ist ein **Herrschaftsgrad** von Menschen über Menschen erreicht, demgegenüber physische Gewalt geradezu harmlos ist."   (Helmut Schelsky)

power/degree of control

Damit dies nicht länger so ist,

damit Frauen in gleicher Weise wahrgenommen, ihre Leistungen gesehen und anerkannt werden,
damit Frauen im öffentlichen Leben so selbstverständlich werden wie Männer,
damit Frauen ein neues **Selbstbewußtsein**, neue **Vorbilder** und als aktiv handelnde gesehen werden,

self confidence/models

damit Frauen ein neues **Selbstbewußtsein**, neue **Vorbilder** und neue **Aussichten** bekommen,

opportunities

wollen wir die Sprachgewohnheiten ändern.

Aus: Informationsmaterial der Stelle zur Gleichberechtigung der Frau der Stadt Freiburg

Übungen

A.   Sprachsexismus (P, CC, H)

1. Machen Sie eine Liste von allen Sexismen, die im Text erwähnt werden!
2. Revidieren Sie die im Text genannten Beispiele der sexistischen Sprache, so daß auch Frauen in der Sprache sichtbar werden!
3. Welche Gründe werden im Text gegeben, um der Diskrimination in der Sprache ein Ende zu setzen? Finden Sie wenigstens fünf!

B.   Diskussion (CC, H)

Schreiben Sie einen kleinen Aufsatz, oder diskutieren Sie über eine der folgenden Fragen:

—Warum gibt es wohl Sprachsexismen? (Gibt es historische, gesellschaftliche, biologische Gründe?)
—Was könnte/sollte man tun, um den Sexismus in der Sprache zu verringern (*reduce*) oder zu verhindern (*prevent*)?
—Warum ist die Gleichberechtigung in der Sprache für eine moderne Gesellschaft wichtig?

Vor dem Lesen: Drei Gedichte von Frauen _____

In diesen drei Gedichten von Frauen finden Sie gemeinsame (*common*) Themen—welche? Lesen Sie jedes Gedicht nur einmal durch, und schreiben Sie gleich danach die Wörter auf, die Sie vom ersten Lesen noch im Sinn haben.

Lesen Sie die Gedichte ein zweites Mal langsam durch, und beschreiben Sie die Themen in Stichworten oder Sätzen. Sie dürfen die Gedichte auch zusammenfassen.

LESETEXT 5 _____

Gedichte von Frauen

Im Westen nichts Neues

Angst vor Freiheit.
Freiheit?
Freiheit?
Angst vor Freiheit?
Angst!
Deine Freiheit?
Deine Angst!
Keine Angst vor keiner Freiheit.

Keine Freiheit?
Keine Angst!

Don't worry!

Deine Angst vor meiner Freiheit.
Deine Freiheit!
Keine Angst?
Keine Angst: keine Freiheit!
Meine Freiheit—deine Angst.
Deine Freiheit, keine Angst!
Meine Freiheit. Deine Freiheit?
Keine Angst! Deine Angst?

Meine Angst
vor deiner Angst
vor meiner Freiheit.

VON ANNA JONAS

Jede

Jede
dieser jungen Frauen,
so um die 50,
mit **ungefärbten**   *undyed*
grauen Haaren, ohne **Dauerwelle**,   *permanent wave*
mit Anorak und Sportschuhen,
flache Absätze und   *low heels*
tiefe **Falten**   *wrinkles*
vom 50 jährigen **Leiden** und Lachen   *suffering*
um die Augen und
in den **Mundwinkeln**   *corners of the mouth*

geben mir den **Mut**,   *courage*
daß auch ich
noch mit 70
so sein kann,
wie man uns
nicht haben will.

SVENDE MERIAN

Großraumbüro

Ein Konzert für hundert
elektrische Schreibmaschinen
vergrabene Sehnsüchte   *buried desires*
und **schmerzende** Schultern.   *aching*
Der Lärm der **Geräte**   *machines*
der kleine Mann im Ohr
füllen die Frauen auf
mit **Leere**.   *emptiness*
Irgendwo
auf anderen Etagen
haben Köpfe gedacht
präpariert in Universitäten
und anderen **Vorgesetztenfabriken**;   *factories for administrators*
haben der **Tonbandschlange**   *tape recorder wire*
das DIKTAT mitgegeben.

Den ganzen Tag
steif am Stuhl **gefesselt**,   *literally: chained*
Knopf im Ohr,   *lit.: button, here: plug (of
                                                    dictating machine)*
rinnen die **Zeichen** von oben   *characters, letters*
sinnentleert durch den Kopf,   *divested of meaning*
die Armmuskulatur,
zu den Fingern.

Quäntchen[1] für Quäntchen
saugt die Tastatur   *the keyboard drains*
die Partikel deiner Kraft.

Die Menschen sind da nur noch
der flexiblere Teil einer großen Maschine
—**Schreib-Kräfte**—.   *typing forces*
Der flexiblere, der leidende,
der hoffentlich bald **zürnende**,   *angered*
nicht mehr **Rädchen** sein wollende   *small wheel, gear*
auch—Teil von uns.

ANNA TÜHNE

Übung

Zur Diskussion

1. Wovor hat die Stimme im Gedicht "Im Westen nichts Neues" Angst? Woraus besteht die Freiheit für die moderne Frau—zu arbeiten? Kinder zu erziehen? allein zu bleiben? zu studieren? nicht zu heiraten?
2. Das Gedicht "Jede" beschreibt die Schönheit von älteren Frauen. In wie fern ist die Schönheit dieser Frauen anders als der traditionelle Begriff von weiblicher Schönheit? Beschreiben Sie im Detail eine einzige Frau, die zu der Gruppe in "Jede" gehören könnte.
3. Ist "Großraumbüro" ein "Frauengedicht"? Warum? Warum nicht? Beschreiben Sie die Arbeit einer Schreibkraft! Muß diese Arbeit erniedrigend (*humiliating*) sein, oder gibt es Raum für Kreativität?

[1] Diminutive form of **Quantum**, an amount. The allusion to physics suggested by this term is strengthened by the use of the word **Partikel** in the same stanza.

KAPITEL 14

Wußten Sie schon, daß…?

Wörter im Kontext_____

die Kurzbiographie, -n (*short biography*)—Eine kurze Zusammenfassung des Lebens einer (bekannten) Person ist eine **Kurzbiographie**.

berühmt//weltberühmt (*famous//world-renowned*)—Wenn man in aller Welt bekannt ist, ist man **weltberühmt**.

die Kunst, ⸚e//der Künstler, -, die Künstlerin, -nen//das Kunstwerk, -e (*art//artist//work of art*)—Albrecht Dürer war einer der berühmtesten **Künstler** des deutschen Humanismus. Seine **Kunstwerke** findet man in Museen und Kirchen.

der Schriftsteller, -, die Schriftstellerin, -nen (*writer, novelist*)—Ein Künstler, der Romane oder Erzählungen schreibt, ist **Schriftsteller**. Christa Wolf ist eine bekannte DDR-**Schriftstellerin** der Gegenwart.

der Lebenslauf, ⸚e (*résumé*)—Ein **Lebenslauf** ist die Geschichte eines Lebens in der Form einer Tabelle oder eines Aufsatzes.

der Auswanderer, -; die Auswanderin (*emigrant*)—Jemand, der als Emigrant sein Heimatland verläßt und in ein fremdes Land geht, ist ein **Auswanderer**. Amerika ist ein **Auswanderer**land.

der Vorfahre, -n (*ancestor*)—Unsere **Vorfahren** sind die Menschen, die vor uns lebten. Die **Vorfahren** von Präsident Dwight Eisenhower kamen aus Deutschland.

das Vorbild, -er (*model*)—Ich wähle als **Vorbild** eine Person, die ein positives Beispiel verkörpert (*embodies*).

gründen//der Gründer,- die Gründerin, -nen (*to found//founder*)—Man kann einen Klub, eine politische Partei, eine Zeitung oder eine Kirche **gründen**. Der **Gründer** der protestantischen Kirche war Martin Luther.

die Tatsache, -n (*fact*)—Eine **Tatsache** ist eine wahre Information oder Nachricht. Es ist eine **Tatsache**, daß es heute zwei deutsche Länder gibt.

Vor dem Lesen: Was jeder Amerikaner wissen sollte

Wer Amerika kennt, muß Babe Ruth und Reggie Jackson kennen—oder Louis Armstrong und Joan Baez—oder Marilyn Monroe und Lauren Bacall—oder Abraham Lincoln und George Washington, Billy Graham und Martin Luther King—oder Gloria Steinem und John Steinbeck.

Wie ist es mit den Deutschen? An welche Namen oder Begriffe denkt man, wenn man an die deutschsprachigen Länder und die "großen Deutschen" denkt? An Wissenschaftler wie Koch, Einstein, Röntgen? An Philosophen wie Kant, Nietzsche und Schopenhauer? An Künstler wie Albrecht Dürer und Käthe Kollwitz? An Schriftsteller wie Bertolt Brecht und Johann Wolfgang von Goethe? An Sportlerinnen wie Katharina Witt (DDR) oder Steffi Graf (BRD)? Welche anderen berühmten Menschen aus der Bundesrepublik, der DDR, Österreich oder der deutsch-sprachigen Schweiz kennen Sie? Wofür sind sie bekannt? Machen Sie eine Liste!

LESETEXT **1**

Was jeder Amerikaner wissen sollte

Der Amerikaner E. D. Hirsch, Jr. schrieb vor kurzem ein kontroverses Buch mit dem Titel *Cultural Literacy: What every American needs to know*. Das Buch enthält eine Liste von Namen und Begriffen (*concepts*), mit denen ein "gebildeter" Amerikaner vertraut (*familiar*) sein sollte. Hier sind einige dieser Begriffe aus dem Deutschen. Welche kennen Sie?

> die Alpen
> die Angst
> die Berliner Mauer
> der Bundestag
> die Donau
> Friedrich Engels
> Fahrenheit
> Faust
> der Geigerzähler
> Gutenberg

Haydn
das Heilige Römische Reich
das Jalta Abkommen
Carl Jung
Franz Kafka
Luxemburg
Karl Marx
das Matterhorn
Mein Kampf
der Neandertaler
der Rattenfänger von Hameln
Max Planck
die Realpolitik
der Rorschach Test
Friedrich Schiller
Schneewittchen
der Strauß-Walzer
Sturm und Drang
Wilhelm Tell
der 30-jährige Krieg
der Vertrag von Versailles
die Wanderlust
Wien
der Zeitgeist
Zürich

Karl Marx

Aus: *Cultural Literacy: What every American needs to know*, E. D. Hirsch, Jr., Houghton
Mifflin, Boston, 1987.

Übungen

A. **Erklären Sie die Namen und Begriffe im ersten Lesetext,
die Sie kennen!** (H)

69551
Eintrittskarte
Beethovens
Geburtshaus
2.00
BEETHOVENHAUS BONN
Diese Karte ist während der Anwesenheit im Beethoven-
Hause aufzubewahren und auf Verlangen vorzuzeigen.

B.   Historische Personen (P)

Verbinden Sie die historischen Namen mit den Funktionen oder Positionen dieser Personen!

1. Martin Luther
2. Thomas Mann
3. Adolf Hitler
4. Graf von Zeppelin
5. Maria Theresia
6. Levi Strauß
7. Eva Braun
8. Albert Einstein
9. Hermann Hesse

    a. Ein Augustinermönch, Priester und Doktor der Theologie, der 1517 einen Zettel (*piece of paper*) mit 95 Thesen an die Schloßkirche in Wittenberg nagelte.

    b. Nobelpreisträger für Literatur, der in der Hitler-Zeit im Exil in den USA lebte. Zwei seiner acht großen Romane sind **Buddenbrooks** und **Der Zauberberg**.

    c. Erfinder eines Luftschiffes, das selbst leichter ist als die es umgebende (*surrounding*) Luft. Das Luftschiff sollte in der Atmosphäre "schwimmen", wie ein Schiff im Wasser.

    d. Nobelpreisträger für Literatur, schrieb die großen Romane **Das Glasperlenspiel** und **Der Steppenwolf**.

    e. Der 1955 verstorbene deutsche Nobelpreisträger für Physik und Schöpfer der allgemeinen Relativitätstheorie.

    f. Diktator des Dritten Reiches, 1933–45.

    g. Schöpfer (1829–1902) der Blue Jeans.

Martin Luther

LESETEXT **2**

Bekannte Deutsche— Kurzbiographien

Balthasar Neumann (1697–1753) war der führende **Baumeister** *master builder*
der Würzburger Residenz. Unter anderem baute er die Kirche
"Vierzehnheiligen" und die Abteikirche von Neresheim, das
Treppenhaus von Brühl und Bruchsel und zahlreiche Wohnhäuser *things were being built with*
zu einer Zeit, in der **leidenschaftlich gebaut wurde**. *a passion*

Friedrich der Große (1712–1786), König von Preußen, regierte **am**
Vorabend der industriellen Revolution. Als er starb, war er 74 *on the eve of*
Jahre alt.

Wilhelm von Humboldt (1767–1835), der **einflußreichste** Kul- *most influential*
tusminister der deutschen Geschichte, gründete "das humani-
stische Gymnasium". Die Einheit von **Forschung** und Lehre im *research*
deutschen Bildungssystem war auch sein **Verdienst**. *contribution*

Bettine von Arnim (1785–1859), die Schwester von Clemens Bren-
tano, **Herausgeberin** von *Goethes Briefwechsel mit einem Kinde*, war *editor*
die Frau des Romantikers Achim von Arnim und eine wichtige
Autorin der Romantik.

Werner von Siemens (1816–1892) entdeckte die Methode, elektrische Energie aus mechanischer Kraft zu gewinnen. 1842 bekam
er das Patent für galvanische Vergoldung und Versilberung, 1857
das Patent für einen elektrischen Telegrafen.

Clara Schumann (1819–96), Pianistin, war Interpretin von Beet-
hoven, Chopin, Brahms und der Werke ihres Mannes, Robert
Schumann.

Heinrich Schliemann (1822–1890), Archäologe, Sohn eines armen
protestantischen Pfarrers, grub 1873 Troja aus.

Karl May (1842–1912) gehört zu den meistgelesenen deutschen
Schriftstellern. Zwei Millionen Karl-May-**Romane** werden jährlich *novels*
verkauft. Ohne Nordamerika selbst gekannt zu haben, schrieb er
den heute weltbekannten Roman *Winnetou*, Geschichte eines
amerikanischen Indianer**stammes**. *tribe*

Anna Seghers (1900–83), bekannte DDR Schriftstellerin, schrieb sieben Romane, viele **Erzählungen** und andere **Schriften**. Ihr Ro-   *short stories/works* man *Das siebte Kreuz* wurde in viele Weltsprachen übersetzt und auch verfilmt.

Übungen

A.   Bekannte Deutsche (P, H)

Suchen Sie die fehlenden Informationen für folgende Personen in Leasetext 2!

Name	Geburtsdatum	Sterbedatum	bekannt für
1. Karl May			
2. Anna Seghers			
3. Friedrich der Große			
4. Bettine von Arnim			
5. Clara Schumann			
6. Heinrich Schliemann			
7. Werner von Siemens			

B.   Biographische Fakten (P)

Im Lesetext 2 lasen Sie Kurzbiographien berühmter Personen. Welche Informationen erwarten Sie in einer traditionellen Biographie oder in einem Lebenslauf? Machen Sie eine Liste!

z. B.: das Geburtsdatum
        die Namen der Eltern

C.   Biographien (H)

Schreiben Sie eine Kurzbiographie für eine der folgenden Personen! Die notwendigen Informationen finden Sie in einer Enzyklopädie.

1. Käthe Kollwitz—Malerin, Graphikerin und Dichterin
2. Karl Marx—Autor des *Kommunistischen Manifests* und Begründer des Marxismus
3. Adolf Hitler—Führer und Diktator im Dritten Reich
4. Leni Riefenstahl—Filmregisseurin und Liebling Adolf Hitlers; bekannter Film: "Triumph des Willens"

Katharina Witt mußte schon kurz nach ihrer Ankunft bei der Winterolympiade 1988 in Calgary eine Pressekonferenz geben, um den Wünschen nach Interviews von zirka 600 Journalisten aus aller Welt gerecht zu werden. Sie beantwortete jede Frage—auf Wunsch auch in englisch. Unter anderem zu ihrer politischen Haltung und zu den Menschenrechten befragt, erklärte Katharina Witt: ,,Ich finde auf jeden Fall die Politik richtig, die unser Land betreibt. Jeder hat das gleiche Recht auf Arbeit und auch das Recht, Sport zu treiben. Ich zum Beispiel hätte in einem kapitalistischen Staat niemals Eiskunstläuferin werden können, weil meine Eltern nicht das Geld verdient hätten, um das bezahlen zu können. Deshalb finde ich es gut, daß bei uns jeder gefördert wird, ganz gleich auf welchem Gebiet.''

Eine Woche später gewann die vierfache Welt- und sechsfache Europameisterin erneut olympisches Gold. Nach ihrem großartigen Sieg befragt, wie für sie die Zukunft aussähe, sagte sie: ,,Ich kann mir nicht vorstellen, daß ich mit dem Eislaufen von heute auf morgen aufhören könnte. Ich will mich aber auch intensiv meinem Schauspiel-studium widmen.''

Katharina Witt, Welt-, Europa- und DDR-Meisterin im Eiskunstlauf zählt zu den erfolgreichsten Sportlern der DDR. Ihr Berufsziel: Schauspielerin.

5. Wilhelm Busch—Dichter und Maler, berühmt durch seine Bildergeschichten
6. Otto von Bismarck—"der eiserne Kanzler"
7. Bertolt Brecht—Dichter und Dramatiker der DDR
8. Nelly Sachs—Lyrikerin der Judenvernichtung im Dritten Reich, Nobelpreis für Literatur
9. Albrecht Dürer—Maler

D. Zwanzig Fragen: ein Gesellschaftsspiel (party game) (P, CC)

Jede Studentin und jeder Student schreibt den Namen einer berühmten Person (Wissenchaftler [in], Politiker [in], Filmschauspieler [in], Künstler [in], Schriftsteller [in], Sportler [in] usw.) auf ein Stück Papier. Ein Student oder eine Studentin sammelt alle Namen ein und wählt einen aus, den die Gruppe nun durch Fragen

Albrecht Dürer:
Selbstbildnis

(maximal 20) erraten (*guess*) muß. Die Studenten stellen Fragen, die nur mit "ja" oder "nein" beantwortet werden dürfen, wie z. B.:

Ist die Person jung?
Lebt die Person noch?
Ist die Person eine Frau (ein Mann/ein Politiker/eine Dichterin usw.)?
Hat die Person Romane (Dramen/Gedichte/Lieder usw.) geschrieben?

Das Spiel ist aus, wenn jemand die Identität der berühmten Person erraten hat. Diese Person wählt jetzt einen neuen Namen, und das Spiel beginnt von neuem.

E.   Ein Lebenslauf (CC, P, H)

Machen Sie ein Interview mit einem Klassenkameraden oder einer Klassenkameradin, und schreiben Sie den Lebenslauf dieser Person in Tabellenform!

Lebenslauf
Name
Geburtsdatum
Geburtsort
Staatsangehörigkeit
Eltern

Familienstand
Schulbildung
Berufsausbildung
Wehrdienst
Beruf

F. Mein Lebenslauf (H)

Wenn man sich um eine Stelle bewirbt, muß man meistens einen Lebenslauf
vorlegen. Ergänzen Sie den Lebenslauf mit den fehlenden persönlichen Informationen!

Am _____ wurde ich als _____ des _____
      (Datum)   (erste/r, zweite/r usw. . . (Beruf und
                         Tochter/Sohn)

_____ und der _____ in _____ geboren.
Name des   (Beruf und   (Geburtsort)
Vaters)   Name der Mutter)

Dort besuchte ich von _____ bis _____ di⟨
                   (Jahr)   (Jahr)

_____ Grundschule. Danach besuchte ich die _____

_____ School bis zum erfolgreichen Abschluß. Am _____
                                       (Datum)

begann meine Ausbildung zur/zum _____/bei der Firma
                              (Beruf)

_____/oder/an der Universität _____/. Ich

lernte dort _____ und _____ .

Meine besondere Stärke/n ist/sind _____ . Ich möchte meine

Kenntnisse (*knowledge*) gern _____ anwenden (*apply*) und ver-
                         (wo und wie)

tiefen (*expand*). Außerdem möchte ich gern später _____
                                       (Beruf)

werden.

_____ den _____ 19. . . .
  (Ort)   (Datum)

_____ (Ihre Unterschrift)

Vor dem Lesen: Die ersten deutschen Emigranten ____

Not many Americans are aware that, according to the 1982 U.S. census, about 52 million (28.8% of the U.S. population) can trace their roots to Germany. As legend has it, German nearly became this country's official language after the War of Independence—so strong was anti-British feeling at the time. In the early 19th century a visionary group of German *Junkers* (noblemen) founded a colony in Fredericksburg, Texas. Mexico even offered to sell California to Prussia. That was, of course, before the Gold Rush, which started in 1848, when a German settler, John A. Sutter, discovered gold in the bed of his millstream. Great American names linked with legendary wealth, such as Astor, Guggenheim, Sulzberger, Ochs, Frick and Loeb, indicate German origins.

Especially during Hitler's Third Reich (1939–1945), the United States became a place of refuge for Germans and other Europeans, many of them leading intellectuals and artists. Because the economic depression in the early 1930s left one-fourth of America's work force unemployed, significant restrictions were placed upon immigration. In 1934 President Roosevelt ordered more lenient treatment of political refugees fleeing Hitler's Germany. Artists and scientists were sponsored by universities, so that a large portion of Germany's intellectual

Der junge Brecht

Walter Gropius

elite found its way to the United States, making a great contribution to American culture, education, technology, and sociology. Some, like Thomas Mann and Bertolt Brecht, returned to Germany after the war. Others, like Albert Einstein, became integrated into American society and continued their work here.

The philosopher Hanna Arendt, born in Hannover in 1906, came to the United States in 1940. She held a chair for political science at Princeton from 1959 until her death in 1975. Psychoanalysis, associated with names such as Erik Erikson or Erich Fromm, received fresh impetus in the United States. Walter Gropius and Mies van der Rohe exerted great influence on American architecture. Composers and conductors like Arnold Schönberg, Kurt Weill, Bruno Walter, and Otto Klemperer enriched American musical life. Ernst Lübitsch, Billy Wilder, Douglas Sirk, and Marlene Dietrich continued their film careers in Hollywood. Directly after the war, Hitler's missile expert Werner von Braun (1912–1977) came to the United States to join the American space program. Also a famous German-American is Henry Kissinger, Secretary of State under Presidents Nixon and Ford. Together with Le Duc Tho, he received the Nobel Peace Prize in 1973 for negotiating an end to the Vietnam War.

Aus: **300 Jahre Deutsche in Amerika,** Goethe Institut.

LESETEXT 3

Die ersten deutschen Emigranten

Nach 75-tägiger Schiffsreise auf der "Concord" landeten die 13 Krefelder Menoniten-Familien im Hafen von Philadelphia und **gründeten** unter der **Leitung** von Franz Daniel Pastorius (1651– 1719) "Germantown," wenige Kilometer von Philadelphia entfernt. Diese erste größere Gruppe deutscher Auswanderer (unter ihnen Weber, Schneider, Zimmerleute und ein Schuhmacher) wollte ein "heiliges Experiment" **durchführen**.

founded/leadership

carry out

    Pennsylvania wurde vor allem im 18. Jahrhundert für **verfolgte** Pietisten, Lutheraner und Reformierte zum Zufluchtsort. Die Krefelder suchten, wie andere, einen Ort, wo sie in Freiheit und religiöser Toleranz ein ruhiges Leben führen konnten. Unter der Führung von Pastorius wurde Germantown ein **Vorbild** für zahlreiche deutschsprachige **Neuansiedlungen** in Amerika. Germantown wurde schon zu Beginn des 18. Jahrhunderts ein **Wirtschafts-** und **Handels**zentrum im frühen Pennsylvania.

persecuted

example
settlements

financial/trade

Aus: Wolfgang Glaser, *Americans and Germans: A Handy Reader and Reference Book,* Moos & Partner, 1985, S. 91–93.

Übung

Interviewfragen (CC, P, H)

Kennen Sie jemanden, der deutsche Vorfahren hat? Was möchten Sie über seine/ihre Familiengeschichte wissen? Schreiben Sie zehn Fragen auf, die Sie an diese Person stellen möchten! Nach dem Interview schreiben Sie eine kurze Beschreibung dieser Person!

LANDESKUNDLICHE INFORMATIONEN

Our surnames are among the oldest evidence of family history that we have. German surnames in the Old and New World reach back to times from which no documents survive. To distinguish among people sharing the same given name, a cognomen (surname) was added. The simplest solution was to add one's father's name, the son of Peter became **Petersohn**, shortened to Peterson, Petersen, or Peters. In cities where crafts flourished, cognomens derived from various trades: Peter the miller might be called **Müller**. Other occupational designations that commonly became family names were **Färber** (*dyer*), **Bäcker** (*baker*), and **Eisenhauer** (*ironcutter*), the name that President Dwight D. Eisenhower made famous. The most frequent of all surnames, Schmidt (Smith), owes its prominence to the fact that it designated all metalworking trades: **Hofschmied** (*court blacksmith*), **Zeugschmied** (*toolsmith*), **Silberschmied** (*silversmith*), **Zirkelschmied** (*maker of compasses*), etc.

Many surnames are derived from the bearer's place of origin or residence. Thus a person from Silesia obtained the cognomen Schlesinger, and Henry Kissinger probably has some connection to the Franconian town of Bad Kissingen with its famous spas. If a farmer's yard bordered on a rye field (**Roggenfeld**), then the farmer adopted the name Roggenfelder, from which the famous American Rockefeller family may well trace its origins.

Names were often translated after arrival in America: the German **Zimmermann** became Carpenter; **Koch**, Cook; and **Schuhmacher**, Shoemaker. Two-thirds of English surnames in the United States are such translations, thus concealing ethnic background. Even families that retained their German names after immigration had to accept certain adjustments in spelling and pronunciation. The modified vowels (umlauts) ö, ü, and ä were spelled out as oe, ue, and ae, or in some cases were deprived of their umlauts altogether.

Recognizing the meaning of a name can supply valuable background information when you read. Can you name the famous American descendants of these German families?

Huber, a president
Blumenthal, a New York department-store owner
Pfirsching, an army general
Steinweg ⎫
Stutenbecker ⎬ manufacturers
Westinghausens ⎭

LESETEXT 4

Wußten Sie schon, daß...?

Fakten sind oft interessant. Die folgenden Tatsachen haben wenig mit berühmten Personen zu tun, sondern es handelt sich um Statistiken des Alltags. Einige der Informationen sind lustig, und einige sind traurig. Welche Informationen sind Ihnen schon bekannt?

Wußten Sie schon, daß...

a. in der Bundesrepublik **durchschnittlich** 248 Menschen auf einem Quadratkilometer leben, in den USA nur 25? — *on the average*

b. im Jahre 1986 über 6, 7 Millionen Bundesbürger in die DDR gereist sind? 1,7 Millonen DDR-Besucher (hauptsächlich Rentner) kamen in die Bundesrepublik.

c. im Jahre 1987 rund 19 000 DDR-Bürger in die BRD **umgesiedelt** sind? — *resettled*

d. die Bundesrepublik von allen europäischen Ländern **Zielland** Nr. 1 für **Asylanten** ist? — *country of destination* / *asylum-seekers*

e. 1987 6 200 DDR-Bürger in die BRD **geflüchtet** sind, und daß 13 von ihnen die Flucht nicht gelungen ist? — *fled*

f. die beliebtesten Vornamen in der Bundesrepublik schon seit Jahren Christian und Christina/Christine sind?

g. in der Bundesrepublik 56,9 Millionen Deutsche und 4,4 Millionen Ausländer leben?

h. die Bundesrepublik im ersten Halbjahr 1986 zum größten Exporteur der Welt (vor den USA und Japan) **aufgestiegen** ist? — *here: became*

i. **Rasenmähen** an Sonn- und Feiertagen in der Bundesrepublik verboten ist? **Verstöße** können mit **Geldbußen** bis zu 100 000 Mark **bestraft** werden! — *lawn-mowing* / *offences/penalties* / *punished*

j. "Stille Nacht, heilige Nacht" (das 1818 von dem österreichischen Pfarrer Joseph Mohr gedichtete Weihnachtslied) das Lieblingslied der Bundesdeutschen ist? Wenigstens nach dem Verkauf von Platten zu urteilen. Danach kommen andere deutsche Lieder, zum Beispiel das "**Wiegenlied**" von Johannes Brahms, "Ave Maria" von Johann Sebastian Bach und "Glühwürmchen" von Paul Linckes (1902). — *lullaby*

k. die Jahre zwischen 1918 und 1955 die **Blütezeit** der Physik für die Deutschen war? 1933 bekam der Physiker Werner Heisenberg den Nobelpreis für seine Quantentheorie. Andere Nobelpreisträger waren Max Planck (1918), Albert Einstein (1921), Otto Hahn (1944) und Max Born (1954). — *golden age*

l. Österreich mit 1 223 Kinotheatern bei einer Gesamtbevölkerung von 7 Millionen Einwohnern eines der kinofreudigsten Länder der Welt ist?

Übungen _____

A.   **Landeskunde-Quiz** (CC, P)

Was wissen Sie über die deutschsprachigen Länder? Bilden Sie Teams von vier bis sechs Studenten, und beantworten Sie die folgenden Fragen! Der/die Lehrer/in zählt die Punkte zusammen, und das Team, das gewinnt, braucht für die nächste Stunde keine Hausaufgaben zu machen (d.h. wenn Ihr Lehrer oder Ihre Lehrerin das erlaubt).
Die Antworten finden Sie auf Seite 256.

1. An wie viele Länder grenzt (*borders*) die Deutsche Demokratische Republik?
    a. An 5.
    b. An 3.
    c. An 4.
2. Südlich von Österreich liegt. . .
    a. die Schweiz.
    b. Jugoslawien.
    c. Liechtenstein.
3. Der Rhein bildet (*forms*) die Grenze zwischen der BRD und. . .
    a. Holland.
    b. Luxemburg.
    c. der Schweiz.
4. Die Lüneburger Heide liegt . . .
    a. in der norddeutschen Tiefebene.
    b. im Mittelgebirge.
    c. in den Alpen.
5. Welches Land ist das größte der zehn bundesdeutschen Länder?
    a. Bayern
    b. Schleswig-Holstein
    c. Nordrhein-Westfalen
6. Welche Stadt ist keine freie Hansestadt?
    a. Kiel
    b. Bremen
    c. Hamburg
7. Welches bundesdeutsche Land hat die höchste Weinproduktion?
    a. Baden-Württemberg
    b. Niedersachsen
    c. Rheinland-Pfalz
8. Der Fluß, der durch die Städte Dresden und Hamburg fließt, heißt. . .
    a. die Donau.
    b. der Main.
    c. die Elbe.

9. Die Oder-Neisse-Linie bildet die Grenze zwischen. . .
   a. der Deutschen Demokratischen Republik und der Tschechoslowakei.
   b. Polen und der DDR.
   c. der DDR und West-Berlin.
10. In welchen zwei deutschsprachigen Ländern liegt das Harzgebirge?
   a. In der Bundesrepublik und Dänemark.
   b. In der Bundesrepublik und der Schweiz.
   c. In der Bundesrepublik und der DDR.
11. Das Heilige Römische Reich Deutscher Nation dauerte von. . .
   a. 1871 bis 1945.
   b. 1848 bis 1914.
   c. 800 bis 1806.
12. Martin Luther war ein bekannter. . .
   a. Kirchenreformator.
   b. Erzbischof.
   c. Bundeskanzler.
13. Friedrich der Große war König von. . .
   a. Preußen.
   b. Sachsen.
   c. Bayern.
14. Der sogenannte "Eiserne Kanzler" des Zweiten Deutschen Reiches hieß. . .
   a. Wallenstein.
   b. Hindenburg.
   c. Bismarck.
15. Welche Regierung endete mit der Machtergreifung Hitlers?
   a. das preußische Parlament
   b. die Weimarer Republik
   c. das Zweite Reich
16. Die BRD gehört nicht zur. . .
   a. NATO.
   b. COMECON.
   c. Europäischen Gemeinschaft (EG).
17. Wie heißt das "House of Representatives" der BRD?
   a. die Volkskammer
   b. der Landtag
   c. der Bundestag
18. Welche dieser Parteien ist **keine** politische Partei der BRD?
   a. die SPD (Sozialdemokratische Partei Deutschlands)
   b. die Grünen
   c. die SED (Sozialistische Einheitspartei Deutschlands)
19. Was passierte am 13. August 1961?
   a. Die DDR wurde gegründet.
   b. Die Berliner Mauer wurde gebaut.
   c. Die USA und die DDR schlossen einen Freundschaftspakt.

Otto von Bismarck

20. In wie viele Sektoren wurde Berlin nach dem Zweiten Weltkrieg geteilt?
    a. in zwei
    b. in drei
    c. in vier
21. Welche deutsche Stadt ist berühmt für ihre Wagner-Festspiele?
    a. Frankfurt.
    b. Baden-Baden.
    c. Bayreuth.
22. Johannes Gutenberg erfand...
    a. das Schießpulver (*gunpowder*).
    b. die Buchdruckerkunst.
    c. das Telefon.
23. Der Begriff "sozialistischer Realismus" beschreibt...
    a. eine bekannte bundesdeutsche Fernsehsendung.
    b. eine moderne photographische Technik.
    c. eine künstlerische Bewegung in sozialistischen Ländern.
24. Lukas Cranach war ein...
    a. moderner Komponist.
    b. lyrischer Dichter.
    c. Maler des Mittelalters.

Lösungen

1. b.	2. b.	3. a.	4. a.	5. a.	6. a.
7. b.	8. c.	9. b.	10. c.	11. c.	12. a.
13. a.	14. c.	15. b.	16. b.	17. c.	18. c.
19. b.	20. c.	21. c.	22. b.	23. c.	24. c.

B.   Tatsachen (H)

Anhand von Zeitungen, Zeitschriften oder einer Enzyklopädie suchen Sie fünf interessante Tatsachen über deutschsprachige Menschen oder Länder, die Ihre Klassenkameraden wohl **noch nicht** wissen! Berichten Sie das Ergebnis Ihrer Forschung in der Klasse. Beginnen Sie mit der Formel: ''Wußtet ihr schon, daß. . .?''

KAPITEL 15

Was halten die Deutschen von den Amis[1]?

Wörter im Kontext

das Ehepaar, -e (*married couple*)—Die Partner bei manchen **Ehepaaren** sind einander so ähnlich, daß sie auch ähnlich aussehen.

halten von (*to consider, think of*)—Was **halten** Sie **von** der amerikanischen Küche? Schmeckt Ihnen amerikanisches Essen?

sich beziehen auf (*to refer to*)—Worauf bezieht sich seine Antwort—auf meine Frage oder auf deine Äußerung?

der/die Verwandte -n//verwandt (*relative//related*)—Haben Sie **Verwandte** in Österreich oder in der Bundesrepublik?

der Verkehr (*traffic*)—Zwischen 7.00 und 9.00 und 16.00 und 18.00 Uhr ist der **Verkehr** in den meisten Großstädten sehr stark. Man sollte die Hauptverkehrszeit wenn möglich vermeiden.

die Werbung, -en//die Reklame//werben (*advertising/advertisement, commercial// to advertise*)—In der Bundesrepublik wird eine Fernsehsendung nicht durch **Werbung** unterbrochen. Man kann aber jeden Abend zwischen 18.00 und 19.00 Uhr ein **Werbe**sendung im Fernsehen sehen.

die Beerdigung, -en//beerdigen (*burial//to bury*)—Als meine Tante gestorben ist, hatten wir eine kleine **Beerdigung** im Familienkreis.

bemerken (*to notice*)—Ich **bemerke** oft nur die Aspekte in einem fremden Land, die anders sind als in meiner Heimat.

das Vorurteil, -e (*prejudice*)—Viele von uns haben **Vorurteile** gegen andere Menschen oder Länder. Wir glauben, daß wir schon wissen, wie sie sind und sehen nicht, wie sie wirklich sind.

---

[1] Originally a derogatory term refering to U.S. occupational forces, the term "Ami" (*Amerikaner*) has now lost its negative connotation and is used colloquially to refer to anyone of American nationality.

beurteilen//das Urteil, -e (*to judge or form an opinion//judgement*)—Wie mich meine Freunde **beurteilen**, ist mir wichtiger, als wie mich Fremde beurteilen.

der Gegensatz, ⸚e (*opposite, contrast*)—In vielen amerikanischen Städten sieht man große **Gegensätze**. Man sieht Armut und Reichtum, Gesundheit und Krankheit, Schönheit und Häßlichkeit.

das Raumschiff, -e (*spaceship*)—Die Fernsehsendung ''**Raumschiff** *Enterprise*'' ist auch in der Bundesrepublik beliebt.

der Wolkenkratzer, - (*skyscraper*)—Die Stadt New York ist für ihre **Wolkenkratzer** weltbekannt.

das Schlagwort, -e (*catch phrase*)—''Nein, danke'' ist ein **Schlagwort** der Friedensbewegung in Antwort auf die Frage ''Atomwaffen?''.

''Das Land der unbegrenzten Möglichkeiten''—Viele Europäer nennen Amerika ''**Das Land der unbegrenzten Möglichkeiten**'', denn in Amerika konnte man lange Zeit fast alles werden oder machen, was man wollte.

Vor dem Lesen: Was halten die Deutschen von den Amis?

Most people have some preconceived notions about other nationalities. One frequently hears generalizations, such as ''the Germans are militaristic'' or ''the French are great lovers'' from people who have never set foot on German or French soil. Sometimes these stereotypes have their roots in the history or traditions of a people. But history and traditions change, and many of these clichés may no longer hold true for much of the population. Ethnic humor is often based on generalizations and stereotypes. The device of attributing a trait to every citizen of a country can make these stereotypes funny, but also offensive or even dangerous if one takes them literally.

· · ·

Amerika, du hast es besser.
Dich stört nicht im Innern
zu lebendiger Zeit
unnützes Erinnern
und vergeblicher Streit.
J. W. V. Goethe
Zahme Xenien, 6. Buch

A.

Welche Stereotypen hört man von welchen Nationalitäten?
(H, P)

Kennen Sie nationale Stereotypen?

A.

1. Die Deutschen
2. Die Amerikaner
3. Die Franzosen
4. Die Engländer
5. Die Italiener
6. Die Spanier
7. Die Mexikaner
8. Die Russen
9. Die Chinesen
10. Die Iren
11. ?

B.

a. arbeiten nicht gern.
b. lieben die Ordnung.
c. sind gefühlskalt.
d. können nicht gut kochen.
e. trinken zu viel Wein.
f. haben keinen Humor.
g. essen immer Sauerkraut.
h. machen den ganzen Tag lang "Siesta."
i. sind romantisch.
j. sind temperamentvoll.
k. streiten sich gern.
l. sind geheimnisvoll und verschlossen (*reserved*).
m. leben von Spaghetti.
n. ?

B.

Was halten die Amerikaner von den Deutschen? (H, P, CC)

Richtig oder falsch? Warum? Der typische Deutsche...

1. lebt von Sauerkraut und Bratwurst.
2. ist bequem (*lazy*) und arbeitet nicht gern.
3. ist genau und liebt die Ordnung.
4. ist schmutzig und unordentlich.
5. ist unfreundlich und reserviert.
6. fährt Auto wie ein Verrückter.
7. ist ungebildet (*uneducated*).
8. ist militaristisch und aggressiv.
9. trinkt von morgens bis abends Bier.
10. ist laut und dickköpfig.
11. singt nicht gern.
12. ist humorlos.
13. benimmt sich immer korrekt und höflich.
14. schüttelt (*shakes*) die Hand, wenn er einen Freund oder Bekannten trifft.
15. ist immer korrekt gekleidet.
16. legt die Füße auf den Tisch.
17. spielt gern Fußball.
18. ist unkompliziert.
19. ?

LESETEXT **1**

Was halten die Deutschen von den Amis?

Jedes Jahr kommen viele Bundesbürger als Touristen in die Vereinigten Staaten. Oft besuchen sie Verwandte, denn jeder dritte Bundesdeutsche hat Verwandte in Amerika. Nach einer Meinungsumfrage sehen 49 Prozent der Bundesbürger in den Amerikanern die besten Freunde Deutschlands.

Was halten denn die Deutschen von den Amis? Eine Antwort auf diese Frage gibt ein junges Ehepaar, Herr und Frau Wagner, bei einem Interview nach Ihrer ersten Amerikareise.

INTERVIEWER: "Herr und Frau Wagner, Sie kommen gerade von einer sechswöchigen Reise durch die Vereinigten Staaten zurück. Was halten Sie von dem Land?"

HERR WAGNER: "Amerika ist nicht leicht zu **beschreiben**. Es ist ein *describe* **unglaublich** vielseitiges Land. Wir dürfen nicht *unbelievably* vergessen, daß die Vereinigten Staaten fast 31 mal so groß sind wie die Bundesrepublik, aber nur viermal so viele Menschen haben."

INTERVIEWER: "Und was halten Sie von den Menschen in Amerika?"

FRAU WAGNER: "Die Amerikaner, die wir kennengelernt haben, waren sehr freundlich und **hilfsbereit**. Man nannte *helpful* uns gleich beim Vornamen, was mir manchmal etwas **komisch** vorkam, da ich die Leute kaum *peculiar* kannte. Die Menschen scheinen **ungezwungener** *less formal* und unkomplizierter zu sein als wir.

INTERVIEWER: "Was hat Ihnen in den Staaten am besten gefallen?"

HERR WAGNER: "Praktisch alles ist viel offener als hier. Zum Beispiel sieht man nicht so viele **Zäune** um die Häuser, und *fences* die Leute **regen sich** nicht **auf**, wenn ein Kind oder *get upset* ein Hund über den **Rasen** läuft. Hier in der Bundes- *lawn* republik verbarrikadiert sich praktisch jeder Hausbesitzer hinter einem Zaun."

FRAU WAGNER: "Du darfst nicht vergessen, daß man in Amerika viel mehr Platz hat. Man kann sich mehr **ausbrei-** *spead out* **ten**, ohne vom Nachbarn **überrannt** zu werden." *over run*

Amerika—beliebtes Urlaubsland für Bundesdeutsche, Schweizer und Österreicher

HERR WAGNER: "Ja, da hast du schon recht. Auch das **Innere** der *interior*
Häuser ist offener. Oft gehen Küche, Wohnzimmer
und Eßzimmer ineinander über. Bei uns sind die
Zimmer meistens durch Türen **abgetrennt**, beson- *divided*
ders in älteren Häusern."

FRAU WAGNER: "Was ich schön fand, war, daß viele Geschäfte,
besonders in den Einkaufszentren, auch abends
und am Wochenende offen sind. Es ist drüben für
berufstätige Leute viel leichter, einzukaufen. *employed*
Natürlich möchte ich nicht eine der Verkäuferinnen
sein, die Samstag nachmittags und sonntags
arbeiten müssen. Hier macht alles um sechs
Uhr abends zu, und samstags sind die meisten
Geschäfte auch nur bis 13.00 Uhr offen, außer
einmal im Monat, wenn man bis 17.00 Uhr einkaufen kann."

HERR WAGNER: "Und die Straßen, die wunderbaren Straßen! Der
Verkehr **fließt** nur einfach so. Natürlich gibt es in *flows*
den Städten auch oft **Stauungen**, aber auf den *traffic jams*

amerikanischen Landstraßen ist das Fahren direkt ein Vergnügen. Sogar auf den Autobahnen darf man nur etwa 105 km die Stunde fahren. Bei uns auf den Autobahnen fahren viele wie die Idioten."

INTERVIEWER: "Und was hat Ihnen nicht gefallen?"

FRAU WAGNER: "Ich fand es einfach furchtbar, daß alle sieben Minuten eine Werbung das Fernsehprogramm **unterbricht**. Wir müssen zwar in Deutschland **Fernseh- und Radiogebühren** bezahlen, aber wenigstens werden wir nicht **laufend** mit Reklame bombardiert. Es ist wirklich komisch, wenn man sich die Nachrichten anhört oder einen Film ansieht und ganz plötzlich von einer jungen Dame oder einem attraktiven Mann unterbrochen wird, der Rasierwasser, Seife oder Cornflakes verkaufen will."

interrupts
TV
and radio fees
continuously

HERR WAGNER: "Ach, und dann die Beerdigungen, vergiß nicht die Beerdigungen!"

FRAU WAGNER: "Ach ja, wir waren mit Bekannten bei einer amerikanischen Beerdigung. War das ein Erlebnis! Die alte Dame, die Mutter einer amerikanischen Kollegin, war an **Krebs** gestorben und muß drei Monate lang furchtbar **gelitten** haben. Aber im Beerdigungsinstitut hatte man sie wie einen Filmstar **zurechtgemacht**—mit **Locken**, Lippenstift und viel Rouge. Und der **Sarg** war mit rosa und hellblauer **Seide** und **Rüschen** verziert. Ich weiß nicht, ob die Amerikaner den Tod nicht **wahrhaben** wollen, weil sie versuchen, ihn so zu **verschönern**. Bei uns geht das alles noch etwas natürlicher zu— einfache Särge, keine Einbalsamierung und selten Make-up für die Toten."

cancer
suffered

made up/curls
coffin
silk/ruffles
accept
beautify

INTERVIEWER: "Gibt es große Unterschiede im Lebensstil der Amerikaner und der Deutschen?"

HERR WAGNER: "Ich habe eigentlich keine großen Unterschiede bemerkt. Man muß hier wie dort arbeiten, um seinen Lebensunterhalt zu verdienen. Vielleicht etwas mehr in den Staaten. Man kann hier wie dort gut einkaufen und wunderbar essen. Die amerikanischen Steaks sind die besten der Welt! Die meisten deutschen Familien haben auch eine Waschmaschine, einen Kühlschrank usw."

FRAU WAGNER: "Aber vielleicht gibt es drüben doch noch mehr Wäschetrockner, **Spülmaschinen** und Computer. Und auch ein Telefon findet man drüben praktisch

dishwashers

in jedem Haushalt, was hier noch nicht der Fall ist."

HERR WAGNER: "Was mich **überraschte**, war, daß man in den Staaten noch so viel **Armut** sehen kann. Ich will nicht sagen, daß es in der Bundesrepublik keine Armut mehr gibt, aber man kann sie selten so offen sehen. In Amerika sieht man in manchen Städten und auch auf dem Land bisweilen **heruntergekommene** Häuser und schmutzige Wohnungen, in denen bei uns keiner wohnen würde." *surprised* / *poverty* / *dilapidated*

FRAU WAGNER: "Ja, bei uns ist die soziale Seite des Lebens etwas mehr **geregelt**. Die Bundesrepublik hat schon seit Jahrhunderten soziale Probleme. In Amerika kennt man **Arbeitslosigkeit, Platzmangel, Überbevölkerung** und **Umweltverschmutzung** erst seit wenigen Jahren." *regulated* / *unemployment/lack of space/overpopulation/pollution*

HERR WAGNER: "Aber trotz mancher negativen Eindrücke ist Amerika einfach ein phantastisches Land, wirklich das Land der großen Gegensätze. Man muß es gesehen haben, um es zu verstehen."

Übungen

A. Haben Sie verstanden? (P, H)

Lesetext 1 stellt einen Vergleich zwischen zwei Ländern dar. Welche Behauptungen (*assertions*) aus dem Interview beziehen sich auf die USA und welche haben eher mit der Bundesrepublik zu tun? Gibt es auch welche, die sich auf beide Kulturen beziehen?

1. Die soziale Seite des Lebens ist geregelt.
2. Man kennt Arbeitslosigkeit, Platzmangel, Überbevölkerung und Umweltverschmutzung erst seit ein Paar Jahren.
3. Die Menschen scheinen ungezwungen und unkompliziert zu sein.
4. Es ist ein unglaublich vielseitiges Land.
5. Hier verbarrikadiert sich praktisch jeder Hausbesitzer hinter einem Zaun.
6. Viele Geschäfte, besonders in den Einkaufszentren, sind auch abends und am Wochenende offen.
7. Hier macht alles um sechs Uhr abends zu, und samstags sind die meisten Geschäfte auch nur bis 13.00 Uhr offen, außer einmal im Monat, wenn man bis 17.00 Uhr einkaufen kann.
8. Hier muß man Fernseh- und Radiogebühren bezahlen, aber dafür wird man nicht laufend mit Reklame bombardiert.

9. Nicht daß es keine Armut mehr gibt, aber man kann sie wenigstens hier nicht so offen sehen.
10. Die meisten Familien haben eine Waschmaschine, einen Kühlschrank usw.
11. Hier kennt man schon seit Jahrhunderten soziale Probleme.

B. Wie sehen uns die anderen? (CC, P, H)

Was sagen Menschen anderer Nationen über die Amerikaner? Wählen Sie eine der Antworten oder geben Sie Ihre eigene Antwort.

1. Amerikaner trinken zuviel... (Wein, Coca-Cola, Wasser, Fruchtsaft, Milch, Schnaps, ???)
2. Amerikaner interessieren sich hauptsächlich für... (Football, Politik, Geld, Sex, Religion, materiellen Komfort, ???)
3. Amerikanische Eltern sind... (autoritär, zu nachgiebig [*permissive*], tyrannisch, tolerant, ???)
4. Amerikaner essen am liebsten... (Steak, Hamburger, Hühnchen, Fisch, Kuchen, Pizza, ???)
5. Amerikanische Frauen sind... (zu aggressiv, zu faul, schlampig [*sloppy*], keine guten Hausfrauen, ???)

C. Stereotypen (P, H)

Vorurteile und Stereotypen beziehen sich nicht nur auf andere Nationalitäten. Menschen sind fast gegen alles voreingenommen, was "anders" ist als sie selbst—andere Rassen, andere Altersgruppen, andere Berufe, andere soziale Klassen, andere Religionen usw. Was sagt man z. B. von den folgenden Gruppen? Suchen Sie die besten Antworten!

1. Ältere Menschen sagen oft, daß die Jugend von heute...
   a. keinen Respekt für andere Menschen hat.
   b. keine Selbstdisziplin hat.
   c. sich nur für laute Musik interessiert.
   d.   ?
2. Junge Leute sagen oft, daß ältere Menschen...
   a. altmodisch denken.
   b. nur an Geld denken.
   c. die Jugend gut verstehen.
   d.   ?
3. Männer glauben oft, daß Frauen...
   a. schwach sind.
   b. ins Haus gehören.
   c. nichts von Politik verstehen.
   d.   ?

4. Frauen sagen oft, daß Männer. . .
   a. gefühlskalt sind.
   b. zuviel arbeiten.
   c. zu oft an Sex denken.
   d.   ?
5. Kinder glauben oft, daß Eltern. . .
   a. zu streng sind.
   b. zu wenig Zeit haben.
   c. zu konservativ sind.
   d.   ?
6. Menschen, die im Norden wohnen, sagen oft, daß Südländer. . .
   a. heißblütig sind.
   b. nicht gern arbeiten.
   c. einen gemütlicheren Lebensstil haben.
   d.   ?
7. Reiche Leute sagen manchmal, daß arme Leute. . .
   a. mehr arbeiten sollen.
   b. zu viel Geld vom Staat bekommen.
   c. zu viele Kinder haben.
   d.   ?
8. Demonstranten sagen oft, daß Polizisten. . .
   a. brutal sind.
   b. dumm sind.
   c. selbst ins Gefängnis (*prison*) gehören.
   d.   ?
9. Studenten sagen oft, daß Professoren. . .
   a. unfair sind.
   b. wenig Zeit für ihre Studenten haben.
   c. zu viel verlangen (*demand*).
   d.   ?

LANDESKUNDLICHE INFORMATIONEN

While the German Democratic Republic has had close political and economic ties with the Soviet Union since its occupation after World War II by Soviet troops, the Federal Republic has been politically and economically more closely linked with the United States than with either of the other former occupational powers, Great Britain and France.

As a result of World War II, the GDR still has a large contingent of Soviet military personnel stationed on its territory, and at present the FRG still plays host to about 250,000 American soldiers. While no surveys are available regarding the attitudes of GDR citizens toward the Soviet military presence, surveys conducted in the FRG indicate that not all of its citizens welcome the American military presence.

Vor dem Lesen: Mögen Sie die Amerikaner?_____

Was denken die Bundesbürger über die Amerikaner? Was halten sie von der Politik Washingtons? Wie beurteilen sie den "American way of life"? Vor kurzem erschien das Resultat eines Forschungsprojekts (*research project*) über diese Fragen. Hier sind die wichtigsten Ergebnisse (*results*) der Studie.

LESETEXT **2**

Mögen Sie die Amerikaner?

A. WENN SIE DIE AMERIKANER BESCHREIBEN SOLLTEN: WELCHE EIGENSCHAFTEN SIND ZUTREFFEND? UND WELCHE EIGENSCHAFTEN PASSEN AUF DIE DEUTSCHEN?

	Über Amerikaner	Über Deutsche
Positive Eigenschaften:		
tatkräftig, aktiv	60	69
demokratisch	59	62
optimistisch	58	39
selbständig	52	41
großzügig	48	26
idealistisch	44	28
friedliebend	38	58
höflich	37	47
sozial, hilfsbereit	35	58
zuverlässig, verläßlich	32	66
fleißig	31	81
diszipliniert, beherrscht	25	58
gewissenhaft, pflichtbewußt	22	70
Negative Eigenschaften:		
oberflächlich	37	9
nur auf eigenen Vorteil bedacht	34	20

	Über Amerikaner	Über Deutsche
herrschsüchtig	27	19
hochmütig, arrogant	27	15
eitel	26	23
kriegerisch	24	7
streitsüchtig, aggressiv	18	16
faul, bequem	14	6
obrigkeitshörig	14	40

Neutrale Eigenschaften:

fortschrittlich	74	60
zukunftsorientiert	65	52
patriotisch	62	22
unkompliziert	56	13
konservativ	29	34
gefühlsbetont	24	38

Mehrfachnennungen möglich.

Alle Angaben in den Tabellen in Prozent. Bei Differenz zu 100:-
Keine Angaben-;-Weiß nicht-

B. WER WILL DEN FRIEDEN IN DER WELT?

	USA	UdSSR	Beide	Weder noch
1980	52	3	29	7
1981	33	4	31	14
1982	25	3	45	16
1983	20	2	47	14
1986	22	3	56	12

C. MÖGEN SIE DIE AMERIKANER?   WIE SEHEN SIE DIE US-POLITIK?

MÖGEN SIE DIE AMERIKANER?		WIE SEHEN SIE DIE US-POLITIK?	
ich mag sie	51	eher positiv	28
unentschieden	31	unentschieden	43
ich mag sie nicht	9	eher negativ	28

D. VON HIGH-TECH BIS ZUM UMWELTSCHUTZ...
»IN WELCHEN BEREICHEN SEHEN SIE EINE AMERIKANISCHE ODER DEUTSCHE ÜBERLEGENHEIT?«

	USA überlegen	ausgeglichen	Deutsche überlegen
Weltraumforschung	83	8	4
Luftfahrttechnik	71	15	8
Computertechnik	67	17	9
Landwirtschaft	35	27	29
Umweltschutz	9	22	54
Kündigungsschutz	2	7	75
Arbeitslosenversicherung	3	6	80
Soziale Krankenversicherung	2	6	80
Rentenversicherung	2	6	83
Popmusik	75	12	6
Sport/Leichtathletik	74	12	7
Patriotismus	53	26	14
Terrorbekämpfung	16	35	29
Sicherung demokratischer Rechte	13	53	24
Schutz der Bevölkerung vor Kriminalität	8	31	46
Kultur	6	23	63
Dichtung/Literatur	6	25	59
Wohnkultur	7	23	60
Eßkultur	5	24	62
Volksmusik	8	27	57
Ernste Musik	4	14	72

Alle Angaben in Prozent.

E. VON MICKYMAUS BIS GOETHE...»VERBINDEN SIE EHER POSITIVE ODER NEUTRALE EMPFINDUNGEN MIT FOLGENDEN BEGRIFFEN?«

	positiv	negativ	neutral
Europäische Kultur	70	10	20
Deutsche Filme	64	10	26
Jeans	63	17	20
Walt Disney	63	14	23
John F. Kennedy	62	11	27
Deutsche Operetten	56	24	20
Jogging	54	19	27

	positiv	negativ	neutral
Deutsche Schlager	52	24	24
Mickymaus	52	19	29
Hollywood-Filme	49	19	32
New York	49	16	35
Amerikanische Musicals	47	21	32
Westernfilme	45	29	26
Readers' Digest	44	15	41
US-Soldaten in der Bundesrepublik	44	23	33
Coca-Cola	42	31	27
Frank Sinatra	38	24	38
Jazz	37	33	30
Elvis Presley	34	33	33
»Dallas«	32	45	23
»Denver-Clan«	31	47	22
Amerikanische Popmusik	31	37	32
McDonald's	26	51	23
Amerikanische Kultur	24	24	52
Bodybuilding	23	44	33
Superman	15	54	31

Alle Angaben in Prozent
Aus: *Stern* Nr. 26, S. 88–96.

Übung

Suchen Sie die Antwort in den Tabellen! (P, H)

1. Was sind die 5 positivsten Eigenschaften der Amerikaner/der Deutschen? (Tabelle A)
2. Was sind die 5 negativsten Eigenschaften? (Tabelle A)
3. Von welchen zehn Kulturimporten aus Amerika halten die Deutschen am wenigsten? (Tabelle E)
4. Auf welchem Gebiet finden sich die Deutschen überlegen? (Tabelle D)
5. Welche Tabelle zeigt, wie viel Prozent der Bundesbürger antiamerikanisch sind? Wie viel Prozent sind es?
6. Welche Tabelle beschreibt, wer den Weltfrieden will?
7. Wer will—nach dieser Tabelle—den Frieden auf der Welt?

Vor dem Lesen: Amerika, was ist das?_____

Amerika, was ist das? Immer noch Cowboys, Coke und Hollywood? 100 Bonner Schüler im Alter von 13 bis 20 Jahren wurden gefragt, woran sie bei "Amerika" zuerst denken.

LESETEXT 3

Amerika, was ist das?

Die spontanen Antworten von 100 Bonner Schülern zeigen: Amerika ist in erster Linie immer noch Filmwelt, von Donald Duck bis Dallas. An zweiter Stelle steht die Geographie, von Florida (Palm Beach, "Sonne") über "weite Landschaften" und den Grand Canyon bis New York mit seinen Wolkenkratzern (World Trade Center). "Nette Leute" wohnen dort, hübsche Mädchen, Cowboy als Menschentyp. Was essen sie? Natürlich Hamburger (**ebenso** *just as* **häufig** gennant wie Coke). *frequently*

Amerika als politische Größe? An fünfter Stelle stehen die Schlagworte Reagan, Freiheit und Dollars—nicht viel, aber **vielsagend**. Die technische Potenz wird an schnellen Autos und *significant* Raumschiffen **gemessen**. An letzter Stelle steht noch der Sport: *measured* Rugby, Baseball, Basketball.

Amerika—also immer noch das Land der unbegrenzten Mög- *only here and* lichkeiten? Es scheint so. **Ganz vereinzelt** nur "kleine **Kratzer**" auf *there/scratches* diesem schönen Bild: Slums, Gettos, **Müll**. Ja, und die Atom- *trash* bombe (einmal erwähnt).

Aus: **PZ**, Nr. 31, Dezember, 1982, S. 7.

Übung_____

Zur Diskussion (CC, P)

1. Nennen Sie die positiven Eigenschaften, die die Schüler mit dem Land Amerika verbinden. Und die negativen?
2. Was ist denn IHRE Meinung? Was bedeutet Ihnen "Amerika"? Was sollte Amerika anderen Menschen bedeuten?

German–English Vocabulary

The German–English vocabulary contains all words used in the book except articles (**der-** and **ein-**words), pronouns, **da-** and **wo-**compounds, possessive adjectives, numbers, proper names, diminutive noun forms, obvious cognates, and compounds that can be deduced easily from their component parts. The translations given are context-specific for the text in this book, and this list is not intended to replace a dictionary.

For verb forms only the infinitive is provided, with the principal parts of strong and irregular verbs (third-person singular present tense, when appropriate; third-person singular simple past/and past participle) in parentheses. Reflexive verbs are preceded by **sich.** If **sich** is in parentheses, the verb may also be used non-reflexively. Separable prefix verbs are indicated by a · between prefix and verb stem.

Nouns are listed with the appropriate definite article and the plural ending, if any (e.g., **der Tag, -e**). Unusual plural forms are written out. The feminine form of agent nouns is given in parentheses without article, e.g., **der Lehrer(in), -(nen)**.

The following abbreviations are used:

acc.	accusative	*pl.*	plural
adj.	adjective	*refl.*	reflexive
comp.	comparative	*sing.*	singular
conj.	conjunction	*sl.*	slang
dat.	dative	*s.o.*	someone
gen.	genitive	*s.t.*	something
o.s.	oneself	*lit.*	literally
wk.	weak		

A

der **Aal, -e** eel
ab·brechen (bricht ab), brach ab, abgebrochen to interrupt
der **Abend, -e** evening
das **Abendbrot, -e** evening meal
das **Abendessen, -** dinner, evening meal
die **Abendkarte, -n** evening menu
die **Abendschule, -n** night school
das **Abenteuer, -** adventure
der **Abenteurer, -/Abenteu(r)erin, -nen** adventurer/adventuress
aber but
ab·fahren (fährt ab), fuhr ab, ist abgefahren to depart
die **Abfahrt, -en** departure
ab·geben (gibt ab), gab ab, abgegeben to turn in/over
das **Abitur** final examination in *Gymnasium*
das **Abkommen, -** agreement
die **Abkürzung, -en** abbreviation
ab·nehmen (nimmt ab), nahm ab, abgenommen to remove
der **Absatz, ⸚e** paragraph
der **Abschied** farewell
der **Abschluß, Abschlüsse** termination, graduation
die **Abschlußprüfung, -en** final exam
ab·schneiden, schnitt ab, abgeschnitten to cut off
Abstammung, -en origin
die **Abteikirche, -n** abbey church
die **Abteilung, -en** department
ab·trennen to separate
ab·trocknen to dry off (dishes)
ab·waschen (wäscht ab), wusch ab, abgewaschen to wash off (dishes)
ab·zählen to count off
der **Abzählreim, -e** count off rhyme
ach oh! (interjection), woe
der **Affe, -n** monkey, ape
ähnlich similar

die **Ähnlichkeit, -en** similarity
akademisch academic
akzeptieren to accept
alkoholgefährdet endangered by alcohol
der **Alkoholgehalt** alcoholic content
alkoholisch alcoholic
der **Alkoholkonsum** alcoholic consumption
alkoholkrank alcohol-addicted, -dependent
die **Alkoholsucht** alcohol addiction
alkoholsüchtig addicted to alcohol
alle all
allein alone
alleinstehend single
allerdings though, "to be sure"
alles everything
allesamt altogether
allgemein general, common
der **Alliierte, -n** ally
allmählich slowly
alltags everyday
das **Alltagsgespräch, -e** everyday conversation
die **Allzweckglückwunschkarte, -n** all-purpose greeting card
die **Alpen** Alps
der **Alptraum, ⸚e** nightmare
als as, when (*conj.*) than (*comp.*)
also thus, therefore
alt old
die **Altersgruppe, -n** age group
altmodisch old fashioned
amerikanisch American (*adj.*)
der **Ami, -s** American (*sl.*)
an to, toward, at
analysieren to analyze
der **Anbau** cultivation, growing
anbetracht (+*gen.*) (in) consideration of
andere other
andererseits on the other hand
(sich) **ändern** to change
anders different

anderthalb   one and a half

die **Anerkennung, -en**   recognition

der **Anfang, ⸚e**   beginning, start

an·fangen (fängt an), fing an, angefangen   to begin, start

der **Anfänger(in), -(nen)**   beginner

der **Anfangssatz, ⸚e**   lead sentence

an·gehören   belong to

der/**die Angeklagte, -n**   accused

angenehm   pleasant

der **Angriff, -e**   attack

die **Angst, ⸚e**   fear

anhand   with, using (*s.t.* as an example)

an·hören   to listen to

animieren   to animate

an·kommen, kam an, ist angekommen   to arrive

an·kreuzen   to check, to mark

die **Ankunft, ⸚e**   arrival

der **Anlaß, Anlässe**   occasion

an·legen   to arrange, to lay out

an·machen   to light, to antagonize (*sl.*)

annektieren   to annex

die **Annonce, -n**   ad

anonym   anonymous

der **Anorak, -s**   wind breaker jacket

die **Anrede, -n**   salutation

an·reden   to address (in conversation)

der **Anruf, -e**   telephone call

an·rufen, rief an, angerufen   to call, to telephone

der **Anrufer(in), -(nen)**   caller

an·schauen   to look at

die **Anschauung, -en**   view, opinion

an·sehen (sieht an), sah an, angesehen   to look at

die **Ansicht, -en**   view, opinion

die **Anstalt, -en**   institution

anständig   respectable, decent

an·stoßen (stößt an) stieß an, angestoßen   to bump (*into s.t.*) clink glasses

die **Anstrengung, -en**   effort

der **Anthropologe, -n**   anthropologist

anthropologisch   anthropological

sich (etwas) an·tun, tat an, angetan   to do (*s.t. to o.s.*)

die **Antwort, -en**   answer, reply

antworten   to answer, to reply

die **Anweisung, -en**   direction

an·wenden, wandt an, angewandt   to use

die **Anwesenheit, -en**   presence

die **Anzahl, -en**   number

die **Anzeige, -n**   ad

der **Anzug, ⸚e**   suit

an·zünden   to light

der **Apfel, ⸚**   apple

der **Apfelbrei,**   apple sauce

die **Apotheke, -n**   pharmacy

der **Apotheker(in), -(nen)**   pharmacist

arabisch   Arabic

die **Arbeit, -en**   work

arbeiten   to work

der **Arbeiter(in), -(nen)**   worker

die **Arbeitslosigkeit**   unemployment

der **Archäologe, -n**   archaeologist

die **Arche, -n**   ark

ARD   Allgemeiner Rundfunk Deutschlands

die **Armbanduhr, -en**   watch

arm   poor

der/**die Arme, -n**   poor person

die **Armee, -n**   army

die **Armmuskulatur, -en**   arm muscles

die **Armut**   poverty

arrangieren   to arrange

die **Art, -en**   type, kind

der **Arzt, ⸚e/Ärztin, -nen**   physician

der **Arzthelfer(in), -(nen)**   medical assistant

die **Asche, -n**   ash

der **Aschermittwoch**   Ash Wednesday

assoziieren   to associate

der **Asylant(in), -en(nen)**   asylum seeker

die **Atmosphäre, -n**   atmosphere

die **Atomwaffe, -n**   nuclear weapon

auch   also

auf　on, upon
auf·bauen　to build (up)
auf·erstehen, ist auferstanden　to be resurrected
auf·fordern　to request
auf·geben (gibt auf), gab auf, aufgegeben　to give up
auf·gehen, ging auf, ist aufgegangen　to come up, to rise
die **Aufnahme, -n**　acceptance, reception
auf·räumen　to tidy up
der **Aufsatz, ⸚e**　composition
das **Aufsatzthema, -themen**　composition theme
der **Aufschnitt**　cold cuts
auf·steigen, stieg auf, ist aufgestiegen　to increase, to rise, to climb
der **Auftrag, ⸚e**　order, instruction
auf·wachen　to wake up
auf·zählen　to enumerate, count out
das **Auge, -n**　eye
der **Augustinermönch, -e**　monk of the order of St. Augustine
aus　out, out of, from
aus·bilden　to train, to educate
die **Ausbildung**　training, education
aus·breiten　to spread out
aus·bürgern　to expatriate
die **Ausbürgerung, -en**　expatriation
aus·drücken　to express
auseinander·brechen (bricht auseinander), brach auseinander, ist auseinandergebrochen　to break apart
der **Ausflug, ⸚e**　excursion
der **Ausgang, ⸚e**　exit
aus·geben (gibt aus), gab aus, ausgegeben　to spend
aus·gehen, ging aus, ist ausgegangen　to go out
der **Ausgleich**　compensation
aus·kommen, kam aus, ist ausgekommen　to get by, to get along
die **Auskunft, ⸚e**　information

aus·lachen　to ridicule
das **Ausland**　foreign country
der **Ausländer(in), -(nen)**　foreigner
ausländisch　foreign
die **Auslegung, -en**　interpretation
aus·packen　to unpack
die **Ausreisewelle, -n**　emigration wave, departure wave
die **Aussage, -n**　statement
aus·sagen　to state, to say
aus·sehen (sieht aus), sah aus, ausgesehen　to appear
außer　except, aside from
außerdem　besides
außerhalb (+ *gen.*)　outside of
(sich) **äußern**　to utter, to express (*o.s.*)
außerordentlich　exceptional
die **Äußerung, -en**　remark, comment, statement
aus·stehen, stand aus, ausgestanden　to bear
der **Austauschstudent(in), -en(nen)**　exchange student
aus·strahlen　to radiate
der **Australier(in), -(nen)**　Australian
australisch　Australian (*adj.*)
aus·üben　to practice
aus·wählen　to choose
der **Auswanderer, -/Auswanderin, -nen**　emigrant
das **Auswandererland, ⸚er**　land of emigration
aus·wandern　to emigrate
die/der **Auszubildende, -n**　apprentice
die **Autobahn, -en**　freeway
autobiographisch　autobiographical
der **Autofahrer(in), -(nen)**　driver
das **Autokennzeichen, -**　international car identification symbol
das **Autokino, -s**　drive-in movie
der **Automechaniker(in), -(nen)**　car mechanic
der **Autor(in), -en(nen)**　author
autoritär　authoritarian
die **Autorität, -en**　authority

das **Autoschild, -er**   license plate
der **Auzubi -> der Azubi, -s**   abbrev. for der/die Auszubildende   apprentice

B

der **Bach, ⸚e**   creek, stream
backen (bäckt), backte/buk, gebacken   to bake
der **Bäcker(in), -(nen)**   baker
die **Bäckerei, -en**   bakery
das **Bad, ⸚er**   bath, bathroom, resort
(sich) **baden**   to bathe
der **Badenwein, -e**   wine from the state of Baden
badisch   from the state of Baden
die **Bahn, -en**   train
der **Bahnhof, ⸚e**   (train) station
die **Bahnhofshalle, -n**   station entry
balancieren   to balance
bald   soon
das **Band, ⸚er**   assembly line
die **Band, -s**   (musical) band
die **Bank, ⸚e**   bench
der/die **Bankangestellte, -n**   bank employee
die **Bankkauffrau, -en**   bank clerk
der **Bankräuber, -**   bank robber
der **Bär, -en**   bear
das **Bärenfell, -e**   bear rug
bartlos   beardless
bauen   to build
das **Baujahr, -e**   year of construction
der **Baumeister, -**   building contractor, builder
der **Bayer(in), -n(nen)**   Bavarian
bayerisch   Bavarian (adj.)
der **Beamte, -n/Beamtin, -nen**   official, civil servant
beängstigend   frightening, alarming
beantworten   to respond to
sich **bedanken**   to thank
das **Bedenken,**   doubt, reservations, misgivings
bedeuten   to mean

die **Bedeutung, -en**   meaning
bedienen   to serve, to operate (s.t.)
bedingt   caused
bedrohen   to threaten
beeinflussen   to influence
beenden   to end, to terminate
beerdigen   to bury (dead)
die **Beerdigung, -en**   burial, funeral
der **Befehl, -e**   order, command
sich **befinden**   to be found
der **Beginn**   beginning, start
beginnen   to begin, to start
der **Begleiter(in), -(nen)**   companion
die **Begleitung, -en**   company, escort
begrenzen   to limit
der **Begriff, -e**   concept
begründen   to justify
der **Begründer(in), -(nen)**   founder
begrüßen   to greet
die **Begrüßung, -en**   greeting, reception
die **Behandlung, -en**   treatment
behaupten   to claim, to assert
die **Behauptung, -en**   assertion
sich **behelfen (behilft) behalf, beholfen**   to make do with
beide   both
die **Beilage, -n**   side dish
die **Beileidskarte, -n**   sympathy card
beißen, biss, gebissen   to bite
das **Beispiel, -e**   example
bekannt   known, familiar, renown
der/die **Bekannte, -n**   acquaintance
der **Bekanntenkreis, -e**   circle of acquaintances
die **Bekanntmachung, -en**   announcement
die **Bekanntschaftsanzeige, -n**   personal ad
bekommen, bekam, bekommen   to get
belegen   to enroll
beleidigen   to insult
(das) **Belgien**   Belgium
beliebt   popular
bemerken   to notice, to comment
die **Bemerkung, -en**   comment

benachteiligt disadvantaged, discriminated

das Benehmen behavior, comportment

sich benehmen to behave (*o.s.*)

benutzen/benützen to use

das Benzin gasoline

die Beobachtung, -en observation

bequem comfortable, lazy

die Beratung, -en counseling, consultation

die Beratungsstelle, -n counseling office

berechtigen to entitle

bereits already

der Bergsteiger(in), -(nen) mountain climber

der Bericht, -e report

berichten to report

die Berichterstattung, -en reporting, news coverage

der Bernhardiner, - St. Bernard (dog)

der Beruf, -e profession, job

beruflich job/career related

die Berufsausbildung, -en professional training

die Berufsschule, -n vocational school

berufstätig employed

das Berufsverbot, -e prohibition to work

die Berufswelt world of work

beruhigend calming, soothing

berühmt famous

die Besatzungsregierung, -en (military) occupation government

(sich) beschäftigen to occupy (*o.s.*)

beschreiben, beschrieb, beschrieben to describe

die Beschreibung, -en description

(sich) beschweren to complain

besetzen to occupy

besiegen to conquer

besitzen to own

der Besitzer(in), -(nen) owner

besonder- particular, special

besonders particularly, especially

besprechen (bespricht), besprach, besprochen to discuss

bestanden successfully passed (exam)

das Besteck, -e cutlery, eating utensils

bestehen (aus), bestand, bestanden to consist (of), to exist, to pass (an exam)

bestellen to order

bestimmt specific

bestrafen to punish

der Besuch, -e visit

besuchen to visit

der Besucher(in), -(nen) visitor

besingen, besang, besungen to sing (the praises) of

betont accentuated, emphatically

betrachten to consider

betragen (beträgt), betrug, betragen to amount to

das Betreten entry

das Bett, -en bed

betteln to beg

beunruhigend disquieting, disturbing

beurteilen to judge

die Bevölkerung, -en population

die Bevölkerungsdichte population density

das Bevölkerungswachstum population growth

bevor before

bevorzugen to prefer

bewahren to preserve

beweglich movable

die Bewegung movement

der Beweis, -e proof

bewerben (bewirbt), bewarb, beworben to apply

bewohnen to inhabit

der Bewohner(in), -(nen) inhabitant

bewundern to admire

bezahlen to pay

bezeichnen to designate

die Bezeichnung, -en designation

sich beziehen (auf), bezog, bezogen to refer (to)

die **Beziehung, -en**   relationship
das **Bier, -e**   beer
das **Bild, -er**   picture, painting
(sich) **bilden**   to form, to educate (*o.s.*)
die **bildende Künste**   fine arts
der **Bildhauer, -**   sculptor
der **Bildschirm, -e**   (TV) screen
bildschön   beautiful (pretty as a picture)
die **Bildung, -en**   education
billig   cheap
binden, band, gebunden   to bind
biographisch   biographical
biologisch   biological
die **Birne, -n**   pear, (light) bulb
bis   until
bisweilen   sometimes
bitte   please
bitten, bat, gebeten   to beg, to request
bitterlich   bitterly
blasen (bläßt) bließ, geblasen   to blow
blaß   pale
das **Blatt, ⸚er**   leaf
blättern   to leaf through (*s.t.*)
blau   blue, inebriated
blauäugig   blue eyed
bleiben, blieb, geblieben   to remain
blockieren   to blockade
bloß   mere(ly)
blühen   to bloom
die **Blume, -n**   flower
die **Blumenkohlsuppe, -n**   cauliflower soup
der **Blumenstrauß, ⸚e**   bouquet of flowers
die **Bluse, -n**   blouse
das **Blut**   blood
die **Blütezeit, -en**   heyday
die **Blutwurst, ⸚e**   blood sausage
der **Bocksbeutel, -**   specially formed bottle for wines from the region of Franconia
die **Bodenfläche, -n**   area of land
die **Bohne, -n**   bean
bombardieren   to bomb

die **Bombe, -n**   bomb
bösartig   viscious, malicious
böse   wicked, annoyed
boxen   to box
der **Branntwein, e**   brandy, hard liquor
(das) **Brasilien**   Brazil
braten (brät) briet, gebraten   to fry, to roast
das **Brathähnchen, -**   roast chicken
brauchen   to need
der **Brauer(in), -(nen)**   brewer
braun   brown
das **Brautkleid, -er**   wedding dress
brechen (bricht) brach, gebrochen   to break
brennen, brannte, gebrannt   to burn
das **Brett, -er**   board
der **Brief, -e**   letter
die **Briefmarke, -n**   stamp
der **Briefschluß, ⸚e**   letter ending
der **Briefwechsel, -**   exchange of letters
bringen, brachte, gebracht   to bring
das **Brot, -e**   bread
das **Brötchen, -**   (hard) roll
die **Brücke, -n**   bridge
der **Bruder, ⸚e**   brother
brüderlich   like brothers
die **Brust, ⸚e**   breast, chest
der **Bub, -en**   boy
das **Buch, ⸚er**   book
die **Buchdruckerkunst, ⸚e**   art of printing
die **Buchhandlung, -en**   book store
der **Büffel, -**   buffalo
bummeln   to stroll
Bundes-   federal
die **Bundesbahn**   train system of the FRG
der **Bundesbürger(in), -(nen)**   citizen of the FRG
der/die **Bundesdeutsche, -n**   citizen of the FRG
die **Bundeseinnahme, -n**   federal income
die **Bundeshymne**   national anthem of the FRG

das **Bundesland, ∺er**   state of the FRG
die **Bundespost**   post office system in the FRG
der **Bundesrat**   one of the two houses of parliament in the FRG
die **Bundesrepublik**   Federal Republic (of Germany)
der **Bundestag**   one of the two houses of parliament in the FRG
die **Bundeswehr**   Armed Forces of FRG
bunt   colored, colorful
die **Burg, -en**   fortress
der **Bürger(in), -(nen)**   citizen
das **Büro, -s**   office
die **Bürofachkraft, ∺e**   trained office worker, secretary
der **Bürogehilfe, -n/Bürogehilfin, -nen**   office helper
die **Bushaltestelle, -n**   bus stop
der **Büstenhalter, -**   brassiere
bzw. (beziehungsweise)   or, rather

C

der **Champagner**   champagne
charakterisieren   to characterize
chauvinistisch   chauvinist
die **Chemie**   chemistry
der **Chinese, -n (wk.)/Chinesin, -nen**   Chinese
chinesisch   Chinese (*adj.*)
der **Christ, -en/Christin, -nen**   Christian
der **Christstollen, -**   traditional Christmas bread (similar to fruit cake)
(der) **Christus**   Christ
die **Chrysantheme, -n**   chrysanthemum
circa/zirka (ca.)   approximately

D

die **D-Mark (DM or Deutsche Mark)**   German Mark (currency of the FRG)
der **D-Zug, ∺e (der Schnellzug, ∺e)**   type of train
damals   then, at that time

die **Dame, -n**   lady
dänisch   Danish
danke   thank you
danken   to thank
dann   then
die **Darstellung, -en**   representation
daß   that (*conj.*)
das **Datum, Daten**   date, facts
dauern   to last
die **Dauerwelle, -n**   permanent wave (hair treatment)
der **Daumen, -**   thumb
daumen·lutschen   to suck on one's thumb
der **Daumenlutscher, -**   thumb sucker
die **DDR (Deutsche Demokratische Republik)**   German Democratic Republic
decken   to set (table)
dekorieren   to decorate
der **Delphin, -e**   dolphin
der **Demonstrant (in), -en (nen)**   demonstrator
denken, dachte, gedacht   to think
denn   because
deprimierend   depressing
deshalb   therefore
deswegen   for that reason
deutlich   clearly
deutsch   German (*adj.*)
der/die **Deutsche, -n, ein Deutscher**   German
deutschklingend   German sounding
das **Deutschland**   Germany
die **Deutschland-Nachrichten**   News of Germany
deutschsprachig, deutschsprechend   German speaking
die **Diamantuhr, -en**   diamond watch
dichten   to write poetry
der **Dichter(in), -(nen)**   poet
dick   thick, fat
dickköpfig   stubborn
dienen   to serve

der **Dienst, -e** service
der **Dienstag** Tuesday
dieselbe the same
das **Diktat, -e** dictation
das **Ding, -e** thing
das **Dirndl, -** traditional southern
German dress
diskutieren to discuss
doch emphatic particle
der **Doktorvater, ∺er** doctoral advisor,
chair of doctoral committee
der **Dom, -e** cathedral
die **Donau** Danube River
das **Donnerwetter** exclamation
expressing admiration (*lit.* thunder
weather)
doof stupid (*sl.*)
doppelt double
das **Dorf, ∺er** village
das **Dornröschen** Sleeping Beauty
dort there
dorthin over there
die **Dose, -n** can (container)
der **Dozent(in), -en(nen)** university
lecturer
DR (Deutsche Reichsbahn) train system
of the GDR
das **Drachenfliegen** hang gliding
der **Dramatiker (in), -(nen)** dramatist
(sich) **drehen** turn (*o.s.*)
das **Dreikönigsfest** Epiphany
dresdener/dresdner from the city of
Dresden
dringend urgent
die **Droge, -n** drug
der **Drogenkonsum** drug consumption
die **Drogenmetropole, -n** drug
metropolis
die **Drogensucht** drug addiction
die **Drogerie, -n** drug store
drohen to threaten
drüben over there
der **Druck** (*sing.*) pressure
drum (darum) therefore

dumm stupid
die **Dummheit, -en** stupidity
dunkel dark
dünn thin
durch through
durchaus quite
durch·führen to carry out
der **Durchschnitt, -e** average
durchschnittlich on the average
sich **durch·setzen** to establish *o.s.*, to
assert *o.s.*
**durch·kommen, kam durch, ist
durchgekommen** to get by
dürfen (darf), durfte, gedurft to be
allowed to, may
der **Durst** thirst
durstig thirsty
das **Dutzend, -e** dozen

E

eben just, precisely
ebenfalls likewise
ebenso just as, like
echt real, genuine
die **Ecke, -n** corner
egal (Es ist mir egal.) I don't care.
egozentrisch egocentric
die **Ehe, -n** marriage
der **Ehemann, ∺er** husband
das **Ehepaar, -e** married couple
eher rather
die **Ehevermittlung, -en** marriage
brokerage
der **Ehrgeiz** ambition
ehrlich honest
das **Ei, -er** egg
die **Eierspeise, -n** egg dish
die **Eifersucht** jealousy
eigen own
die **Eigenschaft, -en** quality,
characteristic
eigentlich actually
eilig (es eilig haben) to be in a hurry
der **Eilzug, ∺e** type of train

einander   each other
die **Einbahnstraße, -n**   one-way street
die **Einbalsamierung, -en**   embalming
der **Eindruck, ⸚e**   impression
einfach   simple
die **Einfachheit**   simplicity
der **Einfluß, ⸚e**   influence
einflußreich   influential
**ein·laden (lädt ein), lud ein,
   eingeladen**   to invite
ein·packen   to pack
**ein·gestehen, stand ein,
   eingestanden**   to admit
eingestellt sein   to be . . . minded
ein·zeichnen   to mark, to draw in
die **Einheit, -en**   unity
die **Einheitspartei, -en**   Unity Party
einig   united
einige   some
die **Einigkeit**   unity
der **Einkauf, ⸚e**   purchase
ein·kaufen   to buy, to shop
der **Einkäufer(in), -(nen)**   shopper
das **Einkommen, -**   income
**ein·laden (lädt ein), lud ein,
   eingeladen**   to invite
die **Einladung, -en**   invitation
einmal   once, one time
der **Einmarsch, ⸚e**   invasion
ein·reißen, riss ein, eingerissen   to tear
   down
einsam   lonely
ein·schalten   to turn on, to switch on
einschließlich   inclusive
die **Einstellung, -en**   attitude
der **Eintrittspreis, -e**   admission price
einverstanden sein   to be in agreement
der **Einwohner(in), -(nen)**   inhabitant
ein·ziehen, zog ein, ist eingezogen   to
   move in
einzig   only
das **Eis**   ice cream, ice
das **Eisbein**   pork shank

die **Eisenbahn, -en**   railroad
die **Eisenwarenhandlung, -en**   hardware
   store
eisern   made of iron
eisgekühlt   ice cold
der **Eiskunstlauf, ⸚e**   ice skating
der **Elektriker(in), -(nen)**   electrician
elektrisch   electric
der **Ellenbogen, -**   elbow
die **Eltern (***pl.***)**   parents
emanzipieren   to emancipate
die **Emanzipierung**   emancipation
emigrieren   emigrate
der **Empfang, ⸚e**   reception
empfangen   to receive
empor   up
**empor·kommen, kam empor,
   emporgekommen**   to prosper, to get
   on
das **Ende**   end
enden   to end, to finish
endlich   finally
engagiert   (politically) committed
der **Engländer(in),
   -(nen)**   Englishman/Englishwoman
das **Englein (from der Engel)**   the little
   angel
englischsprachig   English speaking
das **Enkelkind, -er**   grandchild
entdecken   discover
die **Ente, -n**   duck
entfernen   to remove
die **Entfernung, -en**   distance
**enthalten (enthält), enthielt,
   enthalten**   to contain
entlang   along
(sich) **entscheiden, entschied,
   entschieden**   to decide
(sich) **entschließen, entschloss,
   entschlossen**   to decide
(sich) **entschuldigen**   to excuse (*o.s.*)
die **Entspannung**   relaxation
entsprechend   corresponding

entstammen   to come from
entstehen, entstand, ist entstanden   to originate
die **Entstehung**   origin
enttäuschen   to disappoint
entweder... oder   either... or
entwerfen (entwirft), entwarf, entworfen   to design, to draft
erblich   hereditary
erblicken   to catch sight of
die **Erbschaft, -en**   inheritance
die **Erbse, -n**   pea
die **Erde**   earth, ground
das **Erdgeschoß**   ground floor
die **Erdnußbutter**   peanut butter
der **Erdteil, -e**   continent
das **Ereignis, -se**   event
erfahren (erfährt), erfuhr, erfahren   to find out
die **Erfahrung, -en**   experience
erfinden, erfand, erfunden   to invent
der **Erfinder(in), -(nen)**   inventor
die **Erfindung, -en**   invention
der **Erfolg, -e**   success
erfolgreich   successful
erfordern   to necessitate
die **Erfrischung, -en**   refreshment
das **Erfrischungsgetränk, -e**   cold drink
ergeben (ergibt), ergab, ergeben   to reveal
ergänzen   to complete
das **Ergebnis, -se**   result
erhalten (erhält), erhielt, erhalten   to receive
erheben, erhob, erhoben   to lift, to raise
erheblich   considerable
sich **erholen**   to recover
(sich) **erinnern**   to remember, to remind *s.o.*
die **Erinnerung, -en**   memory
sich **erkälten**   to catch a cold
erkennen, erkannte, erkannt   to recognize

erklären   to explain
die **Erklärung, -en**   explanation
erlauben   to permit, to allow
erläutern   to explain, to clarify
erleben   to experience
das **Erlebnis, -se**   experience
erlernen   to learn
ermutigen   to encourage
erniedrigend   humiliating
ernst   serious
die **Eröffnung, -en**   opening
erraten (errät), erriet, erraten   to guess
erreichen   to reach, to accomplish
erscheinen, erschien, erschienen   to appear
der/die **Erwachsene (wk.), -n**   grown-up
erwähnen   to mention
erwarten   to expect
die **Erwartung, -en**   expectation
erweitern   to enlarge
erzählen   to tell
der **Erzähler(in), -(nen)**   story teller
die **Erzählung, -en**   story
der **Erzbischof, ⸗e**   arch bishop
das **Erzgebirge**   mountain range in the GDR
erziehen, erzog, erzogen   to raise, to bring up
die **Erziehung**   (child) raising
das **Erziehungsmuster, -**   model of child raising
das **Eßbesteck, -e**   eating utensil, cutlery
der **Esel, -**   donkey, ass
die **Eßgewohnheit, -en**   eating habit
der **Eßlöffel, -**   soup spoon
essen (ißt), aß, gegessen   to eat
das **Eßwerkzeug, -e**   eating tool
das **Eßzimmer, -**   dining room
die **Etage, -n**   floor (e.g., 1st, 2nd, 3rd, etc. floor)
das **Etikett, -e**   label
etwa   approximately, about
etwas   somewhat, something

der **Eurocity-Zug,** ⸚e   rapid train
  connecting large European cities
(das) **Europa**   Europe
der **Europäer(in), -(nen)**   European
europäisch   European (*adj.*)
die **Ewigkeit**   eternity
existieren   to exist
exportieren   to export

F

das **Fach,** ⸚er   subject
das **Fädchen, -** (from der **Faden,** ⸚)   little
  thread
die **Fahne, -n**   flag
fahren (fährt), fuhr, gefahren   to drive
der **Fahrer (in), -(nen)**   driver
der **Fahrplan,** ⸚e   schedule
der **Fakt, -en**   fact
der **Fall,** ⸚e   case
fallen (fällt), fiel, gefallen   to fall
falls   in case
falsch   wrong, incorrect
falten   to fold
der **Familienkreis, -e**   family circle
der **Familienstand**   marital status
die **Farbe, -n**   color
der **Färber, -**   dyer
der **Farbfernseher, -**   color TV
der **Fasching**   carnival, Mardi Gras
fast   almost
fassen   to grasp, comprehend
die **Fastnacht**   carnival, Mardi Gras
faszinieren   to fascinate
faul   lazy
faulenzen   to loaf
die **Faust,** ⸚e   fist
die **FDJ (Freie Deutsche Jugend)**   GDR
  youth organization
fehlen   to be missing
die **Feier, -n**   celebration
feiern   to celebrate
der **Feiertag, -e**   holiday
fein   fine, delicate
feindlich   hostile

der **Feinschmecker, -**   gourmet
das **Fenster, -**   window
die **Ferien (** *pl.* **)**   holidays, vacation
die **Ferienverteilung, -en**   distribution of
  vacation time periods
fern   far
die **Fernsehanstalt, -en**   TV studio
fern·sehen (sieht fern), sah fern,
  ferngesehen   to watch TV
der **Fernseher, -**   TV
die **Fernsehnachrichten**   TV news
das **Fernsehprogramm, -e**   TV station
das **Fernsehpublikum**   TV watching
  public
die **Fernsehsendung, -en**   TV program
der **Fernsehzuschauer(in), -(nen)**   TV
  watcher
fertig   ready
fesseln   to shackle, to fetter
das **Fest, -e**   festivity, celebration,
  festival
die **Festlichkeit, -en**   celebration
der **Festplatz,** ⸚e   festival ground,
  fairground
das **Festspiel, -e**   festival production
fest·stellen   to determine
der **Festtag, -e**   holiday
das **Festtagsgedeck, -e**   festive table
  setting
der **Festwagen, -**   float (in parade)
der **Festzug,** ⸚e   parade
das **Fett, (** *sing.* **)**   fat
das **Feuer, -**   fire
das **Feuerwerk, -e**   fireworks
das **Feuerzeug, -e**   lighter, matches
filmen   to film
der **Filmregisseur(in), -e(nen)**   film
  director
der **Filmschauspieler(in), -(nen)**   movie
  actor/actress
finanziell   financial
finanzieren   to finance
finden   to find
die **Firma,** die **Firmen**   firm, business

das **Fischbesteck** eating utensils for fish

der **Fischer(in), -(nen)** fisherman, fisherwoman

das **Fischgericht, -e** fish course

flach flat

die **Fläche, -n** area

flackern to flicker

die **Flamme, -n** flame

die **Flasche, -n** bottle

das **Fleisch** meat

das **Fleischgericht, -e** meat course

die **Fleischwurst, ⸚e** bologna

fleißig industrious, hard working

fliegen, flog, ist geflogen to fly

fließen, floß, geflossen to flow

flirten to flirt

die **Flitterwochen** (*pl.*) honeymoon

der **Floh, ⸚e** flea

die **Flucht** flight

der **Flughafen, ⸚** airport

der **Flugplatz, ⸚e** airport

das **Flugzeug, -e** airplane

der **Fluß,** die **Flüsse** river, stream

folgen to follow

die **Forelle, -n** trout

die **Formalität, -en** formality

die **Formel, -n** formula

formen to form

die **Forschung, -en** research

fort away, gone

fort·kommen, kam fort, ist fortgekommen to get away

fort·setzen to continue

der **Fortschritt, -e** progress

der **Frack** tuxedo

die **Frage, -n** question

fragen to ask, to question

der **Franken, -** franc (Swiss currency)

das **Frankenland** region of Franconia

(das) **Frankreich** France

der **Franzose (wk.), -n,** die **Französin, -nen** Frenchman, Frenchwoman

französisch French

die **Frau, -en** woman

die **Frauensache, -n** a matter for women, the thing to do for women

das **Fräulein, -** Miss

frei free

freidenkend free spirited

die **Freiheit, -en** freedom, liberty

der **Freiherr, -en** title for a nobleman

die **Freikirche, -n** free church (i.e., not affiliated with Catholic or main stream Protestant)

freilich of course

der **Freitag, -e** Friday

freiwillig voluntary

die **Freizeit, -en** leisure time

die **Freizeitgesellschaft, -en** leisure time society

fremd foreign, not at home

der/die **Fremde, -n** foreigner, stranger

die **Fremdsprache, -n** foreign language

fressen (frißt), fraß, gefressen to eat (for animals)

die **Freude, -n** joy, pleasure

sich **freuen (auf)** to rejoice, to look forward to

der **Freund(in), -e(nen)** friend

freundlich friendly

die **Freundschaft, -en** friendship

der **Friede(n)** peace

die **Friedensbewegung, -en** peace movement

frisch fresh

der **Friseur, -e/Friseuse, -n** barber/beautician

froh happy, glad

fröhlich cheerful

fromm pious, God fearing

der **Frosch, ⸚e** frog

die **Frucht, ⸚e** fruit

früh early

frühkindlich from early childhood

das **Frühlingsfest, -e** spring festival

das **Frühstück** breakfast

die **Frühstücksflocken** (*pl.*) cereal

die **Frühstückspause, -n**   mid-morning
  break
der **Fuchs, ⸚e**   fox
fühlen   to feel
führen   to lead
der **Führer(in), -(nen)**   leader
der **Führerschein, -e**   driver's license
die **Führung, -en**   leadership
füllen   to fill
das **Fundbüro, -s**   lost and found office
das **Fünftel, -**   fifth
funktionieren   to function
für   for
furchtbar   terrible
fürchten   to fear, to be afraid of
das **Fürstentum, ⸚er**   principality
der **Fuß, ⸚e**   foot
der **Fußgängerüberweg, -e**   elevated
  pedestrian crossing
die **Fußgängerzone, -n**   pedestrian zone

G

die **Gabel, -n**   fork
galvanisch   galvanic
der **Gang, ⸚e**   meal course
die **Gans, ⸚e**   goose
die **Gänseleberwurst, ⸚e**   goose liver
  sausage
ganz   complete(ly), very
gar   absolutely, quite, very
garantieren   to guarantee
garnieren   to garnish
der **Garten, ⸚**   garden
das **Gartengelände, -**   garden area
der **Gast, ⸚e**   guest
der **Gastgeber(in), -(nen)**   host/hostess
das **Gasthaus, ⸚er**   inn
das **Gastland, ⸚er**   host country
das **Gebäck**   baked goods
das **Gebäude, -**   building
geben (gibt), gab, gegeben   to give
das **Gebiet, -e**   the area
das **Gebirge, -**   mountain range
geboren   born

gebrauchen   to use, to utilize
gebräunt   tanned
die **Gebühr, -en**   free
die **Geburt, -en**   birth
der **Geburtsort, -e**   birth place
die **Gedächtniskirche, -n**   Memorial
  Church
der **Gedanke, -n**   thought
das **Gedeck, -e**   table setting
das **Gedicht, -e**   poem
geduldig   patient
gefährlich   dangerous
gefallen (gefällt), gefiel, gefallen
  (+*dat.*)   to be pleasing to *s.o.*
das **Gefängnis, -se**   prison
das **Geflügel**   poultry
die **Gefrierpackung, -en**   frozen food
  package
das **Gefühl, -e**   feeling
gefühlskalt   frigid, without emotion
gefühlvoll   emotional
gegen   against
die **Gegend, -en**   area, region
der **Gegensatz, ⸚e**   contrast
der **Gegenstand, ⸚e**   object, article
das **Gegenteil, -e**   opposite
gegenüber   across
die **Gegenwart**   present
gegenwärtig   at present
das **Gehalt, ⸚er**   salary
geheimnisvoll   secretive
gehen, ging, gegangen   to go
das **Gehirn, -e**   brain
gehören   to belong
der **Geigerzähler, -**   Geiger counter
die **Geisterbahn, -en**   haunted house
gelb   yellow
das **Geld, -er**   money
die **Geldbuße, -en**   monetary fine
die **Gelegenheit, -en**   opportunity,
  occasion
gelegentlich   occasionally
der/die **Geliebte, -n**   beloved, loved,
  one, lover

gelingen, gelang, gelungen to succeed
gelten (gilt), galt, gegolten to be perceived
gemeinsam together, jointly
die **Gemeinschaft, -en** unity, group
das **Gemüse, -** vegetable
gemütlich comfortable, in a homey atmosphere
genau exact(ly)
genauso exactly as
genießen, genoß, genossen to enjoy
genug enough, sufficient
genügend sufficient
das **Gepäck** luggage, baggage
gerade just, exactly
geradeaus straight ahead
das **Gerät, -e** instrument, device, machine
das **Gericht, -e** court, meal
gering modest, small
germanisch Germanic
gern(e) gladly, to one's liking
die **Gesamtauflage, -n** total edition, total printing
die **Gesamtbevölkerung** total population
die **Gesamtschule, -n** comprehensive school
das **Geschäft, -e** store, shop, business
geschehen (geschieht), geschah, geschehen to happen
das **Geschenk, -e** gift, present
die **Geschichte, -n** story, history
geschieden divorced
das **Geschlecht, -er** gender, sex, species
geschlechtsspezifisch gender specific
geschwind quickly
die **Gesellschaft, -en** society
gesellschaftlich social
das **Gesellschaftsleben, -** social life
das **Gesellschaftsspiel, -e** party game
das **Gesetz, -e** law
das **Gesicht, -er** face
das **Gespräch, -e** conversation

gesprächig talkative
die **Gestalt, -en** figure, character
gestatten to permit
gestikulieren gesture, gesticulate
gestreßt stressed
gesund healthy
die **Gesundheit** health
das **Getränk, -e** beverage
das **Gewehr, -e** gun
das **Gewicht, -e** weight
gewinnen, gewann, gewonnen to win
gewiß certain
gewöhnlich usual
(sich) **gewöhnen (an)** to be/get used to
das **Gewürz, -e** spice
das **Gift, -e** poison
gigantisch gigantic
die **Girlande, -n** garland
der **Glanz** sparkle, splendor
das **Glas, ¨er** glass
der **Glaser, -** glass maker
der **Glaube(n), -n** belief
glauben to believe
gleich immediately, right away, similar
gleichberechtigt to be equal before the law
die **Gleichberechtigung** equal rights
gleich- same
gleichzeitig simultaneously, at the same time
das **Glück** luck, happiness
glücklich happy, lucky
das **Glücksrad, ¨er** wheel of fortune
der **Glückwunsch, ¨e** congratulation
das **Glühwürmchen, -** fire fly, lightening bug
der **Gott, ¨er** God, gods
der **Graben, ¨** ditch
der **Grad, -e** degree
der **Graf, -en/Gräfin, -nen** count/countess
das **Gramm** gram
die **Grammatik, -en** grammar
die **Granate, -n** grenade

der **Graphiker(in), -(nen)** graphic artist
graphisch graphic
grau gray
grausam cruel
die **Grenze, -n** border
griechisch Greek
der **Grießkloß, ⸚e** semolina dumpling
das **Grießnockerl, -n** semolina dumpling (dialect)
grob coarse
groß big, large
die **Größe, -n** size
die **Großeltern** (*pl.*) grandparents
die **Großmutter, ⸚** grandmother
grün green
der **Grund, ⸚e** reason
gründen to found
der **Gründer(in), -(nen)** founder
das **Grundgesetz** basic law of FRG
das **Grundnahrungsmittel, -** basic food stuff
grundsätzlich on principle
die **Grundschule, -n** elementary school
die **Grünen** the "Greens" (name of political party in FRG)
die **Gruppe, -n** group
der **Gruß, ⸚e** greeting
grüßen to greet
gucken to look
das **Gulasch** meat stew
der **Gummibär, -en** type of candy
die **Gurke, -n** cucumber
gut good
der **Gymnasialschüler (in), -(nen)** secondary student
das **Gymnasium, die Gymnasien** academically oriented secondary school

H

das **Haar, -e** hair
haben (hat), hatte, gehabt to have
der **Hafen, ⸚** harbor

die **Haferflocke, -n** oatmeal
die **Haft** custody, imprisonment, detention
der **Hagel** hail
der **Hahn, ⸚e** rooster
das **Hähnchen, -** chicken
halb half
das **Halbjahr, -e** half a year
der **Hals, ⸚e** neck, throat
das **Halstuch, ⸚er** scarf, kerchief
halten (hält), hielt, gehalten to stop, to hold
halten von (hält), hielt, gehalten to consider, think of
der **Hammel, -** mutton
das **Handelszentrum, -zentren** center of commerce
handeln to act, to trade
sich **handeln von** to be about
das **Handwerk** trade
der **Handwerker(in), -(nen)** skilled manual worker
hängen to hang
die **Hansestadt, ⸚e** city originally associated with Hanseatic League
harmlos harmless, innocuous
hart hard
das **Harzgebirge** mountain range bordering the FRG and GDR
das **Häschen, - (from der Hase, -n)** little rabbit
der **Hasenbraten, -** roasted rabbit
die **Häßlichkeit, -en** ugliness
häufig frequent(ly)
das **Häuflein, - (from der Haufen)** little heap, pile
der **Hauptbahnhof, ⸚e** main train station
das **Hauptfach, ⸚er** major (subject)
der **Hauptgang, ⸚e** main course
das **Hauptgericht, -e** main course
hauptsächlich mainly, chiefly
die **Hauptspeise, -n** main course
die **Hauptstadt, ⸚e** capital

die **Hauptverkehrszeit, -en**   rush hour traffic

das **Haus, ⸚er**   house

die **Hausaufgabe, -n**   homework

die **Hausfrau, -en**   housewife

der **Haushalt, -e**   household

der **Hausherr, -en**   master of the house

das **Hausmädchen, -**   maid

die **Haustür, -en**   entrance, door

die **Haut, ⸚e**   skin

der **Hefekloß, ⸚e**   yeast dumpling

das **Heft, -e**   notebook

die **Heide**   heath

heilig   holy, sacred

die **Heimat, -en**   homeland

das **Heimatland, ⸚er**   homeland

die **Heimatstadt, ⸚e**   city of birth

die **Heirat**   marriage

heiraten   to marry

der **Heiratsantrag, ⸚e**   marriage proposal

der **Heiratsvermittler(in), -(nen)** marriage broker

die **Heiratsvermittlung, -en**   marriage brokerage

heiß   hot

heißblütig   hot blooded

heißen, hieß, geheißen   to be called

helau!   special greeting used at carnival time

der **Held(in), -en(nen)**   hero/heroine

helfen (hilft), half, geholfen   to help

hell   light, bright

der **Herausgeber(in), -nen**   editor

heraus·finden, fand heraus, herausgefunden   to find out

herbei!   come here! here

der **Herbst, -e**   fall, autumn

der **Herd, -e**   stove

der **Hering, -e**   herring

her·kommen, kam her, hergekommen to come here

die **Herkunft**   origin

der **Herr (wk.), -en**   gentleman, sir, Mr.

der **Herrenanzug, ⸚e**   man's suit

her·stellen   to produce

herunter·kommen, kam herunter, heruntergekommen   to run down

herunter·rutschen   to slide down

das **Herz, -en**   heart

herzlich   heartily, cordially, warmly

die **Herzschwäche, -n**   weakness of the heart

heulen   to cry, bawl, wail

heute   today

heutzutage   nowadays

hier   here

die **Hilfe, -n**   help

hilfsbereit   helpful

das **Hilfsmittel, -**   aid, helping device

die **Himmelsmacht, ⸚e**   heavenly power

himmelwärts   toward heaven

hin   there, tither

hinaus   out, out of

hinein·gehen, ging hinein, ist hineingegangen   to enter, to go in

hin·kommen, kam hin, ist hingekommen   to come there

hinter   behind

der **Hinweis, -e**   tip, hint, piece of advice

der **Hirsch, -e**   male deer

der **Historiker(in), -(nen)**   historian

historisch   historic

hoch   high

die **Hochschule, -n**   university

der **Höchststand, ⸚e**   the highest stand

die **Hochzeit, -en**   wedding

hoffen   to hope

hoffentlich   hopeful

die **Hoffnung, -en**   hope

hoffnungslos   hopeless

höflich   polite

der **Hofschmied, -e**   blacksmith of the court

der **Höhepunkt, -e**   high point

hoch, hoh-   high

holländisch   Dutch

das **Holz, ⸚er**   wood

das **Holzpferd, -e**   wooden horse

der **Holzsplitter, -** wood sliver
der **Honig** honey
hören to hear
der **Hörfunk** radio
der **Hörsaal, ⸚e** lecture room
die **Hose, -n** trousers, pants
die **Hotelkette, -n** hotel chain
hüben over here
hübsch pretty
das **Hühnchen, -, das Hähnchen, -** chicken
humanistisch humanistic
humorlos humorless
humorvoll humorous
der **Hund, -e** dog
hungrig hungry
husten to cough
das **Hustenbonbon, -s** cough drop
die **Hyäne, -n** hyena

I

die **Idee, -n** idea
identifizieren to identify
die **Identität, -en** identity
die **Illustrierte, -n** magazine
das **Imbißrestaurant** fast food restaurant
imitieren to imitate
immatrikulieren to matriculate
immer always
importieren to import
indem in that
der **Inder(in), -(nen)** Eastern Indian
der **Indianer(in), -(nen)** American Indian, Native American
der **Indianerstamm, ⸚e** Indian tribe
indisch Eastern Indian (*adj.*)
industriell industrial
ineinander into each other
informieren to inform
der **Ingenieur, -e** engineer
inklusiv (inkl.) inclusive
die **Innenstadt, ⸚e** inner city, city center
das **Innere** inside, interior

die **Insel, -n** island
insgesamt altogether
der **Intercityzug, ⸚e** rapid train interconnecting large cities
interessant interesting
das **Interesse, -n** interest
das **Interessengebiet, -e** area of interest
sich **interessieren für** to be interested in
das **Interhotel, -s** state-controlled hotel chain in the GDR
interpretieren to interpret
der **Interpret(in), -en(nen)** translator
intim intimate
die **Intrige, -n** intrigue
der **Ire, -n/Irin** Irishman/Irishwoman
irgendwelch- any
irgendwo somewhere
ironisch ironic, tongue in cheek
der/die **Irre, -n** crazy person
isländisch Icelandic
(das) **Italien** Italy
der **Italiener(in), -(nen)** Italian
italienisch Italian (*adj.*)

J

ja yes
jagen to hunt
das **Jahr, -e** year
das **Jahresgehalt, ⸚er** annual salary
der **Jahreswechsel, -** New Year (*lit.* change of year)
die **Jahreszahl, -en** year
das **Jahrhundert, -e** century
jahrhundertelang for centuries
jährlich annually, every year
das **Jahrtausend, -e** millenium
der **Januar** January
der **Japaner(in), -(nen)** Japanese
japanisch Japanese (*adj.*)
je ever, each
jede, - every
jedoch however
jemand someone, somebody
jetzt now

der **Jubel**   jubilation, cheering
das **Jubiläum**, die **Jubiläen**   anniversary
jubilieren   to rejoice
der **Jude, -n/Jüdin, -nen**   Jew
die **Judenvernichtung**   extermination of
   Jews
die **Jugend**   youth
das **Jugendamt, ̈er**   Juvenile Services
   Office
die **Jugendausbildung, -en**
   training/education of young
   people
das **Jugendgesetz, -e**   law protecting
   minors
die **Jugendherberge, -n**   youth hostel
das **Jugendherbergsverzeichnis,**
   -se   listing of youth hostels
jugendlich   youthful
(das) **Jugoslawien**   Yugoslavia
der **Juli**   July
jung   young
der **Junge (wk.), -n**   boy
der **Jungpionier, -e**   young member of
   the FDJ
der **Juni**   June
der **Junker, -**   nobleman
Jura (no article)   law

K
der **Kabarettist(in), -en(nen)**   cabaret
   performer
das **Kabel, -**   cable
der **Kaffee**   coffee
der **Kaiser(in), -(nen)**   emperor, empress
der **Kakao**   cocoa
das **Kalb, ̈er**   calf
das **Kalbfleisch**   veal
der **Kalbsbraten, -**   veal roast
die **Kalbshaxe**   veal shank
die **Kalbsleberwurst, ̈e**   calf liver
   sausage
kalifornisch   Californian (adj.)
kalt   cold

der **Kampf, ̈e**   battle, fight
der **Kampfgeist, -er**   fighting spirit
kämpfen   to battle, to fight
der **Kanadier(in), -(nen)**   Canadian
der **Kanzler, -**   chancellor
die **Kapelle, -n**   musical band, chapel
der **Kapitalismus**   capitalism
der **Kapitän, -e**   captain
das **Kapitel, -**   chapter
kapitulieren   capitulate
kaputt   broken, not functioning
kaputt·machen   to break, to damage
die **Karibik**   Caribbean
der **Karnevalszug, ̈e**   carnival parade
der **Karpfen, -**   carp
die **Karte, -n**   card, map
die **Kartoffel, -n**   potato
der **Kartoffelpuffer, -**   potato pancake
das **Karussel, -le**   merry-go-round
der **Käse**   cheese
der **Kasten, ̈**   case
der **Katholik(in), -en(nen)**   Catholic
katholisch   catholic (adj.)
die **Katze, -n**   cat
kaufen   to buy, to purchase
die **Kauffrau, -en**   business woman
das **Kaufhaus, ̈er**   department store
der **Kaufmann, ̈er**   business man,
   merchant
kaufmännisch   business-related, sales-
   related
der **Kaugummi, -s**   chewing gum
kaum   hardly
kein   no, not a
der **Keller, -**   cellar
der **Kellner(in), -(nen)**   waiter/waitress
kennen, kannte, gekannt   to know
kennen·lernen   to meet
die **Kenntnis, -se**   knowledge
das **Kennzeichen, -**   sign, symbol
kennzeichnen   to designate
der **Kerl, -e**   fellow, chap
kerngesund   totally healthy
der **Kfz-Mechaniker, -**

(**Kraftfahrzeugmechaniker**) car mechanic

das **Kilogram (kg)** kilogram

das **Kilo** kilo

das **Kind, -er** child

das **Kindererziehen, die Kindererziehung** child raising

der **Kindergarten, ⸚** kindergarden

die **Kindergärtnerin, -nen** kindergarden teacher

das **Kinderheim, -e** children's home

das **Kinderkriegen** the bearing of children

kinderlieb well disposed toward children

die **Kindermißhandlung, -en** child abuse

der **Kinderwagen, ⸚** baby buggy

die **Kindheit** childhood

das **Kino, -s** movie house

kinofreudig well disposed toward going to the movies

die **Kirche, -n** church

die **Kirschtorte, -n** cherry tart

der **Klang, ⸚e** sound

klar clear

klar·machen to clarify

die **Klasse, -n** class

der **Klassenkamerad(in), -en(nen)** classmate

die **Klassik** classic period

der **Klassiker(in), -(nen)** classic

klassisch classical

die **Klausur, -en** exam, paper

das **Kleid, -er** dress

kleiden to dress

klein small, little

der **Klempner, -** plumber

das **Klima** climate

klingeln to ring

klingen, klang, geklungen to sound

klipp und klapp clippety clop

das **Klo, -s** toilet, W.C. (from **Wasser Klosett**)

klopfen to knock

der **Kloß, ⸚e** dumpling

klug clever, smart

km (das/der **Kilometer**) kilometer

km2 (das/der **Quadratkilometer**) square kilometer

knapp in short supply, barely

das **Knie, -** knee

der **Knigge** name of etiquette book

knistern to crackle

der **Knödel, -** dumpling

der **Knopf, ⸚e** button

die **Knospe, -n** bud

der **Koch, ⸚e/die Köchin, -nen** cook

kochen to cook

die **Kochwurst, ⸚e** type of sausage that is heated before eating

der **Kollege, -n/die Kollegin, -nen** colleague

kölnisch from the city of Cologne

komisch funny, strange, unusual

kommen, kam, gekommen to come

kommerziell commercial

der **Kommunismus** Communism

kommunistisch communist (*adj.*)

kompliziert complicated

der **Komponist(in), -en (nen)** composer

das **Kompott, -e** stewed fruit

die **Konditorei, -en** pastry shop

der **Konditorgeselle, -n** trained pastry cook

der **Konditormeister, -** master pastry chef

die **Konfession, -en** religion

konfessionslos without religion

der **König(in), -e(nen)** king/queen

konjugieren to conjugate

konkret concrete, specific

die **Konkurrenz, -en** competition

können (kann), konnte, gekonnt can, to be able to

die **Konsequenz, -en** consequence

das **Konsulat, -e** consulate

konsumieren to consume

kontrollieren to control, to check
kontrovers controversial
konventionell conventional
sich **konzentrieren** to concentrate *o.s.*
das **Körperteil, -e** body part
der **Kopf, ⸚e** head
der **Korb, ⸚e** basket (**jemanden einen Korb geben** to turn someone down)
der **Körper, -** body
kosten to cost
kostenlos free, without cost
die **Kraft, ⸚e** strength, power
kräftig strong
krank ill, sick
das **Krankenhaus, ⸚er** hospital
der **Krankenpfleger(in), -(nen)** nurse
die **Krankenschwester, -n** nurse
der **Krankenurlaub, -e** convalescent leave
die **Krankheit, -en** illness
der **Kranz, ⸚e** wreath
kratzen to scratch
der **Kratzer, -** scratch
der **Krautsalat, -e** coleslaw
die **Kreativität** creativity
der **Krebs** cancer
das **Kreuz, -e** cross
kreuzen to cross
die **Kreuzung, -en** intersection
der **Krieg, -e** war
das **Kriegeführen** fighting wars
das **Kriegspielen** playing war
der **Krimi, -s** detective novel
die **Kriminalität** criminality
die **Krise, -n** crisis
das **Kristall, -e** crystal
die **Kritik, -en** critique
kritisch critical
das **Krokodil, -e** crocodile
die **Krone, -n** crown
der **Kronprinz, -en/prinzessin** crown prince/princess
die **Küche, -n** kitchen
der **Kuchen, -** cake

die **Kuckucksuhr, -en** cuckoo clock
kugelrund round as a ball
die **Kuh, ⸚e** cow
der **Kühlschrank, ⸚e** refrigerator
die **Kultur, -en** culture
kulturell cultural
der **Kultusminister(in), -(nen)** Minister of Culture
der **Kunde, -n/die Kundin, (nen)** customer
künftig prospective
die **Kunst, ⸚e** art
der **Künstler(in), -(nen)** artist
künstlerisch artistic
das **Kunstwerk, -e** work of art
die **Kur, -en / eine Kur machen** to stay at a health resort
der **Kurs, -e** course
kurz short
der **Kurzschluß, ⸚sse** electrical short
der **Kuß, Küsse** kiss
küssen to kiss

L

lächeln to smile
lachen to laugh
der **Lack, -e** paint, varnish
der **Laden, ⸚** store, shop
die **Lage, -n** situation
das **Lamm, ⸚er** lamb
das **Land, ⸚er** country, state
die **Landeskunde** (*sing.*) culture
landen to land
die **Landkarte, -n** map
die **Landschaft, -en** landscape, countryside
die **Landsleute** (*pl.*) countrymen
die **Landstraße, -n** highway
der **Landtag, -e** state parliament
der **Landwirt(in), -e(nen)** farmer
lang long
langhalsig long-necked
langjährig of long standing
langsam slow

langweilig   boring
der **Lärm** (*sing.*)   noise
lassen (läßt), ließ, gelassen   to allow, permit, have (*s.t.*) done
das **Latein**   Latin
die **Lauer** (*sing.*)/**auf der Lauer sein**   to be or lie in wait
der **Lauf, ⸚e**   run
die **Laufbahn, -en**   career
laufen (läuft), lief, ist gelaufen   run, walk
laufend   running
launisch   moody, wayward
die **Laus, ⸚e**   louse
lauschen   to listen, eavesdrop
laut   loud
lauten   to sound, to read
leben   to live
lebendig   living, alive
die **Lebensgewohnheit, -en**   habit of life
das **Lebensjahr, -e**   year of one's life
der **Lebenslauf, ⸚e**   course of life, curriculum vitae
die **Lebensmittel** (*pl.*)   food
der **Lebensstil, -e**   style of life
der **Lebensunterhalt**   subsistence, livelihood
das **Lebenszeichen, -**   sign of life
die **Leberknödelsuppe, -n**   liver dumpling soup
die **Leberwurst, ⸚e**   liverwurst
der **Lebkuchen, -**   gingerbread
lecken   to lick, leak
ledig   single, unmarried
leer   empty, vacant
legen   to put, place
lehren   to teach
der **Lehrer(in), -(nen)**   teacher
der **Lehrling, -e**   apprentice
leicht   easy, light
leicht·fallen (fällt leicht), fiel leicht, ist leichtgefallen   to be easy
das **Leid, -en**   injury, hurt, sorrow
leiden, litt, gelitten   to suffer

die **Leidenschaft, -en**   passion
leidenschaftlich   passionate, ardent
leider   unfortunately
leise   soft, faint
leisten   to perform, carry out
sich (etwas) **leisten**   to afford *s.t.* for *o.s.*
leiten   to lead, to manage, to direct
der **Leiter(in), -(nen)**   director, manager
die **Leitung, -en**   direction, pipe, wiring
lernen   to learn
das **Lesebuch, ⸚er**   reader
lesen (liest), las, gelesen   to read
der **Lesetext, -e**   reading text
letzt-   last
leuchten   to illuminate
die **Leute** (*pl.*)   people
das **Lexikon, die Lexika**   dictionary, encyclopedia
das **Licht, -er**   light, lamp
lichterloh   blazing
lieb-   dear, sweet, beloved
die **Liebe**   love
lieben   to love
das **Liebespaar, -e**   lovers
der **Liebhaber(in), -(nen)**   lover
der **Liebling, -e**   darling, favorite
das **Lied, -er**   song
der **Liedermacher, -**   song writer
liegen, lag, gelegen   to lie
der **Likör, -e**   liqueur
die **Lilie, -n**   lily
die **Limonade, -n**   lemonade
die **Linie, -n**   line
links   left
der **Lippenstift, -e**   lipstick
die **Liste, -n**   list
literarisch   literary
die **Literatur, -en**   literature
das **Loch, ⸚er**   hole
die **Locke, -n**   curl
der **Löffel, -**   spoon
logisch   logical
der **Lohn, ⸚e**   salary, wages
(sich) **lohnen**   to be worth

los loose
Los! Go! Let's go! Come on!
los sein to be the matter
löschen to extinguish, to put out
lösen to solve
los·kommen, kam los, ist
  losgekommen to get loose or free
die **Lösung, -en** solution
der **Löwe, -n/Löwin, -nen** lion
die **Lücke, -n** gap, blank, void
das **Luder, -** hussy
die **Luft, ⸚e** air
die **Luftbrücke, -n** (Berlin) air lift
das **Luftschiff, -e** airship, airplane
die **Lunge, -n** lung
die **Lust, ⸚e** joy, delight, desire
lustig funny, jolly
lutschen to suck
das **Luxushotel, -s** luxury hotel
die **Lyrik** (*sing.*) lyric verses, poetry
der **Lyriker(in), -(nen)** poet/poetess
lyrisch lyric, lyrical

M

machen to make, to do
die **Machenschaft, -en** machination
die **Macht, ⸚e** power, might
die **Machtergreifung** power seizure
das **Mädchen, -** girl
der **Magen, ⸚** stomach
mager meager, thin
die **Mahlzeit, -en** meal
der **Mai** May
der **Main** Main River
der **Major** Major (military)
(ein)mal once, times
malen to paint
der **Maler(in), -(nen)** painter, artist
manche many, many a
manchmal sometimes
die **Mandarine, -n** tangerine
die **Manier, -en** manner
das **Manifest** manifesto
der **Mann, ⸚er** man

die **Männersache, -n** the thing to do for
  men, a matter for men
männlich manly, masculine
der **Mantel, ⸚** coat
das **Märchen, -** fairy tale
die **Mark (D-Mark, deutsche**
  Mark) currency of the FRG
die **Marke, -n** trademark, sign, stamp
der **Markenname, -n** trademark name
markieren to mark, brand
die **Markierung, -en** mark(ing)
die **Marktforschung, -en** market
  research
marschieren to march
der **März** March
die **Maschine, -n** machine
der **Maschinenbau** mechanical
  engineering
die **Maske, -n** mask
der **Maskenball, ⸚e** masked ball
materiell material
die **Mathematik** mathematics
die **Mauer, -n** wall
der **Maurer, -** mason, brick layer
die **Maus, ⸚e** mouse
der **Mechaniker(in), -(nen)** mechanic
mechanisch mechanic
das **Medikament, -e** medicine
die **Medizin** (*sing.*) medicine
das **Mehl** flour
mehr more
das **Mehrfamilienhaus, ⸚er** multi-family
  dwelling
mehrmals repeatedly
die **Mehrzahl** majority, plural
meinen to mean, to believe, to be of the
  opinion
die **Meinung, -en** opinion
die **Meinungsumfrage, -n** opinion poll
meist most
meistbekannt best known
meistens mostly
der **Meister(in), -(nen)** master
  (craftsman), champion

(sich) **melden**   to report, announce, volunteer

die **Melodie, -n**   melody

die **Menge, -n**   quantity, crowd, bunch

die **Mensa**, die **Mensen**   university cafetaria

der **Mensch, -en**   person, human being

das **Menschenrecht, -e**   human right(s)

die **Menschenschwäche, -n**   human weakness

der **Menschentyp, -en**   type of human being

menschlich   human, humane, kind

merken   to notice, to take note of

messen (mißt), maß, gemessen   to measure

das **Messer, -**   knife

die **Metropole, -n**   metropolis

der **Metzger(in), -(nen)**   butcher

die **Metzgerei, -en**   butcher shop

der **Mexikaner(in), -(nen)**   Mexican

mexikanisch   Mexican (adj.)

die **Miete, -n**   rent, hire

die **Milch**   milk

der **Milchmann, ⸚er**   milk man

die **Milliarde, -n**   billion

minderjährig   under age, minor

mindestens   at least

Mio. (Millionen)   million

mißbrauchen   to abuse

das **Mischbrot, -e**   bread made from several types of grain

mischen   to mix, blend

die **Mischung, -en**   mixture, blend

der **Mist**   dung, manure, rubbish, nonsense

mit·bekommen, bekam mit, mitbekommen   to acquire

die **Mitbestimmung, -en**   co-determination

mit·bringen, brachte mit, mitgebracht   to bring along

das **Mitbringsel, -**   little present, bring along a gift

miteinander   together, jointly

mit·geben (gibt mit), gab mit, mitgegeben   to give along

das **Mitglied, -er**   member

mit·kommen, kam mit, ist mitgekommen   to come along

mit·machen   to take part in, participate in

der **Mitspieler(in), -(nen)**   player

das **Mittagessen, -**   lunch, noon meal

das **Mittelalter**   Middle Ages

das **Mittelgebirge**   highlands (Central German Europe)

mittellang   of medium length

die **Mitternacht**   midnight

mittler -   middle

der **Mittwoch**   Wednesday

mit·teilen   to communicate s.t.

die **Mode, -n**   fashion

das **Modegeschäft, -e**   clothing store, boutique

mögen (mag), mochte, gemocht   may, to like

möglich   possible

die **Möglichkeit, -en**   possibility

der **Monat, -e**   month

monatlich   monthly

der **Montag**   Monday

die **Moral**   moral

der **Morgen, -**   morning

morgen   tomorrow

morgens   in the mornings

das **Motorenwerk, -e**   motor factory

der **Motorradfahrer, -**   motorcyclist

müde   tired

das **Müesli**   type of cereal popular in Switzerland

der **Müll**   trash

der **Müller(in), -(nen)**   miller

der **Mund, ⸚er**   mouth

mündlich   oral

der **Mundwinkel, -**   corner of the mouth

munter   awake, lively

die **Muschikatze, -n**   pussy cat

die **Musikauswahl, -en** musical selection
der **Musiker(in), -(nen)** musician
der **Muskel, -n** muscle
müssen (muß), mußte, gemußt must, to have to
der **Mut** courage
die **Mutter, ⸚** mother
das **Muttersein** being a mother

N

nach after, towards, to
der **Nachbar(in), -n(nen) (wk.)** neighbor
die **Nachbarschaft, -en** neighborhood
nachdem after that, afterward
die **Nacherzählung, -en** repetition, story reproduction
nachgiebig elastic, flexible
nachher afterward
nach·kommen, kam nach, ist nachgekommen follow, come later
der **Nachkomme, -n** descendant
der **Nachlaß** inheritance
der **Nachmittag, -e** afternoon
nach·rechnen to check, recalculate
die **Nachricht, -en** information, news
nach·schauen to look after, examine
nächst - next
die **Nacht, ⸚e** night
der **Nachteil, -e** disadvantage
der **Nachtisch, -e** dessert
der **Nagel, ⸚** nail
nageln to nail
die **Nähe** (*sing.*) nearness, proximity, vicinity
nähen to sew, stitch
die **Nähmaschine, -n** sewing machine
das **Nahrungsmittel, -** food stuff
nämlich that is, namely
die **Narrenzeit** time of fools, carnival
die **Nase, -n** nose
die **Nationalhymne, -n** national anthem
die **Nationalität, -en** nationality, citizenship

natürlich natural, naturally
neben near, beside
nebenbei by the way, besides
nebeneinander next to one another
das **Nebenfach, ⸚er** minor (subject)
der **Nebenfluß, die Nebenflüsse** tributary river
der **Nebensatz, ⸚e** dependant clause
nehmen (nimmt), nahm, genommen to take
nein no
(sich) **neigen** to lean
nennen, nannte, genannt to name
nett nice, pleasant
die **Neuansiedlung, -en** new settlement
neu new
neugierig curious
das **Neujahr** New Year
nicht not
die **Nichte, -n** niece
der **Nichtkombattant, -en** non-combatant
der **Nichtraucher (in), -(nen)** non-smoker
nichts nothing
nie never
nieder low, down
die **Niederlande** Netherlands
(das) **Niedersachsen** Lower Saxony
niemand nobody
niesen to sneeze
der **Nikolaustag** St. Nikolaus Day (Dec. 5)
das **Nilpferd, -e** hippopotamus
nimmer never
nix (nichts) nothing
der **Nobelpreisträger, -** Nobel Prize recipient
noch still, yet
nochmal again
das **Nockerl, -n** small dumpling (dialect)
der **Norden** north
der **Nordpol** North Pole

das **Nordrhein-Westfalen**
Northrhine-Westphalia
normalerweise   normally
norwegisch   Norwegian
der **Notfall**   case of need, emergency
die **Notlösung, -en**   less than ideal
solution, emergency solution
notwendig   necessary
Nr. (die **Nummer, -n**)   number
das **Nummernschild, -er**   license-plate
nun   now
nur   only

O

ob   if, whether
oben   above, overhead
der **Ober, -**   waiter
obligatorisch   obligatory
das **Obst** (*sing.*)   fruit
obwohl   (al)though
die **Ochsenschwanzsuppe, -n**   ox tail
soup
oder   or
der **Ofen, ⸗**   stove, oven
offen   open
öffentlich   public
oft   often
öfters   often
ohne   without
das **Ohr, -en**   ear
das **Öl**   oil
die **Oma, -s**   grandma
ordentlich   orderly, neat, solid
ordnen   to put in order
die **Ordnung**   order
originell   original, ingenious
der **Ort, -e**   place
der **Osten**   east
das **Osterfest, -e**   Easter
der **Osterhase, -n**   Easter bunny
(das) **Ostern**   Easter
(das) **Österreich**   Austria
österreichisch   Austrian (*adj.*)
die **Ostsee**   Baltic Sea

P

das **Paar, -e**   pair, couple
packen   to pack
der **Pädagoge, -n**   pedagogue, teacher
das **Paket, -e**   parcel, package
(das) **Palästina**   Palestine
der **Panzer, -**   tank
das **Papier, -e**   paper
das **Parfüm, -e**   perfume, scent
parken   to park
parlamentarisch   parliamentarian
die **Parole, -n**   slogan
die **Partei, -en**   party (political)
der **Paß, die Pässe**   passport
passen   to fit, to be suitable, convenient
passieren   to happen, to pass (border)
das **Pech** (*sing.*)   bad luck
der **Personenkraftwagen, - (PKW)**   car
persönlich   personally
pessimistisch   pessimistic
der **Pfadfinder(in), -(nen)**   boy scout/girl
scout
die **Pfanne, -n**   pan
der **Pfannkuchen, -**   pancake
der **Pfarrer, -**   minister, priest
die **Pfarrgemeinde, -n**   parish
der **Pfeffer** (*sing.*)   pepper
die **Pfeife, -n**   pipe, whistle
der **Pfeiler**   pillar, support
pfeilerlos   without support
der **Pfennig, -e** *DM* .01,   penny
(das) **Pfingsten**   Pentecost
der **Pfirsich, -e**   peach
die **Pflicht, -en**   duty, obligation
die **Pfote, -n**   paw
phantastisch   fantastic
der **Physiker(in), -(nen)**   physicist
die **Pistole, -n**   pistol, gun
PKW (Personenkraftwagen)   car
(sich) **plagen**   to toil, trouble, torment
planen   to plan
die **Platte, -n**   (musical) record
der **Platz, ⸗e**   place, spot, space
der **Platzmangel**   lack of space

plötzlich suddenly
plumps bump (sound)
(das) **Polen** Poland
die **Politik** (*sing.*) politics, policy
der **Politiker(innen), - (-nen)** politician
politisch political
der **Polizist(in), -en(nen)**
  policeman/policewoman
portugiesisch Portuguese
die **Post** (*sing.*) post office, postal
  system
das **Postamt, ⁼er** post office
das **Postskriptum**, die **Postskripten** P.S.
potentiell potentially
die **Potenz, -en** strength, power
das **Prädikat, -e** predicate, mark, special
  distinction
prägen to stamp, coin, to form,
  influence
praktisch practical
praktizieren to practice
die **Praline, -n** filled chocolate candy
präparieren to prepare
der **Präsident(in), -en (wk.)**
  (nen) president, chairperson
präsidial presidential
der **Preis, -e** prize, price
preisen to praise
preiswert inexpensive
(das) **Preußen** Prussia
preußisch Prussian
der **Priester(in), -(nen)** priest/priestess
prima first-rate, excellent
die **Probe** test, sample, rehearsal
probieren to try, to taste
produzieren to produce
profitieren to profit
die **Prosa** prose
Prosit!, Prost! cheers
protestantisch protestant
das **Prozent, -e** percent
prüfen to test, to check
die **Prüfung, -en** test, exam
der **Psychiater(in), -(nen)** psychiatrist

der **Psychologe, -n**
  (wk.)/Psychologin psychologist
die **Pubertät** puberty
der **Pumpernickel** type of bread
der **Punkt, -e** point, period
pünktlich punctual
die **Puppe, -n** doll
putzen to clean

Q

der **Quadratkilometer, -** square
  kilometer
das **Quäntchen, -** (from **das**
  Quantum) small quantity
der **Quark** (*sing.*) cottage   cheese
die **Quelle, -n** spring, source
quer across
der **Querschnitt, -e** cross section

R

der **Rabe, -n** raven
das **Rad, ⁼er** wheel, bicycle
die **Radiogebühr, -en** radio license fee
rangieren to rank
der **Rasen, -** lawn, grass
rasen·mähen to cut grass
das **Rasierwasser** after shave lotion
die **Rasse, -n** race
raten to advise, counsel, to guess
das **Rathaus, ⁼er** city hall
die **Rationalisierung, -en** rationalization
der **Ratschlag, ⁼e** advice
das **Rätsel, -** riddle, puzzle
die **Ratte, -n** rat
der **Rattenfänger, -** rat catcher
räuchern to smoke (food)
rauchen to smoke
das **Raucherabteil, -e** smoking
  compartment
der **Raum, ⁼e** room, space
der **Raumpfleger(in), -(nen)** custodian
das **Raumschiff, -e** space ship
die **Realschule, -n** secondary school
recht right

das **Recht, -e**   right, law, privilege, authority
recht·haben   to be right
rechts   right (direction)
der **Rechtsanwalt, ·e/Rechtsanwältin, -nen**   lawyer
reden   to talk
der **Redner(in), -(nen)**   speaker
die **Regel, -n**   rule
regeln   to regulate, to control, to settle
regelrecht   regular
der **Regen**   rain
regieren   to govern, rule
die **Regierung, -en**   government, administration
der **Regisseur(in), -e(nen)**   director (of play or film)
der **Rehbraten, -**   roast deer (venison)
der **Reibekuchen, -**   potato pancake
reiben, rieb, gerieben   to rub, grate
reich   rich, wealthy
das **Reich, -e**   empire, kingdom
reichen   to offer, to suffice
der **Reichtum, ·er**   wealth, richness
die **Reife** (*sing.*)   ripeness, maturity
der **Reifen, -**   tire
die **Reihenfolge, -n**   succession, sequence
der **Reim, -e**   rhyme
(sich) **reimen**   to rhyme
rein   pure, clear
der **Reis**   rice
die **Reise, -n**   journey, trip
reisen   to travel
reißen, riß, gerissen   to tear, pull
der/die **Reisende, -n**   traveler
der **Reisescheck, -s**   traveler's check
das **Reiseziel, -e**   destination
reiten, ritt, geritten   to ride, go on horseback
die **Reklame, -n**   advertising, advertisement
das **Rennpferd, -e**   race horse
renovieren   to renovate

reparieren   to repair
repräsentieren   to represent
der **Rest, -e**   remnant, remains
das **Resultat, -e**   result, outcome
revidieren   to revise, check
das **Rezept, -e**   recipe
rhätoromanisch   raeto romansch (old language spoken in Swiss Alps)
der **Richter(in), -(nen)**   judge
richtig   correct
riechen, roch, gerochen   to smell
riesengroß   huge
das **Riesenrad, ·er**   ferris wheel
das **Rind, -er**   cattle (*pl.*)
der **Rinderbraten, -**   roast beef
das **Rindfleisch**   beef
der **Ringkampf, ·e**   wrestling match
rinnen, rann, geronnen   to run, flow, drip
das **Rippchen, -**   pork rib
der **Ritter, -**   knight
der **Roggen**   rye
roh   raw, rough
die **Rolle, -n**   role
das **Rollenspiel, -e**   role play
die **Rollenverteilung, -en**   distribution of roles
der **Rollenwechsel, -**   change of roles
der **Rollmops, ·e**   spicy, marinated fish roll
der **Roman, -e**   novel
romanisch   Romance (language), Romanesque (art)
romantisch   romantic
der **Römer(in), -(nen)**   Roman
römisch-katholisch   Roman Catholic
röntgen   to X-ray
rosa   pink
der **Rosenmontag, -e**   Monday before Ash Wednesday
die **Röstli** (*pl.*)   fried potatoes (Swiss)
rot   red
das **Rotkäppchen**   Little Red Riding Hood

der **Rotkohl** (*sing.*) red cabbage

die **Roulade, -n** rolled slice of beef

der **Rucksack, ⸚e** back pack

rufen, rief, gerufen to call

die **Ruhe** rest, quiet

ruhig quiet, calm

die **Ruine, -n** ruin

rund round

der **Rundfunk** broadcasting service, radio

die **Rundfunkanstalt, -en** broadcasting company

rundherum all around

die **Rüsche, -n** ruffle

der **Russe, -n/Russin** Russian

russisch Russian

S

die **Sache, -n** thing, object, matter

die **Sachertorte, -n** type of chocolate cake (Austrian specialty)

sadistisch sadistic

der **Safran** saffron

der **Saft, ⸚e** juice, sap

sagen to say

das **Salz** salt

sammeln to collect

die **Sammlung, -en** collection

der **Samstag, -e** Saturday

das **Sandmännchen, -** sandman

der **Sanitätsdienst, -e** medical corps

der **Sarg, ⸚e** coffin, casket

sarkastisch sarcastic

satirisch satirical

satt satisfied, full

der **Satz, ⸚e** sentence, set

sauber clean, neat

sauer sour

der **Sauerstoff** (*sing.*) oxygen

saugen to suck

SB (die Selbstbedienung) self service

die **Schachtel, -n** box

schaden to damage, harm

der **Schaden, ⸚** damage

schaffen, schuf, geschaffen to create, to accomplish

der **Schakal, -e** jackal

schälen to peel

die **Schallplatte, -n** record, disc

scharf sharp, keen

der **Schatz, ⸚e** treasure, sweetheart

schätzen to estimate, to treasure, to appreciate

schauen to look, see

der **Schauspieler(in), -(nen)** actor

der **Scheck, -s** check

(sich) scheiden lassen to divorce, to get a divorce

die **Scheidung, -en** divorce

scheinen, schien, geschienen to seem, appear

schenken to give (a present)

die **Schere, -n** pair of scissors

schicken to send

schieben, schob, geschoben to push

schief crooked, slanting

die **Schießbude, -n** shooting gallery

das **Schießpulver** (*sing.*) gun powder

das **Schiff, -e** ship, vessel

schi·laufen (läuft), lief, ist schigelaufen to go skiing

das **Schild, -er** sign

der **Schilling (ÖS)** Schilling (Austrian currency)

der **Schinken, -** ham

schlafen (schläft), schlief, geschlafen to sleep

der **Schlager, -e** popular song, hit

schlagen (schlägt), schlug, geschlagen to hit, beat

das **Schlagwort, -e** catchword, slogan

die **Schlagzeile, -n** headline

schlampig slovenly, slipshod, careless

schlank slender, slim

der **Schlauch, ⸚e** tube, hose

schlecht bad

schlesisch Silesian

schließen, schloß, geschlossen to close

schließlich finally, in the end
schlimm bad
der **Schlips, -e** tie
das **Schloß, Schlösser** castle
der **Schluck, -e** swallow, gulp
schlucken to swallow
die **Schlußformel, -n** closing (of letter)
die **Schlußprüfung, -en** final exam
das **Schmalz** fat, grease, lard
schmecken to taste (good)
schmeißen, schmiß, geschmissen to throw
der **Schmerz, -en** pain, ache
schmerzlich painful
schmutzig dirty
der **Schnaps, ⸗e** hard liquor
schnarchen to snore
die **Schnecke, -n** snail, slug
das **Schneewittchen** Snow White
schneiden, schnitt, geschnitten to cut
der **Schneider(in), -(nen)** tailor
schnell quick, fast
das **Schnellimbiß-Restaurant, -s** snack bar, fast food restaurant
die **Schnellimbißgaststätte, -n** fast food restaurant
die **Schokolade, -n** chocolate
das **Schokoladenplätzchen, -** chocolate cookie
schon already
schön fine, beautiful, handsome
die **Schönheit, -en** beauty
das **Schönheitsmittel, -** cosmetics
der **Schöpfer, -** creator
der **Schraubenzieher, -** screw driver
die **Schreibart, -en** manner of writing
schreiben, schrieb, geschrieben to write
die **Schreibkraft, ⸗e** clerk
die **Schreibmaschine, -n** typewriter
das **Schreibwarengeschäft, -e** stationery shop, office supply store
schreien, schrie, geschrieen to cry, shout

die **Schrift, -en** writing
schriftlich written
der **Schriftsteller(in), -(nen)** author, writer
der **Schritt, -e** step
schüchtern shy, bashful
der **Schuh, -e** shoe
der **Schuhmacher, -** shoe maker
die **Schulbildung, -en** schooling, education
die **Schule, -n** school
der **Schüler(in), -(nen)** pupil, elementary and secondary school student
die **Schulpflicht** period of obligatory schooling
die **Schulter, -n** shoulder
schunkeln to move rythmically to music while seated and locking arms
die **Schürze, -n** apron
der **Schüttelfrost** chills
schütteln to shake
schützen to protect, defend
schwäbisch Swabian
schwach weak
die **Schwäche, -n** weakness
der **Schwanz, ⸗e** tail
schwarz black
schwedisch Swedish
schweigen, schwieg, geschwiegen to be silent
das **Schwein, -e** pig
der **Schweinebraten, -** roast pork
das **Schweinekotelett, -s** pork chop
die **Schweineleberwurst, ⸗e** pork liver sausage
die **Schweiz** Switzerland
der **Schweizer(in), -(nen)** Swiss
schweizerisch Swiss (*adj.*)
schwer heavy, hard, difficult
die **Schwester, -n** sister
schwierig difficult, complicated
die **Schwierigkeit, -en** difficulty

das **Schwimmbad, ⸚er** swimming pool
**schwimmen, schwamm,
  geschwommen** to swim, float
**SED (Sozialistische Einheitspartei
  Deutschlands)** Socialist Unity Party
  (GDR)
der **See, -n** lake
segnen to bless
sehen (sieht), sah, gesehen to see
die **Sehenswürdigkeit, -en** point of
  interest
(sich) **sehnen** to yearn, long for
die **Sehnsucht, ⸚e** longing
sehr very
die **Seide** silk
die **Seife, -n** soap
sein (ist), war, ist gewesen to be
seit since
die **Seite, -n** side, page
der **Seitenwechsel, -** change of sides
der **Sekretär(in), -e(nen)** secretary
der **Sekt** champagne
selber self, in person
selbst self, selfsame
selbständig independent
die **Selbständigkeit** independence
die **Selbstdisziplin** self discipline
das **Selbstvertrauen** self-confidence
selten seldom, rare
die **Seltenheit, -en** rarity
der **Semmelknödel, -** bread dumpling
senden to send, transmit
der **Sender, -** transmitter, broadcasting
  station
die **Sendung, -en** broadcast
servieren to serve
(sich) **setzen** to sit down
sexistisch sexist
sicher sure, secure, safe
die **Sicht** (*sing.*) visibility
sichtbar visible
die **Siegermacht, ⸚e** victor, victorious
  power

die **Siegessäule** victory column
das **Silber** (*sing.*) silver
die **Silberhochzeit, -en** silver
  anniversary
der **Silberschmied, -e** silversmith
der **Silvesterabend, -e** New Year's Eve
singen, sang, gesungen to sing
der **Sinn, -e** sense
sinnentleert without sense
die **Sitte, -n** custom, habit
sitzen, saß, gesessen to sit
sobald as soon as
soeben just (now)
sofort at once, immediately
sogar even
sogenannt so-called
der **Sohn, ⸚e** son
solch such
der **Soldat, -en** soldier
(sich) **solidarisieren** to show (one's)
  solidarity with
sollen (soll), sollte, gesollt shall,
  should, ought to
somit thus, consequently
der **Sommer, -** summer
sondern however, but
die **Sonne, -n** sun
der **Sonntag, -e** Sunday
sonst otherwise, else
sonstig other
die **Sorge, -n** worry
die **Sorte, -n** sort, kind, species
souverän sovereign
sowieso anyway, in any case
sowjetisch Soviet
die **Sowjetunion** Soviet Union
sowohl ... als (auch) as well as
sozial social
sozialistisch socialist
die **Spaltung, -en** division, splitting
das **Spanien** Spain
der **Spanier(in), -(nen)** Spaniard
sparsam economical, frugal

der **Spaß, Spässe** fun, joke
spät late
der **Spatzi** sweetie (*coll.*)
die **Spätzle** (*pl.*) Swabian noodles
spazieren·gehen to walk leisurely, to stroll
SDP (die Sozialdemokratische Partei Deutschlands) Social Democratic Party of Germany (FRG)
der **Speck** bacon
die **Speise, -n** meal, course
die **Speisekarte, -n** menu
das **Spezialgeschäft, -e** specialty store
die **Spezialität, -en** specialty
spezifisch specific
der **Spiegel, -** mirror
das **Spiel, -e** game, play
spielen to play, to play-act
die **Spielsachen** (*pl.*) toys
das **Spielzeug, -e** toy
der **Spielzeugmacher, -** toy maker
der **Spinat** spinach
spionieren to spy
die **Spirituosen** (*pl.*) liquor
spontan spontaneous
der **Sponti-Spruch, ⸗e** spontaneous saying
die **Sportart, -en** sport, type of sport
der **Sportler(in), -(nen)** athlete
sportlich sporty, casual
das **Spottgedicht, -e** satirical poem, lampoon
der **Sprachbereich, -e** language region
die **Sprache, -n** language
der **Sprachgebrauch** language usage
sprechen (spricht), sprach, gesprochen to speak
der **Sprecher(in), -(nen)** speaker
die **Sprechstundenhilfe, -n** doctor's receptionist
springen, sprang, ist gesprungen to jump
der **Spruch, ⸗e** saying
die **Spülmaschine, -n** dishwasher

der **Staat, -en** state, country
staatlich state, national
die **Staatsangehörigkeit, -en** citizenship, nationality
der **Staatsdienst, -e** Civil Service
die **Staatsform, -en** form of government
die **Staatssicherheit** state security service
die **Stadt, ⸗e** city
der **Stadtplan, ⸗e** city map
der **Stadtteil, -e** city quarter, borough
der **Stamm, ⸗e** trunk (tree), tribe
stark strong
die **Stärke, -n** strength
statt (+*gen.*) instead of
der **Staub** dust
die **Stauung, -en** congestion
Std. (Stunde) hour
stecken to put, to stick
stehen, stand, gestanden to stand
steif stiff
steigen, stieg, gestiegen to rise, to ascend, to mount, to climb
die **Stelle, -n** place, position
stellen to put, to place
das **Stellenangebot, -e** job offer, employment opportunity
der **Stellenbewerber(in), -(nen)** applicant for a position
das **Stenglein, -** (from der **Stengel, -**) short stem
die **Stenotypistin, -nen** shorthand typist
der **Steppenwolf** coyote
das **Sterbedatum, Sterbedaten** date of death
sterben (stirbt), starb, ist gestorben to die
der **Stern, -e** star
die **Steuer, -n** tax
das **Stichwort, ⸗er** key word
die **Stiefmutter, ⸗** stepmother
der **Stil, -e** style
still still, quiet

die **Stille** (*sing.*) stillness
die **Stimme, -n** voice, vote
stinken, stank, gestunken to stink
das **Stipendium,** die
  Stipendien scholarship
der **Stock,** ⸚**e** stick
stolz proud
stören to disturb
stoßen (stößt), stieß, gestoßen to push,
  to thrust
der **Stoßverkehr** rush hour traffic
Str. (Straße) street
der **Strafzettel, -** ticket (e.g., parking
  ticket)
der **Strand,** ⸚**e** beach
die **Straße, -n** street
der **Strauß, Sträusse** bouquet (of
  flowers)
streben to strive
streichen, strich, gestrichen to strike
  (out); to paint
der **Streit, -e** quarrel, dispute
(sich) **streiten, stritt, gestritten** to
  quarrel
streng strict, severe
strömen to flow, to pour
die **Strophe, -n** stanza
die **Stube, -n** room
das **Stück, -e** piece, play
das **Studentenheim, -e** student
  dormitory
die **Studie, -n** study
die **Studienkosten** (*pl.*) tuition, cost of
  studying
studieren to study
der/die **Studierende, -n** student
das **Studium,** die **Studien** study
der **Stuhl,** ⸚**e** chair
die **Stunde, -n** hour
der **Stundenplan,** ⸚**e** class schedule
der **Sturm,** ⸚**e** storm
das **Substantiv, -e** noun
die **Suche** search
suchen to seek, search for

(das) **Süddeutschland** Southern
  Germany
der **Süden** South
der **Südländer(in), -(nen)** person
  inhabiting a southern country
südlich south
der **Sumpf,** ⸚**e** swamp, bog
die **Suppe, -n** soup
süß sweet
sympathisch likeable

T

die **Tabelle, -n** table, chart
das **Tabu, -s** taboo
die **Tafel, -n** board, sign, table
der **Tag, -e** day
täglich daily
tanken to get gas
die **Tankstelle, -n** gas station
die **Tante, -n** aunt
der **Tanz,** ⸚**e** dance
tanzen to dance
der **Tänzer(in), -(nen)** dancer
die **Tasche, -n** bag, pocket
das **Taschenbuch,** ⸚**er** paperback
die **Tasse, -n** cup
die **Tastatur, -en** keyboard, keys
die **Taste, -n** key
die **Tat, -en** deed
die **Tätigkeit, -en** activity, employment
die **Tatsache, -n** fact
die **Tatze, -n** paw, claw
die **Taufe, -n** baptism
die **Technik** (*sing.*) technology,
  technique
der **Techniker(in), -(nen)** technician,
  engineer
technisch technical
der **Tee** tea
der/das **Teil, -e** part, segment
teilen to divide
teils partly
die **Teilung, -en** division
die **Teilzeitarbeit, -en** part-time job

die **Teilzeitschule, -n**   part-time school
der **Teint, -s**   complexion
Tel. (Telefon)   telephone
telefonieren   to phone, to call
die **Telefonzelle, -n**   public telephone
  booth
der **Teller, -**   plate, dish
temperamentvoll   (high-) spirited
der **Termin, -e**   appointment, date
teuer   expensive
das **Theaterstück, -e**   play
das **Thema, Themen**   topic, theme
die **Tiefe, -n**   depth
die **Tiefebene, -n**   lowland
das **Tier, -e**   animal
der **Tierarzt, ⁼e/Tierärztin,**
  -nen   veterinarian
tierlieb   animal loving
der **Tisch, -e**   table
die **Tischdame, -n**   female table partner
tisch·decken   to set the table
der **Tischler, -**   carpenter, cabinet-maker
TL (Teelöffel)   teaspoon
die **Tochter, ⁼**   daughter
der **Tod**   death
toll   great
das **Tonband, ⁼er**   tape
die **Tonne, -n**   ton
die **Torte, -n**   layer cake
tot   dead
der/die **Tote, -n**   dead person
töten   to kill, destroy, murder
tragen (trägt), trug, getragen   to carry,
  wear
tragisch   tragic
die **Träne, -n**   tear
der **Traum, ⁼e**   dream
träumen   to dream
traumhaft   dreamlike
traurig   sad
treffen (trifft), traf, getroffen   to meet
trefflich   splendid, excellent
der **Treffpunkt, -e**   meeting place
treiben, trieb, getrieben   to drift
trennen   to separate, sever

die **Trennung, -en**   separation
das **Treppenhaus, ⁼er**   staircase
treten (tritt), trat, ist getreten   to step
treu   faithful, loyal
treulos   faithless
trinken, trank, getrunken   to drink
der **Trinker (in), - (nen)**   drunkard
trotz   in spite of
trotzdem   nonetheless, nevertheless
der **Trubel** (*sing.*)   bustle
die **Tschechoslowakei**   Czechoslovakia
die **Tulpe, -n**   tulip
tun (tut), tat, getan   to do
die **Tür, -en**   door
turnen   to do gymnastics
typisch   typical
der **Tyrann, -en**   tyrant

U

die **U-Bahn, -en**
  (Untergrundbahn)   subway
üben   to practice, rehearse
über   over, above, about
überall   everywhere
überein·stimmen   to agree
überholen   to overtake, pass
überlegen   superior
die **Übermüdung**   exhaustion,
  overfatigue
übernachten   to stay overnight
übernehmen (übernimmt), übernahm,
  übernommen   to assume, to take over
  from
überraschen   to surprise
die **Überraschung, -en**   surprise
überreichen   to present
überrennen, überrannte, überrannt   to
  overrun
übersetzen   to translate
die **Übersetzung, -en**   translation
übersiedeln   move to another place
überzeugen   to convince
übrig-   remaining
die **Übung, -en**   exercise, practice, drill
die **Uhr, -en**   clock, watch

um   around; at (time)
umarmen   to embrace
um·bringen, brachte um,
    umgebracht   to kill
um·drehen   to turn
die Umfrage, -n   poll
umgeben, umgab, umgegeben   to
    surround
die Umgebung, -en   surroundings
um·kehren   to return, turn back
um·setzen   to transpose, transplant
um·siedeln   to resettle
umsonst   gratis, free of charge, in vain
um·wechseln   to change
der Umweltschutz (*sing.*)   environmental
    protection
die Umweltverschmutzung,
    -en   environmental pollution
der Umzug, ⸗e   parade, change of
    residence, move
unangenehm   unpleasant
unartig   naughty
unbegrenzt   unlimited
unbekannt   unknown
der Unfall, ⸗e   accident
unfreundlich   unfriendly
(das) Ungarn   Hungary
ungebildet   uneducated, uncultured
ungefähr   approximately
ungefärbt   undyed
ungerade   odd, uneven
ungestört   undisturbed
ungewöhnlich   unusual
ungezwungen   unaffected, easy going
unglaublich   incredible
unglücklich   unfortunate, unlucky,
    unhappy
unhöflich   impolite
die Uni, -s (Universität, -en)   university
die Universitätsbildung, -en   university
    education
der Universitätseintritt, -e   university
    admission
unkompliziert   uncomplicated
unkonventionell   unconventional

unmittelbar   direct
unmodern   unfashionable
unordentlich   disorderly
unruhig   restless
unsichtbar   invisible
unten   below (*adv.*)
unter   under, among; verstehen
    unter,   to understand by
unterbrechen (unterbricht), unterbrach,
    unterbrochen   to interrupt
(sich) unterhalten (unterhält), unterhielt,
    unterhalten   to entertain; to converse
der Unternehmer(in), -(nen)   contractor
    entrepreneur
das Unterpfand   guarantee
der Unterricht   instruction (school)
unterrichten   to teach, instruct
unterscheiden, unterschied,
    unterschieden   to differentiate
der Unterschied, -e   difference
die Unterschrift, -en   signature
unterstellen   to place under supervision
    of
unterstreichen, unterstrich,
    unterstrichen   to underline,
    emphasize
unterstützen   to support
die Unterstützung, -en   support
unterwegs   en route
unweit   not far from
unzufrieden   discontented, dissatisfied
der Urlaub, -e   holiday, vacation
der Ursprung   origin, source
das Urteil, -e   judgment, sentence
urteilen   to judge
usw. (und so weiter)   and so forth, etc.
die Utensilien (*pl.*)   utensils

V

der Vater, ⸗   father
das Vaterland, ⸗er   native country
verantwortungsbewußt   responsible
der Verband, ⸗e   association
verbarrikadieren   to barricade, block
verbessern   to improve

verbinden, verband, verbunden   to connect

die Verbindung, -en   contact, connection

verbittern   to embitter

verbieten, verbot, verboten   to forbid, to prohibit

der Verbrauch   consumption, use

der Verbrecher(in), -(nen)   criminal

verbrennen, verbrannte, verbrannt   to burn

verbringen, verbrachte, verbracht   to spend (time)

verdienen   to earn, deserve

der Verdienst, -e   accomplishment

verdrängen   to push away, suppress

verehren   to revere, admire

vereinfachen   to simplify

vereinigen   to unite

vereinzelt   isolated, sporadic

die Verfassung, -en   constitution

verfilmen   to film (*s.t.*)

verfolgen   to pursue, to persecute

vergehen, verging, ist vergangen   to pass, fade away

vergeßlich   forgetful

vergessen (vergißt), vergaß, vergessen   to forget

die Vergiftung, -en   poisoning

der Vergleich, -e   comparison

vergleichen, verglich, verglichen   to compare

das Vergnügen, -   pleasure

die Vergoldung   gold plating

vergraben, vergrub, vergraben   to bury

verh. (verheiratet)   married

die Verhaltensweise, -n   conduct

verheiratet   married

verhindern   to prevent

verhungern   to die of hunger

der Verkauf, ⸚e   sale

verkaufen   to sell

der Verkäufer(in), -(nen)   salesman/saleswoman

der Verkehr (*sing.*)   traffic

das Verkehrsmittel, -   means of transportation

verkörpern   to embody; to represent

der Verlag, -e   publishing house

verlangen   to demand

verlassen (verläßt), verließ, verlassen   to leave

sich **verlassen auf (verläßt), verließ, verlassen** (*+acc.*)   to depend on

sich **verlieben**   to fall in love

verlieren, verlor, verloren   to lose

sich **verloben**   to become engaged

die Verlobung, -en   engagement

der Verlust, -e   loss

vermeiden, vermied, vermieden   to avoid

vermischen   to mix, blend

vermitteln   to impart

veröffentlichen   to publish

die Veröffentlichung, -en   publication

verringern   to diminish, reduce

verrückt   crazy

verrühren   to stir

der Vers, -e   verse

verschieden   different

verschlossen   closed, shut

verschönern   to beautify

versehen (versieht), versah, versehen   to furnish

die Versilberung   silver plating

versöhnen   to reconcile

versorgen   to supply, to take care of

verspotten   to ridicule

verständigen   to inform, notify

das Verständigungsmittel, -   means of communication

verständnisvoll   understanding

verstehen, verstand, verstanden   to understand

verstorben   deceased

der Verstoß, ⸚e   violation, offense

der Versuch, -e   attempt, experiment

versuchen   to attempt, to try, to taste

vertiefen to deepen
vertonen to set to music
der **Vertrag, ⸗e** agreement, contract
(sich) **vertragen (verträgt), vertrug, vertragen** to tolerate, to get along with each other
vertrauen to trust
der **Vertreter(in), -(nen)** representative
verwandeln to transform
verwandt related
der/die **Verwandte, -n** relative
verwitwet widowed
verzeihen, verzieh, verziehen to pardon, excuse
verzieren to decorate
verzweifeln to despair
der **Vetter, -** cousin
viel much, plenty, many
vielleicht perhaps
vielsagend significant, suggestive
vielseitig versatile
der **Vogel, ⸗** bird
die **Vokabel, -n** vocabulary
das **Volk, ⸗er** people (ethnic group)
die **Volkskammer** parliament of the GDR
der **Volkswagen, -** VW
die **Volksweisheit, -en** folk wisdom
der **Vollbart, ⸗e** full beard
voll full, complete(ly)
völlig complete(ly)
das **Vollkornbrot, -e** whole wheat bread
vollständig complete
die **Vollzeitschule, -n** full-time school
von of, from
voneinander from each other
vor in front of, in the face of
vorbei past
vorbei·gehen, ging vorbei, ist vorbeigegangen to pass, to go by
vor·bereiten to prepare
die **Vorbereitung, -en** preparation
das **Vorbild, -er** example, model

voreingenommen prejudiced
der **Vorfahr, -en** ancestor
vor·fahren (fährt vor), fuhr vor, ist vorgefahren to drive up
vorgedruckt pre-printed, ready made
vorher before, previously
vor·kommen, kam vor, ist vorgekommen to occur, to happen
vor·legen to submit
vor·lesen (liest vor) las vor, vorgelesen to read aloud
die **Vorlesung, -en** lecture
das **Vorlesungsverzeichnis, -se** schedule of courses
der **Vorname, -n** first name
der **Vorort, -e** suburb
der **Vorschlag, ⸗e** suggestion
vor·schreiben, schrieb vor, vorgeschrieben to prescribe
die **Vorspeise, -n** hors d'oeuvre
die **Vorstadt, ⸗e** suburb
(sich) **vor·stellen** (dat.) to imagine, to introduce
der **Vorteil, -e** advantage
das **Vorurteil, -e** prejudice
vor·ziehen, zog vor, vorgezogen to prefer

W

die **Wabe, -n** honeycomb
wachsen, wuchs, ist gewachsen to grow
der **Wagen, -** wagon, car, float
die **Wahl, -en** election, choice, selection
wählen to vote, to select, to elect
wahr true
während during
wahrscheinlich probable, probably
das **Wahrzeichen, -** landmark, symbol
der **Wald, ⸗er** wood, forest
der **Walzer, -** walz
die **Wand, ⸗e** wall
der **Wanderer, -** hiker
wandern to hike, wander

die **Wanderung, -en** hike

die **Wandweisheit, -en** graffiti

warnen to warn

die **Warnung, -en** warning

warten to wait

die **Wäsche** (*pl.*) laundry, underwear

waschen (wäscht), wusch, gewaschen to wash

die **Wäscherei, -en** laundry, laundromat

der **Wäschetrockner, -** clothes dryer

die **Waschmaschine, -n** washing machine

das **Waschmittel, -** detergent

das **Wasser** water

das **Wattestäbchen, -** cotton swab, Q-tip

der **Weber(in), -(nen)** weaver

wechseln to change

weder . . . noch neither . . . nor

der **Weg, -e** path, way

wegen (+ *gen.*) on account of

weg·gehen, ging weg, ist weggegangen to leave

weg·kommen, kam weg, ist weggekommen to get away, be missing

weg·schaffen to remove

weh! oh weh! woe!

weh·tun (tut weh), tat weh, wehgetan to hurt

der **Wehrdienst** military service

sich **wehren** to defend *o.s.*

weiblich feminine

die **Weihnachten** (*pl.*) Christmas

weil because

die **Weile** while

der **Wein, -e** wine

das **Weinanbaugebiet, -e** wine growing region

der **Weinberg, -e** vineyard

weinen to cry

die **Weinhandlung, -en** wine store

der **Weinkenner, -** connoisseur of wines

die **Weinprobe, -n** wine tasting

der **Weinstock, ⸚e** vine

weiß white

das **Weißbrot, -e** white bread

die **Weise, -n** way

weit far

weiter further

(sich) **weiter·bilden** to continue one's education, to provide further education

weiter·führen to continue, to lead on

weiter·kommen, kam weiter, ist weitergekommen to get on

der **Weizen** wheat

wellig wavy

die **Welt, -en** world

die **Wende, -n** turn, turning point

wenig little; **wenig-** few

wenigstens at least

wenn if, when, whenever

werben (wirbt), warb, geworben to advertise, compete

die **Werbesendung, -en** advertising program

die **Werbung, -en** advertising

werden (wird), wurde, ist geworden to become

das **Werk, -e** work, act

das **Werkzeug, -e** tool

der **Wert, -e** value

der **Westen** West

westlich west, western

der **Wettbewerb, -e** competition

das **Wetter** weather

der **Wettkampf, ⸚e** competition

wichtig important

wieder again

wieder·kommen, kam wieder, ist wiedergekommen to come back, return

wieder·sehen (sieht wieder), sah wieder, wiedergesehen to see or meet again

die **Wiege, -n** cradle

wiegen, wog, gewogen to weigh

das **Wiegenlied, -er** lullaby

die **Wiese, -n** meadow

wieso why

wieviel   how much, how many
der **Wildbraten, -**   roast game
die **Wildkatze, -n**   wild cat
der **Wildschweinbraten, -**   roast wild pig
der **Wille**   will, determination
die **Wintersachen** (*pl.*)   winter clothes
das **Winzerdorf, ⸚er**   wine growing
    village
wirken   work, to have an effect
wirklich   real(ly)
die **Wirklichkeit**   reality
die **Wirtschaft**   economy
wissen (weiß), wußte, gewußt   to know
der **Wissenschaftler(in), -(nen)**   scientist
wissenschaftlich   scientific
der **Witwer, -/Witwe,**
    -n   widower/widow
der **Witz, -e**   joke
die **Woche, -n**   week
wöchentlich   weekly
wohl   probably, well
wohnen   to live, to dwell, to reside
die **Wohnung, -en**   residence,
    apartment, dwelling
das **Wohnzimmer, -**   living room
der **Wolkenkratzer, -**   skyscraper
wollen (will), wollte, hat gewollt   to
    want
das **Wort, -e/⸚er**   word (context), word
    (count)
das **Wörterbuch, ⸚er**   dictionary
der **Wortschatz**   vocabulary
das **Wortspiel, -e/ die Wortspielerei,**
    -en   pun
das **Wunder, -**   miracle, wonder
wunderbar   wonderful
wunderschön   very beautiful
der **Wunsch, ⸚e**   wish
(sich) **wünschen**   to wish
der **Wurm, ⸚er**   worm
die **Wurst, ⸚e**   sausage
der **Wurstaufschnitt**   cold cuts
das **Würstchen, -**   hot dog
würzen   to spice, to season

Z

die **Zahl, -en**   number
zahlen   to pay
zählen   to count
zahlreich   numerous
der **Zahn, ⸚e**   tooth
der **Zahnarzt, ⸚e/Zahnärztin,**
    -nen   dentist
die **Zahnpaste**   tooth paste
zärtlich   tender, fond, loving
der **Zauberberg, -e**   magic mountain
der **Zaun, die Zäune**   fence
ZDF (Zweites Deutsches Fernsehen)   TV
    channel in the FRG
das **Zeichen, -**   sign, indication, symbol
zeichnen   to draw
die **Zeichnung, -en**   drawing
der **Zeigefinger, -**   index finger
zeigen   to show
die **Zeile, -n**   line (of text)
die **Zeit, -en**   time
das **Zeitalter, -**   age, era
der **Zeitgeist**   spirit of the time
zeitlich   temporal
die **Zeitschrift, -en**   magazine, periodical
die **Zeitung, -en**   newspaper
das **Zelt, -e**   tent
zelten   to camp
der **Zentimeter, -**   centimeter
(das) **Zentralafrika**   Central Africa
das **Zentrum, Zentren**   center
zerbrechen (zerbricht), zerbrach,
    zerbrochen   to break
zeremoniell   ceremonial
der **Zettel, -**   note, scrap of paper
der **Zeuge, -n/Zeugin, -nen**   witness
ziehen, zog, gezogen   to move
das **Ziel**   goal, destination
die **Zigarette, -n**   cigarette
der **Zigeuner(in), -(nen)**   gypsy
das **Zimmer, -**   room
die **Zimmerleute** (*pl.*)   carpenters
der **Zimmermann, ⸚er**   carpenter
der **Zimt**   cinnamon

das **Zitat, -e**   quotation
zoologisch   zoological
die **Zote, -n**   dirty joke
zu   to, at
der **Zucker**   sugar
zuerst   at first
der **Zufluchtsort, -e**   place of refuge
der **Zug, ⸗e**   train
die **Zugfahrt, -en**   train ride
zu·hören   to listen
der **Zuhörer(in), -(nen)**   listener
die **Zukunft**   future
**zu·lassen (läßt zu), ließ zu,
    zugelassen**   to allow
zuletzt   last of all
**zu·nehmen (nimmt zu), nahm zu,
    zugenommen**   to increase, to put on
    weight
die **Zunge, -n**   tongue
**zurecht·kommen, kam zurecht, ist
    zurechtgekommen**   to find one's way,
    to get along
zurecht·machen   to fix up
zürnen   to be angry
zurück   back, behind
**zurück·fahren (fährt zurück), fuhr
    zurück, ist zurückgefahren**   to drive
    back
zurück·kehren   to return
**zurück·kommen, kam zurück, ist
    zurückgekommen**   to return
zusammen   together
**zusammen·bringen, brachte zusammen,
    zusammengebracht**   to bring together,
    to unite
zusammen·fassen   to synopsize, to
    summarize

die **Zusammenfassung, -en**   synopsis,
    summary
der **Zusammenhang, ⸗e**   coherence,
    context
zusammen·setzen   to compound
**zusammen·kommen, kam zusammen, ist
    zusammengekommen**   to meet
zusammen·zählen   to add up, count up
**zusammen·ziehen, zog zusammen,
    zusammengezogen**   to move together,
    to pull together
zusätzlich   additional
der **Zuschauer(in), -(nen)**   spectator
der **Zuschlag, ⸗e**   additional charge
Zuschr. (die Zuschrift)   address
zu·stimmen   to agree
**zu·stoßen (stößt zu), stieß zu,
    zugestoßen**   to happen to (*s.o.*)
die **Zutaten** (*pl.*)   ingredients (of food)
zuverlässig   reliable, dependable
zuviel   too much
zuweilen   from time to time
zu·wenden, wandte zu, zugewandt   to
    turn towards; to bestow
sich **(eine Krankheit) zu·ziehen**   to
    contract (an illness)
zwar   indeed (emphatic particle)
der **Zweck, -e**   purpose, end
die **Zweisamkeit**   togetherness
die **Zweitsprache, -n**   second language
der **Zwerg, -e**   dwarf
der **Zwetschgenknödel, -**   plum
    dumpling
die **Zwiebel, -n**   onion
zwingen, zwang, gezwungen   to force
zwischen   between
zwischendurch   in between

Credits

We are indebted to Renate A. Schulz, Roswitha Burkey, Ursula Vogel and Michael Morris, *Lesen, Lachen, Lernen*, revised 2nd edition (New York: Holt, Rinehart and Winston, 1982) for a number of texts, exercises and illustrations. In addition, we gratefully acknowledge the following sources:

Page 9, Fischer Taschenbuch Verlag Frankfurt, 1987. **12**, Art, courtesy of Joachim W. T. Luerman, Nr. 1., 1987. **14**, Photo courtesy of Photo Researchers, Inc. **16**, Printed with permission of Luchterhand Literaturverlag GmbH, Darmstadt. Photo courtesy of Eastfoto. **23**, Photo courtesy of the German Information Center. **27**, Taschenfahrplan Braunschweig/Harz/Götting. Sommer 1988, Deutsche Bundesbahn. **28**, Deutsches Jugendherbergs verzeichnis, 1987/88. **29**, Die Interhotels der DDR. **31**, Photo courtesy of Photo Researchers, Inc. **32**, Printed with permission of Bundeszentrale für politische Bildung, Bonn. **32–33** and **36–40**, Printed with permission of Jugend und Volk Verlag, Wien, 1984. **45**, Photo courtesy of Presse- und Informationsamt der Bundesregierung. **48**, Photo courtesy of the German Information Center. **53**, Photo courtesy of the German Information Center. **55**, Photo courtesy of Photo Researchers, Inc. **58**, Advertisement reprinted from *Freiburg Aktuell*, Juli 1988. **60–61**, Printed with permission of the American Association of Teachers of German. **64**, Photo courtesy of Beryl Goldberg, Photographer. **65**, Photo courtesy of Hilton International/Public Relations Dept. **66**, Photo courtesy of Photo Researchers, Inc. **72**, *New Yorker Staatszeitung und Herold*, 33, 12./13. August 1989, S. A5. **73**, Newspaper clipping courtesy of *Badische Zeitung*, July 2/3, 1988. **75**, Hansgeorg Stengel, *Annasusanna*, Eulenspiegel Verlag, 1986, S. 24. **76**, Scala. Nr. 5, 1981, p. 47. **81**, Printed with permission of Eichborn Verlag, Frankfurt, 1984. **84**, Printed with permission of the American Association of Students of German. **85**, Photo courtesy of Owen Franken. **86–87**, Printed with permission of Bundesverlag Wien, 1987. **87**, Printed with permission of Erich Kästner Erben, München. **89**, Printed with permission of Rowohlt Verlag GmbH, Reinbek b. Hamburg, 1960. **92**, Printed with permission of the American Association of Students of German. **94**, Scala, Nr. 6, 1984, S. 34. **97–98**, Otto Schmidt-Carstens, *Guten Morgen, Frau Sonne*, Hamburg, Ernst Kabel Verlag GmbH, 1986. **100**, Printed with permission of *Deutschlandnachrichten*, German Information Center, New York. **93, 101–103** and **105–106**, Printed with permission of Delphin Verlag, München. **110**, Printed with permission of Verlag Kiepenhauer & Witsch, Köln, 1977. **112**, *Zahlenspiegel Bundesrepublik Deutschland/Deutsche Demokratische Republik: Ein Vergleich*, Bundesministerium für innerdeutsche Beziehungen, 1988. **116**, Photo courtesy of Beryl Goldberg, Photographer. **117**, Photo courtesy of Beryl Goldberg, Photographer. **121**, Photo courtesy of Uta Hoffmann. **122**, Photo courtesy of Uta Hoffmann. **125** Photo courtesy of the German Information Center. **125** Menu courtesy of *Freiburger Kleinanzeiger*, Nr. 14, 16–22 Juni 1988. **129** Photo courtesy of Photo Researchers, Inc./Fritz Henle. **130**, Printed with permission of Goethe

Institute. **133**, Scala, Nr. 1-2, 1985, p. 55. **137**, Printed with permission of EFO-Institut für Wirtschaftsforschung. **141**, Printed with permission of *Scala*, 1980. **141**, Printed with permission of Harenberg Lexikon Verlag, Dortmund, 1987. **142**, Photo courtesy of Beryl Goldberg, Photographer. **149**, Photo courtesy of Photo Researchers, Inc. **152**, Newspaper clippings courtesy of *Badische Zeitung*, July 2/3, 1988. **153**, Printed with permission of *Deutschlandnachrichten*, German Information Center, New York. **156**, Survey courtesy of *Bunte*, No. 29 & 30, 1985. **160**, With permission taken from, *So schreibt man Liebesbriefe* by Dr. Renate Zaky (pp. 18,59,50-51), Humboldt-Taschenbuchverlag, München. **163**, Copyright by Hal Draper, Suhrkamp Publishers, New York, 1982. **163**, Printed with permission of Verlags AG Die Arche, Zürich, 1965. **164**, *Neue Heimat*, 2/89, S. 25. **165**, Photo courtesy of Peter Menzel. **166–167**, Printed with permission of *New Yorker Staatszeitung und Herold*, 1988. **168**, *Zahlenspiegel Bundesruplik Deutland/Deutsche Demokratische Republik:* ein Vergleich, Bundesministerium für innerdeutsche Beziehungen, 1988. **170**, Photo courtesy of the German Information Center. **171**, Photo courtesy of Uta Hoffman. **172**, Photo courtesy of AP/Wide World Photos. **173**, Printed with permission of Reiner Kunze, München, 1963. Photo courtesy of the German Information Center. **174**, Printed with permission of Hans Weigel, 1978. **175**, Photo courtesy of Beryl Goldberg, Photographer. **179**, Map courtesy of *Frommer's Dollarwise Guide to Germany*, 1986. **183**, Elisabeth Schmidt, *Zum Singen und Tanzen* (Skokie, IL: National Textbook Co., 1972), p. 2. **185**, Printed with permission of Goldmann Verlag, München, 1986. **185**, Printed with permission of Bundeszentrale für politische Bildung, Bonn. **189**, Photo courtesy of the German Information Center. **189–190**, Printed with permission of Universum-Verlagsanstalt GmbH, Wiesbaden. **191**, *New Yorker Staatszeitung und Herold*, Nr. 33, 12./13. August 1989, S.A.7. **193**, Photo courtesy of Peter Menzel. **197**, *Bildungswesen der DDR*, 1987. **201**, Printed with permission of *Gazette*, Zeitschrift des Verbandes des deutsch-amerikanischen Klubs e.V. **204**, Printed with permission of American Association of Teachers of German. **205**, Photo courtesy of Eastfoto. **211**, Photo courtesy of Beryl Goldberg, Photographer. **214**, Dietmar Trifels, *Guter Ton heute* (Köln: Buch und Zeit Verlags-GmbH, 1974). **217**, Joachim Wachtel, *Gutes Benehmen—kein Problem* (München: Humboldt Taschenbuch Verlag, 1977). **221**, Photo courtesy of The Image Works/Margot Granitsas. **222**, Photo courtesy of Beryl Goldberg, Photographer. **224**, Printed with permission of B. Schott's Söhne, Mainz, 1983. **226**, Photo courtesy of Uta Hoffmann. **230–231**, Printed with permission of *Scala*, 1983. **231**, Photo courtesy of Photo Researchers, Inc. **234–235**, Printed with permission of Stelle zur Gleichberechtigung der Frau der Stadt Freiburg. **236**, Printed with permission of Rotbuch Verlag GmbH, Berlin. **237**, Printed with permission of Goldmann Verlag, München. **237–238**, Printed with permission of Elefanten Press, Berlin. **240–241**, Printed with permission of Houghton Mifflin, 1987. **241**, Photo courtesy of the German Information Center. **242**, Photo courtesy of the German Information Center. **245**, Photo courtesy of Neue Heimat, 3/88. **246**, Photo courtesy of the German Information Center. **248**, Photo courtesy of the